电子商务类专业
创新型人才培养系列教材

Electronic Commerce

数据化运营管理

第2版
★
微课版

王晓亮 何璐 / 主编
陈华 赵永能 / 副主编
王庆春 / 主审

人民邮电出版社
北京

图书在版编目（CIP）数据

数据化运营管理 : 微课版 / 王晓亮，何璐 主编
. -- 2版. -- 北京 : 人民邮电出版社，2024.4
电子商务类专业创新型人才培养系列教材
ISBN 978-7-115-63788-8

Ⅰ. ①数… Ⅱ. ①王… ②何… Ⅲ. ①网店－运营管
理－教材 Ⅳ. ①F713.365.2

中国国家版本馆CIP数据核字(2024)第039199号

内容提要

本书系统地介绍了如何利用数据来运营店铺，以及查看、分析数据的思路和方法。全书共 8 个项目，主要包括认识数据化运营、分析市场与行业数据、分析竞争对手数据、分析商品数据、分析销售数据、分析 DSR 评分与客服数据、分析客户与会员数据、复盘并分析直播数据等内容。

本书以企业最常用的 Excel 和 Power BI 为数据分析工具，强调案例式教学，注重理论与实践紧密结合，不仅可以作为应用型本科院校及高等职业院校数据化运营课程的教材，也可供从事电子商务相关工作的人员参考。

◆ 主　　编　王晓亮　何　璐
副 主 编　陈　华　赵永能
责任编辑　崔　伟
责任印制　王　郁　彭志环

◆ 人民邮电出版社出版发行　　北京市丰台区成寿寺路 11 号
邮编　100164　　电子邮件　315@ptpress.com.cn
网址　https://www.ptpress.com.cn
三河市君旺印务有限公司印刷

◆ 开本：787×1092　1/16
印张：13.25　　2024 年 4 月第 2 版
字数：321 千字　　2025 年 1 月河北第 3 次印刷

定价：49.80 元

读者服务热线：(010)81055256　印装质量热线：(010)81055316
反盗版热线：(010)81055315
广告经营许可证：京东市监广登字 20170147 号

前言

FOREWORD

随着互联网、物联网、大数据、云计算、人工智能、区块链、5G、量子科技等为代表的新一代信息技术加速突破应用，数字经济与实体经济融合发展不断推动各领域向数字化、网络化、智能化方向转型，我国社会经济数字化程度不断提升。党的二十大报告提出，“加快发展数字经济，促进数字经济和实体经济融合，打造具有国际竞争力的数字产业集群”。数据作为新型生产要素，是数字化、网络化、智能化的基础，已快速融入生产、分配、流通、消费和社会服务管理等各环节，深刻改变着生产方式、生活方式和社会治理方式。

作为新型生产要素，便捷的数据流动、高质量的数据供给，是新质生产力发展的重要动力。近年来，众多电商平台上的卖家坚持正确的数据化运营理念，通过数据化的工具、技术和方法，对运营过程中的各个环节进行科学的分析，挖掘数据的潜在价值，实现了优化运营效果和效率、降低运营成本、提高效益的目标。新质生产力更注重信息化、数字化和智能化，对劳动者提出了新的要求，强调劳动者能适应数字化和智能化的生产环境。企业越来越重视数据化运营管理，对数据化运营管理人才的需求越来越大，因此，编者结合多年教学经验和企业实践经验编写了本书。

本书是昆明冶金高等专科学校“中国特色高水平高职学校建设项目”“首批电子商务国家级职业教育教师教学创新团队建设项目”“云南省高水平电子商务专业群建设项目”系列成果之一，也是学校与昆明花易宝科技有限公司的产学协同育人成果之一。本书紧紧围绕立德树人根本任务，适应现代服务业、商贸流通业数字化、网络化、智能化发展新趋势，帮助学生掌握数据采集与处理、数据可视化分析、营销推广、社群管理等工具的操作技能，培养学生具备搭建数据运营指标体系的能力。

本书特色

◇**价值引领**：本书将知识传授与价值引领相结合，融入爱国主义教育、培养工匠精神、增强法治意识等内容，落实立德树人根本任务。

◇**融通育人**：本书是校企合作、“双元”开发的理实一体、产教融合教材，内容对接电商企业数据化运营管理岗位职责要求和“1+X”职业技能等级证书考试大纲，实现“岗课赛证”融通育人。

◇**任务驱动**：本书采用任务驱动式体例，将每个项目划分为具体任务，通过任务引入相应的知识点，并设置了“任务实战”模块，将各种操作技巧穿插其中，让学生能够在学中做、在做中学，强化学生的实际动手能力。

◇**智慧教学**：本书是新形态一体化教材，以学生为中心，以数据化运营管理从业人员必备的知识和应用能力为主线，以典型工作任务为切入点，注重岗位能力的培养，提供相关知识点的动画、微课视频、教学课件、教学大纲、教案、案例数据和题库软件等数字化资源。此外，每个任务都详尽地展示了具体操作过程，并配备相应的视频，提升教学效果。

◇**模块丰富**：本书每个项目都设置了丰富的学习模块，包括知识目标、技能目标、素养目标、相关知识、任务实战、项目小结和综合实训等，同时还在讲解过程中适当穿插“知识拓展”和“素养提升”等小栏目，以拓展学生的知识面，提升学生的职业素养。

本书内容

本书包含8个项目，各项目的任务安排分别如下。

项目一“认识数据化运营”包含了解数据化运营、了解数据化运营的基本思维、拆解数据化运营的业务流程3个主要任务。

项目二“分析市场与行业数据”包含数据化展现市场行情、分析行业数据2个主要任务。

项目三“分析竞争对手数据”包含分析竞争品牌数据、分析竞争店铺数据、分析竞争商品数据3个主要任务。

项目四“分析商品数据”包含通过数据化分析规划商品、分析商品流量数据、分析商品库存数据、分析商品定价数据4个主要任务。

项目五“分析销售数据”包含分析交易数据、分析推广数据、分析利润数据3个主要任务。

项目六“分析DSR评分与客服数据”包含分析DSR评分、分析客服数据2个主要任务。

项目七“分析客户与会员数据”包含管理客户画像与客户标签、管理会员数据2个主要任务。

项目八“复盘并分析直播数据”包含直播复盘、分析直播数据2个主要任务。

本书由昆明冶金高等专科学校王晓亮、云南旅游职业学院何璐担任主编，昆明冶金高等专科学校陈华、昆明花易宝科技有限公司赵永能担任副主编，昆明冶金高等专科学校王庆春担任主审，昆明冶金高等专科学校杨文涓、鲁东妮、刘芮含、陈思源、张龙和云南旅游职业学院杨秋霞参加编写。由于编者水平有限，书中难免存在不足和疏漏之处，恳请广大读者批评指正。

编　者

2024年4月

目录
CONTENTS

认识数据化运营

大数据、云计算、移动互联网技术等高新技术的兴起与发展，使得数据化运营成为当下企业管理和运营不可或缺的组成部分。通过数据化运营，企业可以更好地了解客户，更有效地降低成本，更有针对性地提高运营效率，从而达到精细化运营的目的，最终实现商业价值增长。

知识目标

- 了解数据化运营的目标与类型
- 了解数据化运营的变革历程
- 熟悉数据运营人员的岗位职责和基本素养
- 熟悉数据化运营的基本思维
- 了解数据化运营的业务流程

技能目标

- 能够使用生意参谋并进行数据化运营体验
- 能够区分并应用数据化运营的不同思维
- 能够充分理解数据化运营的业务流程

素养目标

- 认识并培养数据运营人员应当具备的基本素养
- 通过了解数据化运营，培养并提高各种数据分析思维能力
- 培养数据化运营过程中的团队协作意识，提高合作沟通能力

任务一 了解数据化运营

动画 认识大数据时代

运营即运作与经营，是指利用各种资源，通过计划、组织、实施和控制等管理手段，实现商品（或服务）商业价值的一系列行为的总称。数据化运营则是以数据为基础，将运营的各环节数据化，通过汇总、整理和分析数据等操作实现运营的目的。与传统运营相比，数据化运营效率更高、作用更大、结果更准确。

相关知识

一、数据化运营的目标与类型

微课视频 数据分析在电商行业中的作用

随着大数据时代的到来，数据化运营发挥的作用越来越大，越来越多的企业将其作为首要的运营管理方式。

（一）数据化运营的目标

数据化运营主要是通过分析和应用客户数据、市场数据、竞品数据等与商业运营相关的数据，实现以下几方面的目标。

- **提高营销效率**：通过数据化运营，企业可以更加准确地了解目标客户的需求和偏好，从而精准投放广告和开展营销活动，提高营销效率。
- **改善客户体验**：通过数据化运营，企业可以更好地了解客户需求和反馈，从而不断改进商品和服务，提升客户体验和满意度。
- **降低成本**：通过数据化运营，企业可以优化流程、精减资源投入，从而降低运营成本。
- **增强品牌影响力**：通过数据化运营，企业可以更好地了解市场趋势和客户偏好，从而及时调整市场策略，增强品牌影响力。
- **实现商业价值增长**：通过数据化运营，企业可以实现更加科学和有效的决策，从而在精细化运营、高效营销等方面取得更好的效果，实现商业价值增长。

案例阅读

姜晓是一位品学兼优的学生，刚进大学他就通过劳动赚取了一定的学费和生活费，给家里减轻了许多经济负担。

在学校领导的推荐下，姜晓以低价批发饮料的方式与批发市场的经销商合作，并获得了在学校售卖饮料的权利。姜晓制作了广告宣传单，并将其粘贴在学校食堂、操场、自习室和图书馆等地点。在售卖时，姜晓会向前来购买的同学询问他们是通过哪个位置的广告宣传单获取的信息，并记录下不同位置的广告宣传单带来的销售额。

一个月后，姜晓通过数据分析，了解到学校食堂和操场这两个地点的广告宣传单不仅带来了更多的购买人数，产生的销售额也更高，通过这两个地点的广告宣传单获取信息的同学往往会购买多瓶饮料。根据分析结果，姜晓果断减少了学校自习室和图书馆的广告宣传单投放数量，将重点放在学校食堂和操场，并在这两个地点搭建了临时售卖点。通过这种运营措施，姜晓既降低了广告宣传单的印刷成本，又使得销售额明显增加。

通过该案例可以发现，姜晓正是利用数据化运营的理念，通过对销售数据的分析，找到人流量大、需求量高的位置，进而改善运营方式，有针对性地进行宣传与销售，从而增加销售额。

（二）数据化运营的类型

从广义上讲，一切围绕着商品和服务所进行的数据化干预都可以称为数据化运营。数据化运营的类型主要包括市场运营、客户运营、内容运营和商品运营。

动画

数据化运营的含义、目标与类型

- **市场运营**：市场运营是指通过市场营销、商品开发、品牌管理等市场开发行为，取得利润或实现利益最大化。就电商领域而言，店铺开展的各种促销活动便是典型的市场运营措施，其目的一是促进销售，二是提高市场占有率。
- **客户运营**：客户运营是指以客户为中心，遵循客户的需求来设置运营活动与规则，制定运营战略与目标，严格控制实施过程与结果，以提升客户的消费体验和增加客户的交易行为。企业通过客户运营不仅可以提高客户活跃度、客户对商品的好感度，还可以收集客户反馈的信息，为商品的优化做准备。
- **内容运营**：内容运营是指通过对各种内容的生产、加工、组织和呈现，提高商品的内容服务价值。内容运营一般更多地出现在社区类、视频类、电子阅读类、资讯类等媒体、网站或App上，这种类型的运营往往需要优质的内容作为依托，无论是原创还是二次创作等，往往只有优质的内容才能吸引客户的关注。
- **商品运营**：商品运营的目的是使商品被客户接受，持续产生商业价值。常用的运营方式如各种App推广，微信公众号和小程序推广，等等。

二、数据化运营的变革历程

数据化运营的出现和发展，已经对企业的管理方式、组织架构和人才需求等方面产生了深刻影响。同时，数据化运营自身的理论核心也在发生变化。总的来看，数据化运营的变革历程主要经过了4P、4C和3P3C等阶段。

（一）4P阶段

在数据化运营的4P阶段，运营核心是商品，4P分别是商品（Product，本意为产品，这里代指商品）、价格（Price）、渠道（Place）和推广（Promotion）。企业一般从商品数据、价格数据、渠道数据和推广数据等方面着手，深入了解市场需求和客户行为，并实现渠道优化、推广效果精准化。4P阶段的运营理论如图1-1所示。

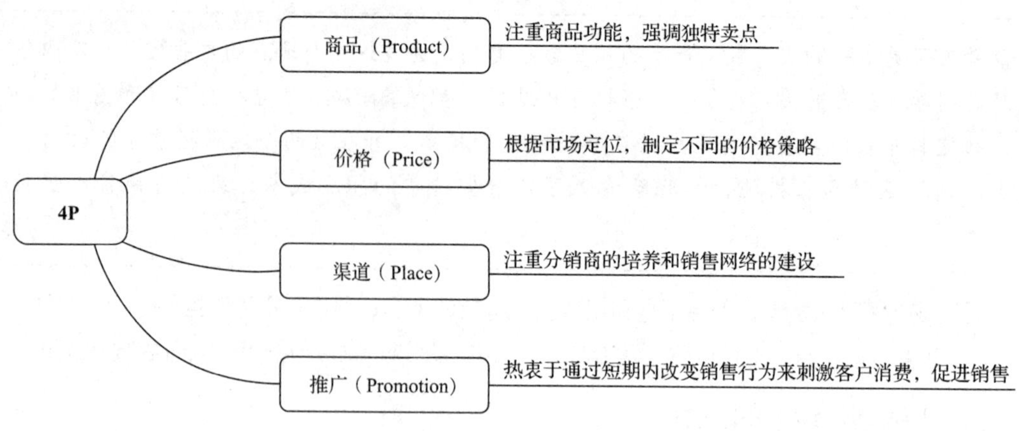

图1-1　4P阶段的运营理论

（二）4C阶段

随着市场上商品种类的不断丰富、市场竞争的日益激烈，数据化运营进入4C阶段，运营核心从商品变为了客户，4C分别是客户（Consumer）、成本（Cost）、便利（Convenience）和沟通（Communication）。在4C阶段，企业注重提高客户满意度和忠诚度，从而提高运营效率和盈利能力。4C阶段的运营理论如图1-2所示。

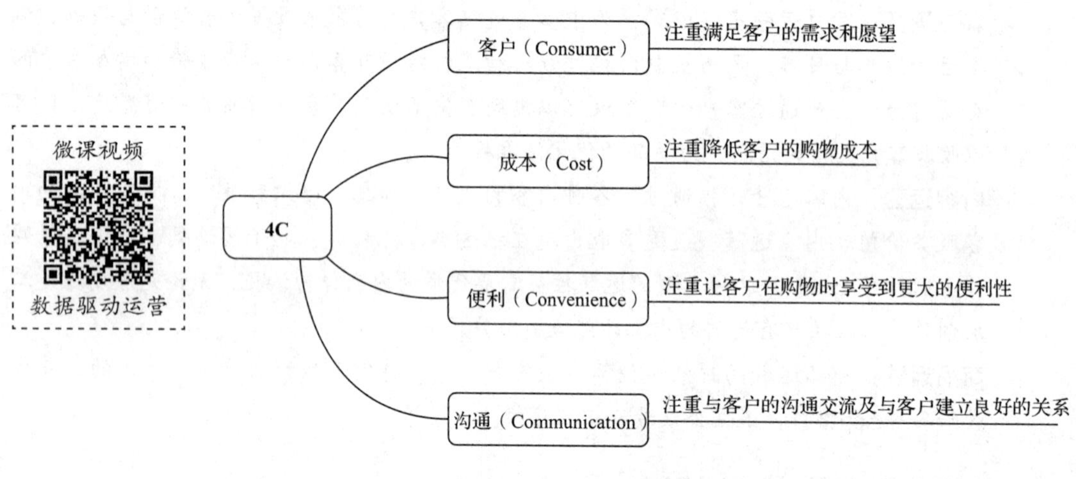

图1-2　4C阶段的运营理论

（三）3P3C阶段

随着大数据技术的应用，市场竞争更加激烈，运营策略向着更加可控和可测的方向发展，数据化运营进入3P3C阶段。3P3C是指概率（Probability）、商品（Product，这里同样代指商品）、目标客户（Prospect）、创意（Creativity）、渠道（Channel）和成本（Cost），该阶段以数据挖掘所支撑的目标响应概率为运营核心，强调围绕商品功能优化、目标客户细分、活动文案创意、成本控制、渠道优化等进行精细化运营，其运营理论如图1-3所示。

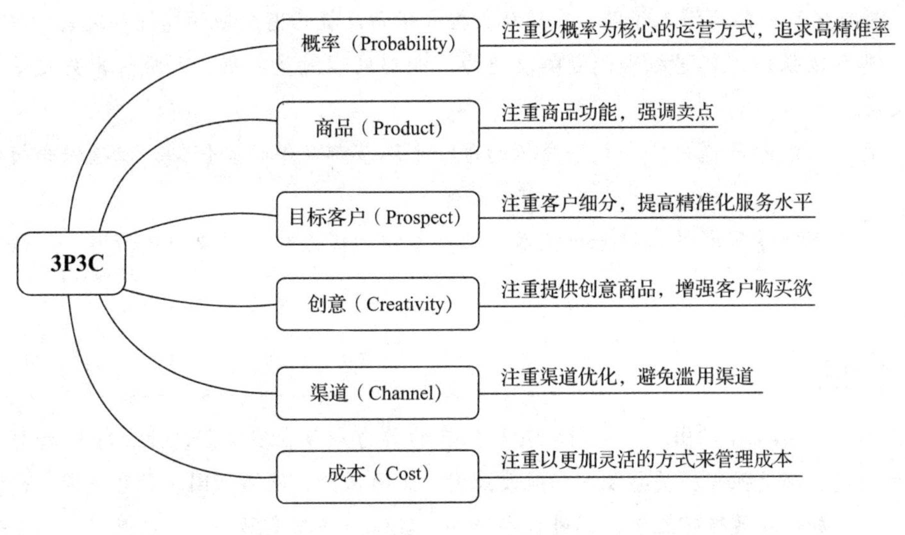

图1-3　3P3C阶段的运营理论

三、数据运营人员的岗位职责和基本素养

数据运营人员是企业中负责数据管理和数据分析的专业人员，其主要职责是收集、整理、分析与企业运营相关的各方面数据，目的是发现数据反映的问题，挖掘数据背后隐藏的规律和趋势，并将这些数据转化为有用的信息来指导企业决策。不同岗位的数据运营人员的职责不尽相同，以下是一些常见的数据运营人员的岗位职责。

- **监测数据**：数据运营人员需要定期监测数据，一方面确保数据的正确性，另一方面确保通过数据及时发现运营中出现的问题。
- **采集、整合和清洗数据**：数据运营人员需要采集并整合来自多个渠道的数据，如网站流量数据、客户行为数据等，同时还需要清洗这些数据，将无效、错误、重复的数据处理掉，为后续的分析工作提供高质量的数据源。
- **分析数据**：数据运营人员需要进行数据分析、数据挖掘和数据可视化等工作，将数据反映出的有价值的信息提取出来，为企业制定合理有效的运营策略提供保障。
- **指导决策**：数据运营人员需要将数据分析结果转化为业务行动指南或战略建议，为企业决策提供支持。
- **参与数据应用开发**：数据运营人员需要协同开发人员，将数据挖掘算法和数据分析结果嵌入企业的应用程序，以便更好地应对企业的运营管理，更加精准且高效地完成数据分析任务。

一名合格的数据运营人员应当具备以下基本素养。

（1）熟练掌握数据分析和挖掘的方法，熟悉各种数据分析工具和技术的应用。

（2）具备良好的沟通能力和团队合作精神，能够有效地与其他部门协调和交流。

（3）对市场和商品有深入了解，能够从数据分析角度提出有见地的建议和决策指导。

（4）具备较强的逻辑思维和问题解决能力，能够处理海量数据，并提炼出关键信息来支持业务决策。

（5）具备高度的严谨性，在数据分析的每一个环节都足够认真仔细，以确保分析结果准确无误。

（6）具备不断学习新的数据分析技术和业务知识的探索精神，以便更好地应对快速变化的市场和技术环境。

素养提升

党的二十大报告提出，“坚持把发展经济的着力点放在实体经济上，推进新型工业化，加快建设制造强国、质量强国、航天强国、交通强国、网络强国、数字中国”；同时还强调，“加快发展数字经济，促进数字经济和实体经济深度融合，打造具有国际竞争力的数字产业集群”。数据运营人员应以此为纲领，努力学习和工作，做出卓越贡献。

任务实战——使用生意参谋体验数据化运营

本次实战将登录生意参谋，查看某淘宝店铺的运营数据，熟悉不同数据的作用，全方位了解店铺的运营情况；同时，还将简要分析店铺的流量数据和交易数据，根据数据调整店铺的运营策略。其具体操作如下。

步骤01 打开浏览器，访问并登录淘宝网（若没有账号可单击网站页面上方的“免费注册”超链接注册账号）。

步骤02 单击页面右上方的“千牛卖家中心”超链接，在打开的页面中输入账号和密码，登录千牛卖家中心，进入“千牛商家工作台”页面，选择左侧列表框中的“数据”选项进入生意参谋。

步骤03 在生意参谋首页的“实时概况”区域查看店铺当日的实时概况数据，包括支付金额、访客数、支付买家数、浏览量、支付子订单数等，然后在“店铺概况”区域查看店铺的近30天支付金额排行等数据，如图1-4所示。通过这些数据可以了解店铺当日的销售情况。

图1-4　查看实时概况和店铺概况数据

步骤04 滚动鼠标滚轮至“整体看板”区域，该区域上方显示店铺近一周核心指标（包括支付金额、访客数、支付转化率、客单价等）的数据及其与上周和去年同期的对比情况，该区域中下方显示店铺近12周核心指标的数据走势情况，如图1-5所示。图中显示的是支付金额的数据走势，选择其他指标，则可显示其数据走势，通过这些数据可以了解店铺的整体运营情况。

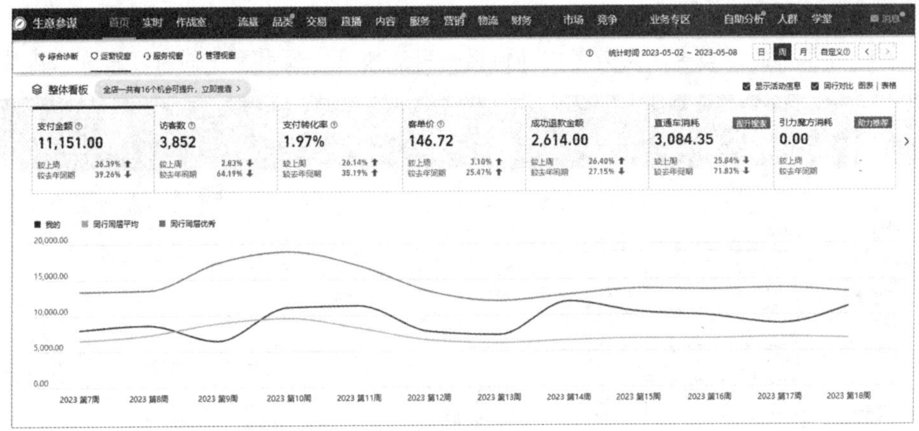

图1-5 查看店铺整体数据

步骤05 滚动鼠标滚轮，在“流量看板”区域查看店铺近12周的一级流量走向和由一级流量细分出的二级流量来源数据，如图1-6所示，通过这些数据可以了解店铺的流量来源，以便维护优质流量渠道，优化引流效果不好的流量渠道。

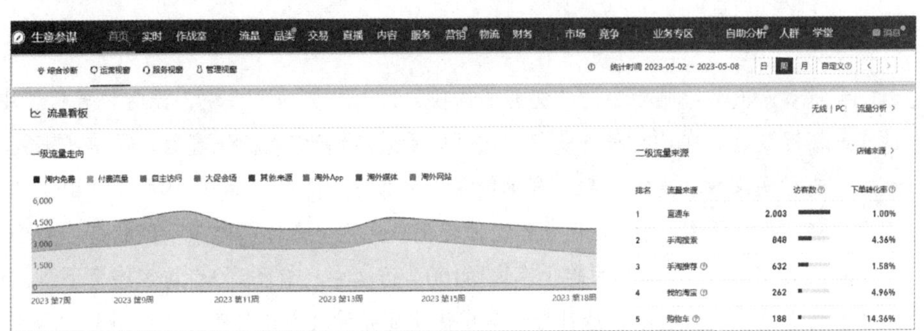

图1-6 查看店铺近12周的流量数据

步骤06 滚动鼠标滚轮，在“转化看板”区域查看访客-收藏转化率、访客-加购转化率和访客-支付转化率等数据，如图1-7所示，通过这些数据可以了解店铺近一周的转化效果。

图1-7 查看店铺近一周的转化数据

步骤07 选择生意参谋顶部导航栏中的“流量”选项，进入“流量”板块。单击页面右上角的“7天”选项，将显示店铺近7天的核心流量数据，如图1-8所示。由图可知，店铺近7天的流量数据整体呈下降状态，相比于前7天，访客数减少了7.85%，浏览量减少了13.91%，跳失率提高了1.62%，人均浏览量减少了6.35%，平均停留时长减少了5.92%，老访客数减少了0.27%，新访客数减少了8.98%，等等。流量数据的变化说明店铺近7天的引流效果并不好，但老访客数的减少幅度较小，这说明店铺的商品是能够吸引客户的，当务之急是考虑如何提升引流效果，吸引更多的新客户进入店铺。

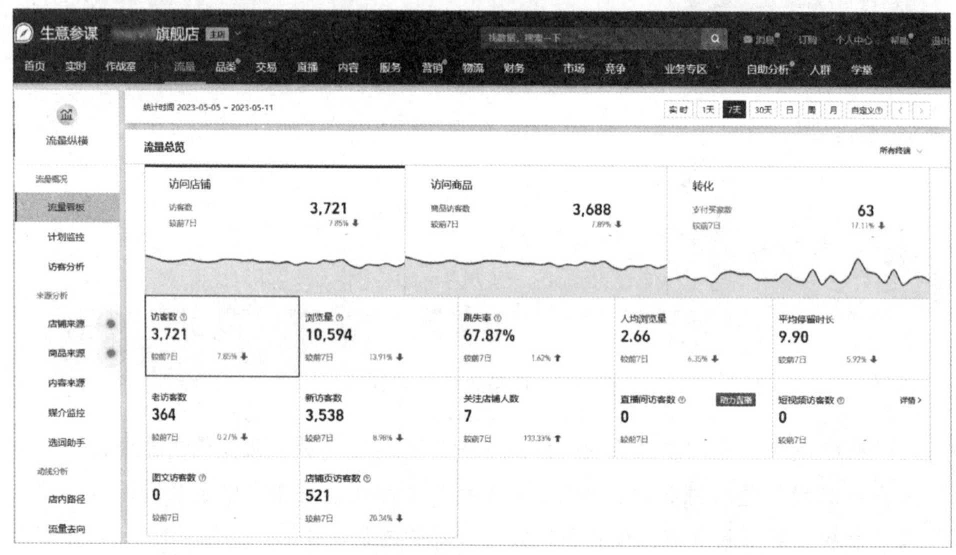

图1-8　查看店铺核心流量数据

步骤08 选择生意参谋顶部导航栏中的“交易”选项，进入“交易”板块，此时将显示店铺近7天的交易概况数据。在“交易总览”区域可以看到店铺近7天的访客数、下单买家数、下单金额、支付买家数、支付金额、客单价等指标都有所降低，如图1-9所示。由此可以推测出下单转化率、下单-支付转化率和支付转化率这几个指标都处于下降状态。另外，店铺的下单转化率过低，1.72%的转化率说明100名访客中只有不到2名访客愿意下单，这说明店铺对访客的吸引力有限，店铺应该考虑优化商品和页面设计等，以提升转化效果。

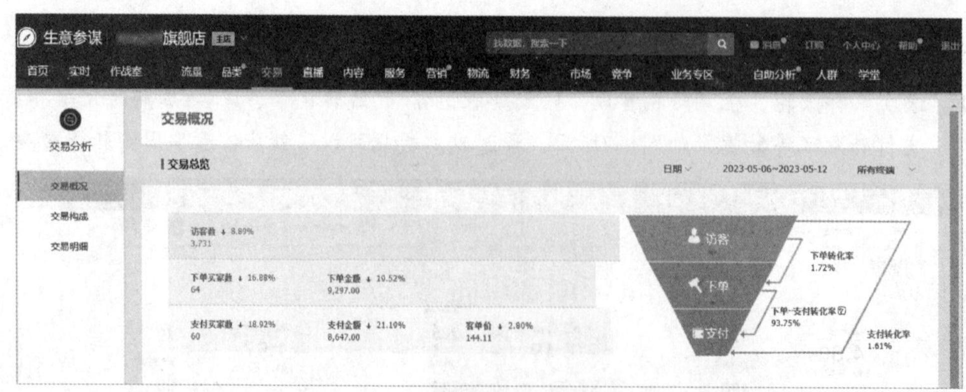

图1-9　查看店铺交易概况数据

步骤 09 在左侧选择“交易构成”选项，在“交易构成”区域查看终端构成情况，如图1-10所示。由图可知，店铺的交易全发生在无线端，这符合当下移动互联网技术日益完善以及各种移动终端设备不断普及的社会发展趋势，店铺应当进一步加强无线端的运营管理。此外，如果店铺的计划是放弃PC（Personal Computer，个人计算机，代表非移动终端设备）端，则可以关闭PC端渠道，否则需要加强PC端的推广与页面优化，增加店铺的交易终端类型。

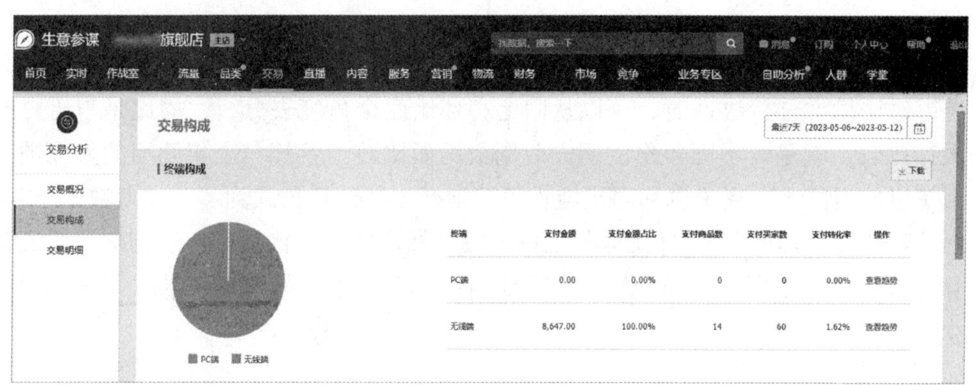

图1-10 查看店铺交易终端数据

任务二 了解数据化运营的基本思维

当前，数据已经成为企业重要的资产之一，数据化运营的理念被越来越多的企业接纳并应用，要想更好地完成数据化运营工作，就需要合理使用数据化运营的思维，如分析销售额的增减可以使用对比思维，分析销售额减少的具体原因可以使用拆分思维，等等。数据化运营的基本思维较多，常见的主要有对比思维、拆分思维、降维思维、升维思维和假设思维等。

动画

常用的数据分析方法

相关知识

一、对比思维

对比思维是较为直接和简单的数据化运营思维。通过对比商品销量分析商品销售情况，通过对比一年中每月的交易数据来规划淡季和旺季的运营，通过对比交易金额分析自身与竞争对手的市场表现，等等，都是对比思维的体现。总的来说，利用对比思维，企业能够直观地发现问题，并找到运营的方向。

对比思维通常是把两个或多个相互联系的数据进行比较，从数量上展示和分析对象规模的大小、水平的高低、速度的快慢，以及各种关系是否协调等。例如，某店铺需要上新一批商品，但不确定新商品的定价时，就可以利用对比思维比较不同价格区间商品的支付占比，找到客户偏好的价格区间，在进货时优先考虑价格处于这一区间的商品，如图1-11所示。

微课视频

对比分析法

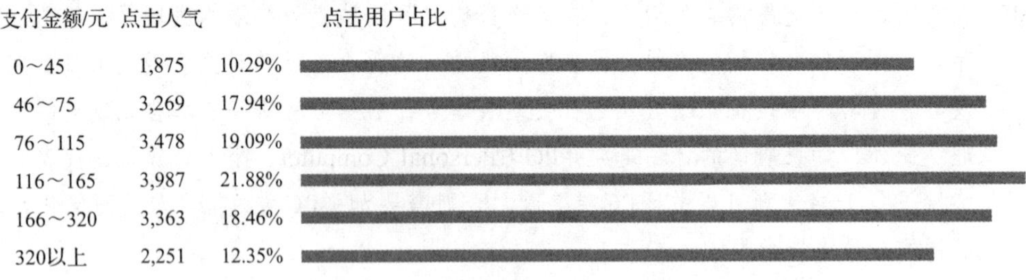

支付金额/元
点击人气
点击用户占比
0～45
1,875
10.29%
46～75
3,269
17.94%
76～115
3,478
19.09%
116～165
3,987
21.88%
166～320
3,363
18.46%
320以上
2,251
12.35%

图1-11 不同价格区间的支付占比

使用对比思维分析数据时，可以从同比和环比两个角度去分析。同比是与历史同时期的数据比较，就是与不同年份的同一时期数据做比较。若想与上年同期的数据进行对比，则可以使用同比增幅（也称同比增长率）指标，其计算公式为“（本期数-上年同期数）/上年同期数×100%”。环比即与上期的数据做比较，环比增幅（也称环比增长率）的计算公式为“（本期数-上期数）/上期数×100%”，该指标可以反映本期比上期增长了多少。

二、拆分思维

拆分思维就是在确定分析对象后将其进行拆分，找到组成分析对象的各个子对象，然后分析或进一步拆分子对象，直至找到问题的关键影响因素。这种思维可以把一个看起来非常困难的事件或项目拆分成小的单元，然后对每个单元进行分析，从而找到核心问题。

拆分思维在数据化运营中的应用场景比较广泛，当原始数据不能直接反映问题时，就需要拆分原始数据，得出能直接反映问题的关键数据。例如，当无法找到销售额下降的直接原因时，可以将销售额拆分成访客数、转化率和客单价3个指标，再对这些指标进行分析；如果还是不能找出问题，就继续将它们拆分，直到发现销售额下降的直接原因，如图1-12所示。

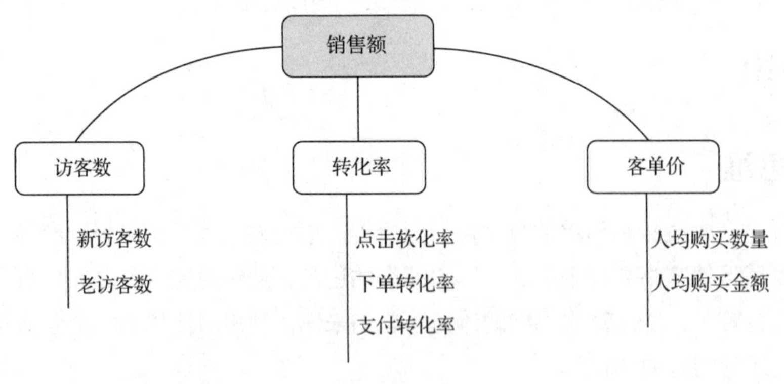

图1-12 拆分销售额

三、降维思维

在数据化运营过程中，有时会遇到数据非常多且杂乱无章的情况，若此时的数据维度较为多样，为了更好地分析并解决问题，就可以利用降维思维，选择数据中具有代表性的一种维度进行分析。换句话说，降维思维就是只分析重点维度，去掉次要维度，其核心是将复杂的问题简单化。例如，要计算某店铺2023年6月销售额占全年销售额的比例，只需要从众多数据中筛选出6月销售额、全年销售额这两个维度的数据进行计算即可。

四、升维思维

升维思维也称增维思维，是指增加多个维度的数据来辅助数据分析。升维思维广泛应用于数据化运营，其中较为常见的应用就是数据复盘（即对数据进行回顾分析），其核心与降维思维刚好相反，是使简单数据多元化，即通过数据升维对原始数据进行计算和拓展，以便分析运营中存在的问题。例如，要想利用销售额来反映店铺各月的销售数据波动情况，可以在销售额的基础上计算出平均值以及各月的销售额占比，通过增加数据维度，以更加全面和直观地体现销售数据的波动情况。

五、假设思维

假设思维是指从结果倒推原因，常用于数据预测。实际情况下，对于难以准确把握的数据分析任务，就可以应用假设思维，即先假设一个结果，再倒推可能产生这个结果的因素，找到解决方法，提高数据分析的准确性。假设思维的分析流程如图1-13所示。

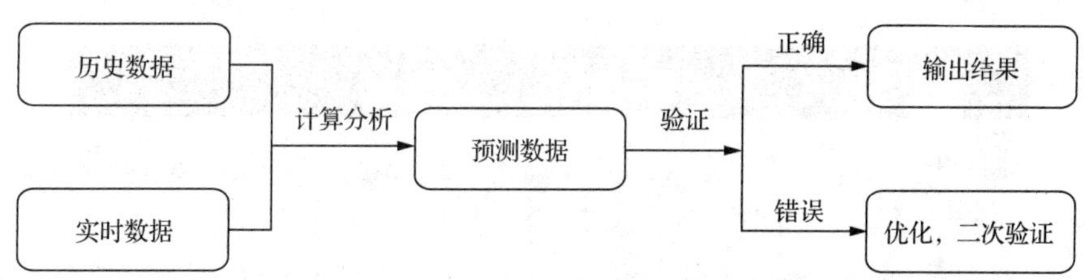

图1-13　假设思维的分析流程

任务实战

【实战一】使用对比思维分析市场份额数据

本次实战统计了本店铺、竞争对手和市场近两月的销售额数据，下面利用Excel计算本店铺和竞争对手本月的市场份额占比和本月的销售额增幅数据，然后使用对比思维分析本店铺和竞争对手近两月的市场表现。具体操作如下。

步骤01 打开“市场份额.xlsx”文件（配套资源：\素材\项目一\市场份额.xlsx），查看本店铺与竞争对手上月和本月的销售额数据，可见不管是上月还是本月，本店铺的销售额均超过竞争对手。

步骤02 选择B4:C4单元格区域，在编辑栏中输入“=B3/$D$3”，按【Ctrl+Enter】组合键计算本月市场份额占比，如图1-14所示。由计算结果可知，本月本店铺的市场份额占比也高于竞争对手。

使用对比思维分析市场份额数据

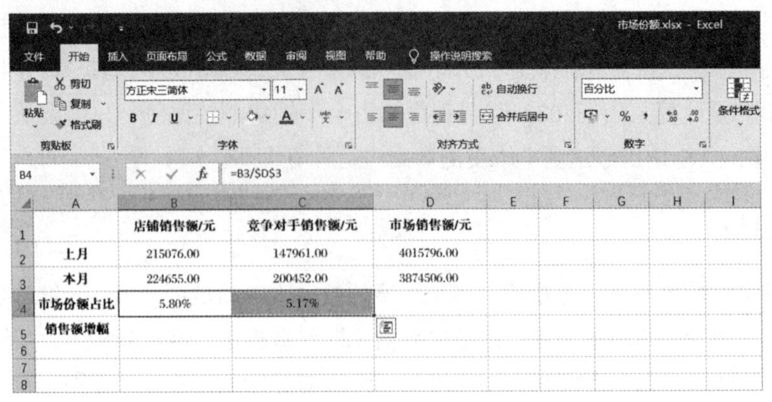

图1-14　计算本月市场份额占比

步骤 03 选择B5:D5单元格区域，在编辑栏中输入“=(B3-B2)/B2”，按【Ctrl+Enter】组合键计算销售额增幅，如图1-15所示（配套资源：\效果\项目一\市场份额.xlsx）。由计算结果可知，本店铺本月的销售额增加了4.45%，竞争对手本月的销售额增加了35.48%，考虑到本月市场销售额减少了3.52%，而竞争对手的销售额增幅如此巨大，说明其市场运营效果非常好。本店铺应当对竞争对手的运营数据（包括流量数据、交易数据、推广数据等）进行分析，找到其销售额快速增长的具体原因，以此调整本店铺的运营方式，提升竞争力。

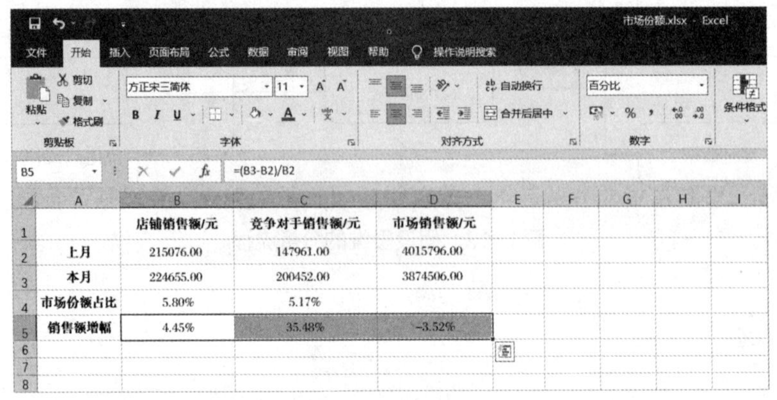

图1-15　计算销售额增幅

微课视频

使用降维思维分析客单价数据

【实战二】使用降维思维分析客单价数据

本次实战采集了店铺6月多个维度的运营数据，包括访客数、支付人数、销量、收藏数、加购数、销售额、目标客单价等，下面根据“客单价=交易总额/购买人数”公式，在Excel中计算出6月店铺每日的客单价，并利用图表分析客单价的变化趋势。具体操作如下。

步骤 01 打开“客单价.xlsx”文件（配套资源：\素材\项目一\客单价.xlsx），根据“客单价=交易总额/购买人数”公式，利用交易总额对应的销售额字段，以及购买人数对应的支付人数字段计算客单价，在I1单元格中输入“实际客单价/元”并按【Enter】键确认。

步骤02 选择I2:I31单元格区域，在编辑栏中输入“=G2/C2”，按【Ctrl+Enter】组合键计算每日的实际客单价，如图1-16所示。

I2 =G2/C2

	A	B	C	D	E	F	G	H	I
1	日期	访客数/位	支付人数/位	销量/件	收藏数/次	加购数/次	销售额/元	目标客单价/元	实际客单价/元
2	6月1日	396	29	31	159	183	10199.0	350.0	351.7
3	6月2日	151	59	64	142	114	21056.0	350.0	356.9
4	6月3日	449	64	75	184	108	21600.0	350.0	337.5
5	6月4日	423	84	101	183	111	29088.0	350.0	346.3
6	6月5日	198	70	86	189	191	24768.0	350.0	353.8
7	6月6日	257	36	40	199	135	13160.0	350.0	365.6
8	6月7日	135	26	27	161	129	8883.0	350.0	341.7
9	6月8日	395	27	29	129	129	9541.0	350.0	353.4
10	6月9日	243	40	44	153	119	14476.0	350.0	361.9
11	6月10日	278	25	26	186	162	8554.0	350.0	342.2
12	6月11日	440	16	16	192	161	5264.0	350.0	329.0
13	6月12日	280	12	12	112	153	3948.0	350.0	329.0
14	6月13日	275	24	25	154	125	8754.0	350.0	364.8
15	6月14日	476	84	100	109	183	32900.0	350.0	391.7
16	6月15日	163	74	86	155	182	28294.0	350.0	382.4
17	6月16日	204	27	28	121	137	8960.0	350.0	331.9
18	6月17日	261	20	20	169	160	6400.0	350.0	320.0
19	6月18日	123	15	15	113	155	4800.0	350.0	320.0
20	6月19日	138	16	16	123	156	5264.0	350.0	329.0
21	6月20日	279	19	19	185	144	6251.0	350.0	329.0
22	6月21日	401	8	8	154	191	2632.0	350.0	329.0
23	6月22日	170	27	29	105	136	9541.0	350.0	353.4
24	6月23日	263	41	45	134	190	14805.0	350.0	361.1
25	6月24日	139	20	21	131	129	6909.0	350.0	345.5

图1-16　计算实际客单价

步骤03 选择A1:A31单元格区域，按住【Ctrl】键的同时加选H1:I31单元格区域，在【插入】/【图表】组中单击“插入折线图或面积图”按钮右侧的下拉按钮，在弹出的下拉列表中选择“二维折线图”栏中的第1个选项。

步骤04 在【图表工具 图表设计】/【图表布局】组中单击“快速布局”按钮下方的下拉按钮，在弹出的下拉列表中选择“布局7”选项。然后在图表中选择横坐标轴的标题，将其修改为“日期”，按相同方法将纵坐标轴的标题修改为“客单价/元”，如图1-17所示。

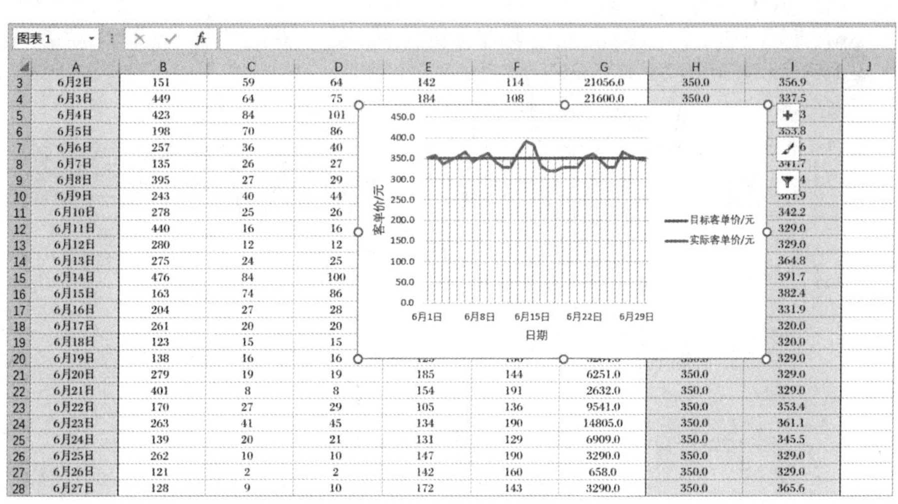

图1-17　设置图表布局

步骤05 拖曳图表右下角的白色圆形控制点，适当放大图表。

步骤06 双击纵坐标轴的数据，打开“设置坐标轴格式”任务窗格，将“最小值”数值框中的数据设置为“300”，如图1-18所示。

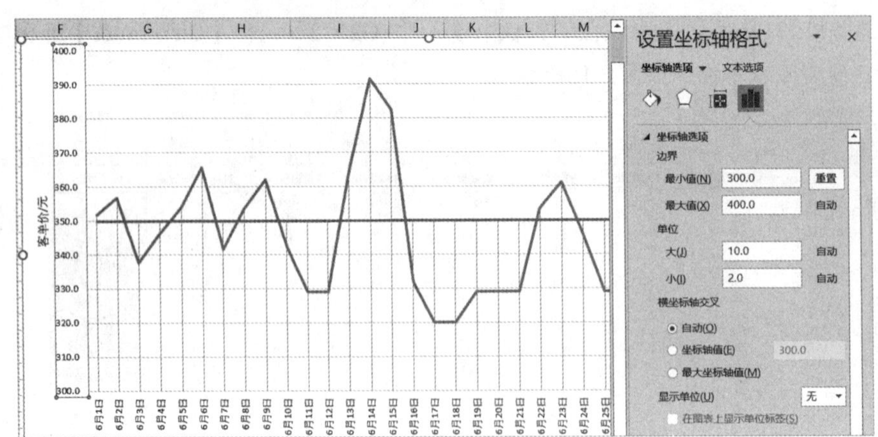

图1-18 设置纵坐标轴数据

步骤07 在【开始】/【字体】组的“字体”下拉列表框中选择“方正兰亭纤黑简体”选项，在“字号”下拉列表框中选择“10”选项。

步骤08 选择目标客单价对应的折线对象，在【图表工具 格式】/【形状样式】组中单击“形状轮廓”按钮右侧的下拉按钮，在打开的下拉列表中选择【虚线】/【短划线】选项，效果如图1-19所示（配套资源：\效果\项目一\客单价.xlsx）。由图可知，店铺6月每日的目标客单价为350元，而实际每日的客单价的波动幅度较大。如果选择表格中的I2:I31单元格区域，可以发现下方状态栏中显示的平均值为“346.7”，说明当月平均每日客单价低于350元，这就需要店铺适当改善运营策略，如开展“买一赠一”活动、实行商品关联销售等，具体内容将在本书项目五中介绍。

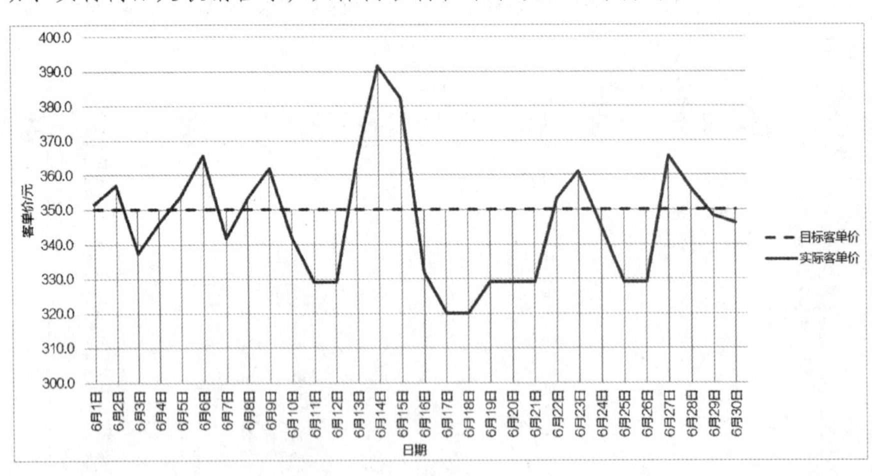

图1-19 设置折线样式

任务三 拆解数据化运营的业务流程

从业务流程来看，数据化运营主要涉及六大环节，分别是明确目标、获取数据、分析数据、验证与优化结果、形成策略，以及撰写数据化运营报告。

相关知识

动画

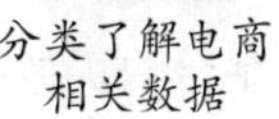

分类了解电商相关数据

岗课赛证链接

一、明确目标

企业在开展数据化运营管理之前，应当先明确目标。目标可以是短期的、一次性的，也可以是长期的、周期性的。数据化运营要么以发现和解决问题为目标，要么以寻找规律和发现潜在方向为目标。

- **以发现和解决问题为目标：** 这类目标非常普遍，如发现访问量下降，就会以解决此问题为目标来分析，以查明访问量下降的原因，然后处理问题。
- **以寻找规律和发现潜在方向为目标：** 这类目标也较为常见，企业要想立足市场，提升自身的竞争力，就应当先于竞争对手找到市场规律或发现市场发展的潜在方向。在大数据的背景下，企业通过数据化运营可以发现许多潜在信息，如客户需求、市场变化规律等，从而获得更多的商机。

二、获取数据

岗课赛证链接

数据化运营离不开数据，因此企业需要考虑如何获取高质量的数据。这一阶段主要包括数据采集和数据预处理两个环节。

（一）数据采集

采集数据时，数据的来源不同，所选用的方法也不同。

1. 企业内部数据

企业在日常经营中会不断积累各种数据，如采购数据、出入库数据、销售数据等，这些数据能够准确反映企业的经营情况，并对解决经营问题提供巨大帮助。因此，企业需要高度重视各种数据的收集与保存，将其录入计算机数据库系统中，建立并完善数据管理系统，保证在需要时方便调用相关数据。对于这类数据的采集，只需调取存储到数据库中的数据即可。

2. 市场调研数据

市场调研数据是企业重要的数据来源，这类数据可以反映客户当下的实际需求，对企业销售商品、维护客户关系等能够提供帮助。对于这类数据的采集，常用的方法就是问卷调查。问卷调查包括编制问卷、选定样本、发放问卷、统计分析结果等环节，通过向受访者提出一系列针对性问题，了解受访者的意见、观点、偏好、需求等信息。问卷可以是纸质的，也可以是电子版的，具体形式可以根据调查目的、受众群体和调查方式等进行选择。问卷中的问题可以分为开放式和封闭式两种，开放式问题允许受访者自由表达意见，而封闭式问题则要求受访者从几个选项中选择最符合其观点的一个。

3. 公开数据

这里所说的公开数据，指的是向大众免费开放的数据。一些机构、杂志、报纸等组织或媒体，通常会提供一些可免费获取的公开数据，这些公开数据可能涵盖某个市场的情况、某个行业的情况，甚至还包括更为详细的内容。对于企业而言，这类数据不会产生任何获取成本，并且具有足够的专业性和准确性。数据采集人员一般会选择访问相应的官方网站，通过复制粘贴或下载等方式进行采集。

4. 非公开数据

这里所说的非公开数据即需要付费获取的数据，当企业需要获取自身无法得到的数据时，可以向合作伙伴寻求帮助。例如，可以从供应链上下游合作伙伴处获取相关数据，或通过专门出售数据的第三方平台购买数据，等等。非公开数据在全面性、专业性和准确性方面都非常可靠。对于这类数据，只需要支付一定费用，便可通过网络传送、下载等方式获取。

 **素养提升**

> 无论数据来自哪里，数据采集的前提都是合法合规。特别是通过外部途径获取数据时，更要遵守商业道德和职业道德，不能盗用、篡改数据。

（二）数据预处理

数据预处理就是对数据进行粗加工，旨在为数据分析工作提供更好的基础。通过数据预处理操作，企业不仅可以将繁杂的数据简单化，提升数据分析与决策的效率，还可以使数据系统、直观地反映实际情况，更可以将数据整合为信息资源，实现深度挖掘。具体来说，数据预处理主要包括数据清洗、数据转化、数据分组、数据计算、数据排序、数据检索、数据提取等内容。

- **数据清洗**：数据清洗是指发现并纠正数据中的错误，如处理缺失值、修正错误值、删除重复值等。
- **数据转化**：数据转化是指将数据从一种表现形式变为另一种表现形式，如转化表格的行列结构、将一列数据拆分为多列、设置单元格格式等。
- **数据分组**：数据分组是指将原始数据按照某种标准分组，以方便管理和分析。例如，销售额数据与销量数据合并在一起时，就可以将其拆分为销售额数据和销量数据。
- **数据计算**：数据计算是指按照需求将各项数据进行整合计算，如求和、求平均值等。
- **数据排序**：数据排序是指按一定顺序排列数据，如按销售额从高到低的顺序排列数据。
- **数据检索**：数据检索是指根据分析需求把数据库中存储的相关数据检索出来，如在商品库中搜索某一特定类目的商品。
- **数据提取**：数据提取是指根据一定的目的，从原始数据中摘录所需要的部分，以便做进一步换算和分析，如提取客户所在地域中的省份信息，以便统计客户的分布情况。

三、分析数据

分析数据是数据化运营的核心环节之一，当采集并预处理数据后，数据运营人员就可以按照最初确定的目标分析数据。

比如，数据运营人员可以通过客户画像洞察分析客户特征，将客户数据聚合并转换成形象化的虚拟客户模型。这样可以展现具有特定特征的客户群体，并根据客户画像对客户群体进行分类，从而为精细化客户运营提供数据支撑。

又如，数据运营人员可以利用漏斗分析模型分析客户行为。如果客户在完成某一项特定任务时要经过多个步骤，那么一般在每个步骤都会发生客户流失。为了保证留住更多客户，可以通过漏斗分析模型发现问题所在，优化关键步骤的客户体验。

提示

在分析数据时，数据运营人员可以对数据进行可视化处理，即借助图形、图表等工具直观地呈现数据，让数据分析结果更简单、形象，便于决策者或其他相关人员快速理解和接收有价值的信息。

分析数据时，数据运营人员可以借助一些专业的软件和工具，其中使用较多的是Excel和Power BI两种。

（一）Excel

Excel是一款应用广泛的电子表格处理软件，使用Excel可以实现输入数据、编辑数据、输入公式、插入函数、创建图表、管理数据等多种操作，是数据运营人员进行数据分析的实用软件之一。

Excel有多个版本，此处以Excel 2016为例进行介绍。图1-20所示为Excel 2016的操作页面，该页面主要由标题栏、功能区、编辑栏、工作表区和状态栏等部分组成。

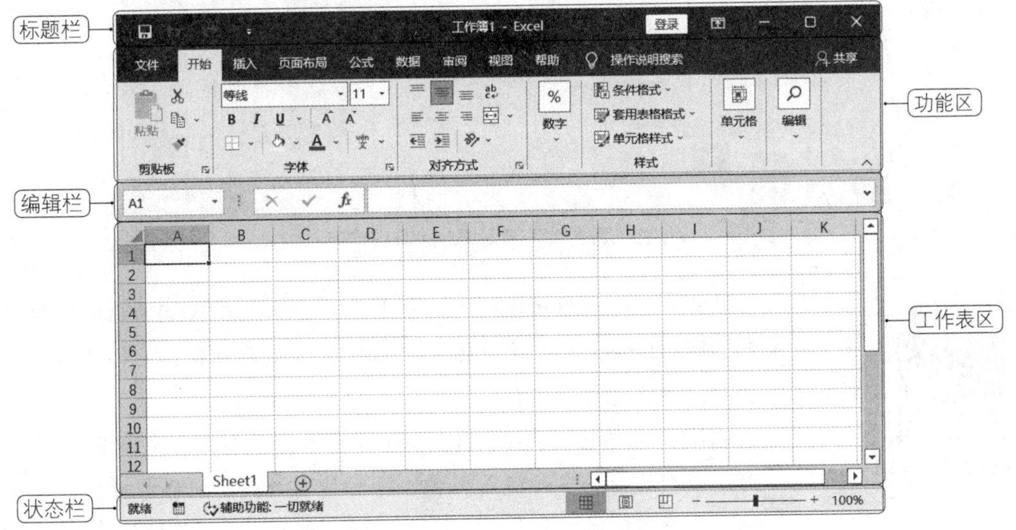

图1-20 Excel 2016的操作页面

- **标题栏**：标题栏位于操作页面最上方，除了显示当前Excel文件的标题外，还提供了一些常用的功能按钮，如调整操作页面的大小或关闭操作页面等。
- **功能区**：功能区是所有工具按钮、参数选项的集合，通过功能区便能对工作表区中的对象进行各种操作。
- **编辑栏**：编辑栏位于功能区下方，由名称栏、编辑按钮和编辑区组成，显示所选的单元格名称，并能插入函数、输入数据和公式等。
- **工作表区**：工作表区是Excel主要的数据编辑区域，在该区域可以直接输入和编辑数据，调整行高和列宽，选择单元格区域，在插入图表后对图表进行编辑，等等。

- **状态栏**：状态栏位于操作页面最下方，主要用于显示当前数据的编辑情况，也可切换显示模式和调整显示比例等。

（二）Power BI

Power BI是微软公司开发的一套商业数据分析工具，本书所说的Power BI主要指的是Power BI Desktop，它是Power BI的一个桌面应用程序，内置了数据查询、数据预处理、数据建模和数据可视化等多种功能，并能创建可视化交互式报表。

Power BI的操作页面主要由标题栏、功能区、编辑区、状态栏等部分组成，如图1-21所示。

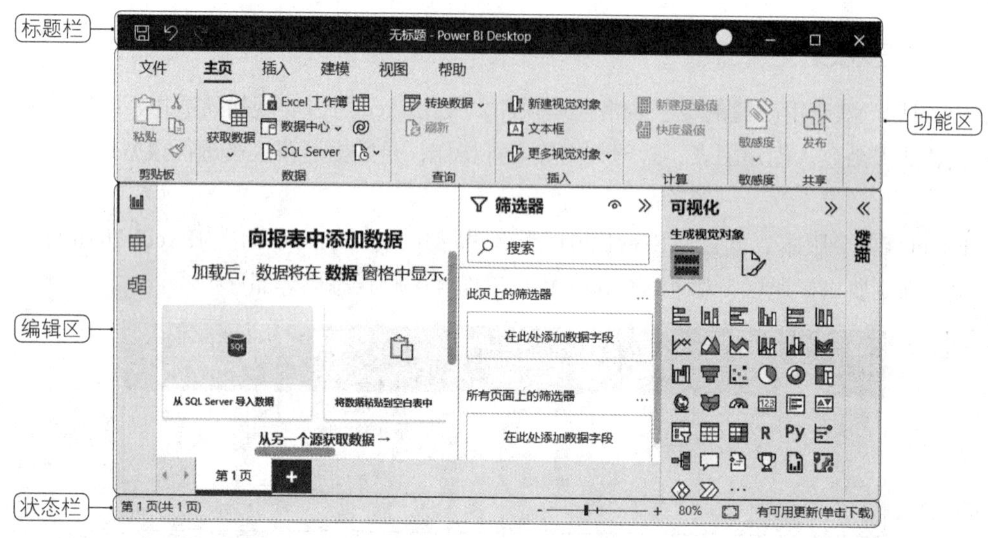

图1-21　Power BI的操作页面

知识链接

Excel和Power BI的比较和选择

- **标题栏**：标题栏位于操作页面最上方，其功能与Excel的标题栏相似。
- **功能区**：Power BI的功能区也与Excel的功能区相似，同样是所有工具按钮和参数选项的集合。
- **编辑区**：编辑区是Power BI的核心区域，集合了报表视图、数据视图、模型视图等多种视图模式。每种视图模式还配备有对应的任务窗格，可以实现创建图表、编辑表格和建立表格关系等操作。
- **状态栏**：状态栏位于操作页面最下方，左侧区域用于显示文件的页数，右侧区域用于调整页面的显示比例。

知识拓展

如果需要更深入地分析数据，可以使用SPSS软件。该软件是IBM公司旗下的一款统计分析软件，可以实现对数据的统计分析、信息挖掘、数据预测分析和决策支持等，具有功能强大、易用性强、兼容性好等优点。SPSS软件最大的特点是兼容了大量的专业分析工具，如描述统计、贝叶斯统计、线性模型、分参数检验等。数据运营人员如果有这方面的分析需求，可以尝试使用这款软件。

四、验证与优化结果

数据分析结果有时还需要进行市场验证，才能确保正确性，如果验证后发现不合理，则需要进行优化，直至得到满意的数据分析结果。例如，在分析商品热门关键词数据后为商品设计了一个标题，为了验证该标题对提升流量的效果，可以将该商品投放到推广渠道，定期检测流量数据。如果流量数据不太理想，则需要优化标题，然后再次验证，直到得到满意的结果。

五、形成策略

岗课赛证链接

策略的制定取决于数据化运营的目标、数据分析并验证优化后的结果。需要注意的是，市场不断变化可能导致每次数据化运营分析形成的策略均不同，这就要求企业根据具体问题和具体的业务场景制定有效的策略。例如，经过数据化运营分析，发现某商品的市场竞争力较弱，如果商品所在市场有发展前景，就可以制定进入市场抢占份额的策略；如果商品所在市场已经没有发展前景且市场份额瓜分殆尽，则应当制定不进入该市场的策略。

六、撰写数据化运营报告

岗课赛证链接

数据化运营报告是对数据化运营分析过程的归纳总结，包括数据分析的原因、目的、过程、方法、结论等内容。数据化运营报告可以让报告使用者在不需要数据运营人员解读的情况下，完全了解本次数据化运营分析活动的所有内容，并能理解数据分析背景和结论。

总体来看，数据化运营报告的作用体现在展示分析结果、验证分析质量和提供决策参考3个方面。

- **展示分析结果：** 数据化运营报告可以将数据分析结果清晰、直观且有条理地展示给决策人员或其他相关人员，使他们能够轻松且快速地理解数据分析结果。
- **验证分析质量：** 数据化运营报告实际上也是对整个数据化运营分析过程的总结，通过报告中对数据分析方法的描述、对数据分析结果的处理等，可以重新检验数据分析的质量和准确性。换句话说，数据运营人员可以在制作报告的过程中检查数据内容是否有误，以便及时修正或调整。
- **提供决策参考：** 数据化运营报告可以为决策人员提供决策参考。由于决策人员往往没有过多的时间或不具备相关的专业知识，他们一般只关注数据分析结果，并利用这些结果来制定决策方案。因此，将繁杂的数据分析过程以报告的形式呈现给决策人员，更加实用和有效。

任务实战

微课视频

采集店铺近一个月的销售数据

【实战一】采集店铺近一个月的销售数据

本次实战将练习在互联网上采集公开数据的方法，首先在店侦探平台中选择某网上店铺，然后查看该店铺近一个月的销售数据，并将相关数据下载到计算机中。具体操作如下。

步骤01 通过浏览器（此处使用的是搜狗浏览器）访问店侦探官方网站，单击“演示体验”按钮，在显示的页面中单击第1个网上店铺对应的超链接。

步骤02 进入该店铺的数据页面，展开左侧列表框中的“销售分析”栏，选择其下的“销售数据”选项，如图1-22所示。

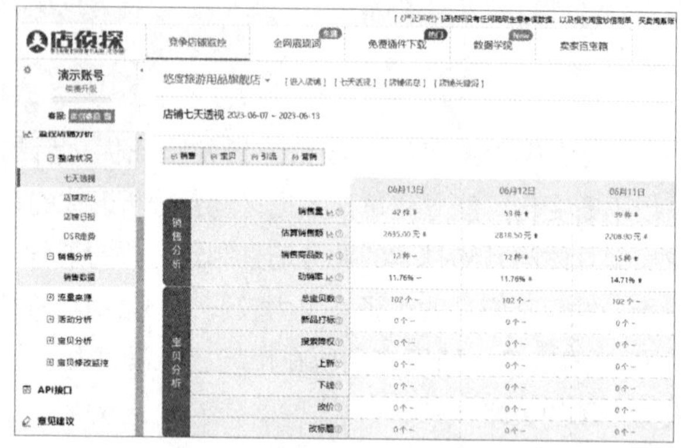

图1-22 选择需要采集的数据类型

步骤03 此时页面中将默认显示该店铺近7天的销售数据情况，单击页面右上方的“30天”选项调整数据显示的时间段，如图1-23所示。

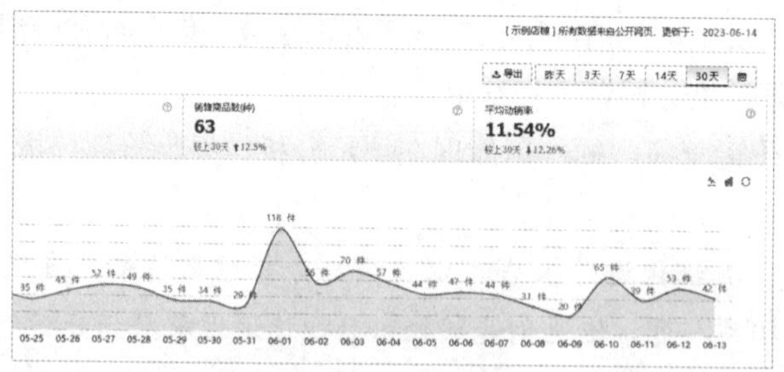

图1-23 调整时间段

步骤04 查看该店铺近一个月每日的销售数据，完成后单击页面右上方的“导出”按钮，打开搜狗浏览器自带的下载对话框，在“文件名”文本框中输入“销售数据.csv”，在“下载到”下拉列表框中选择文件保存位置，这里设置为“桌面”，单击“下载”按钮完成数据的采集操作，如图1-24所示（配套资源：\效果\项目一\销售数据.csv）。

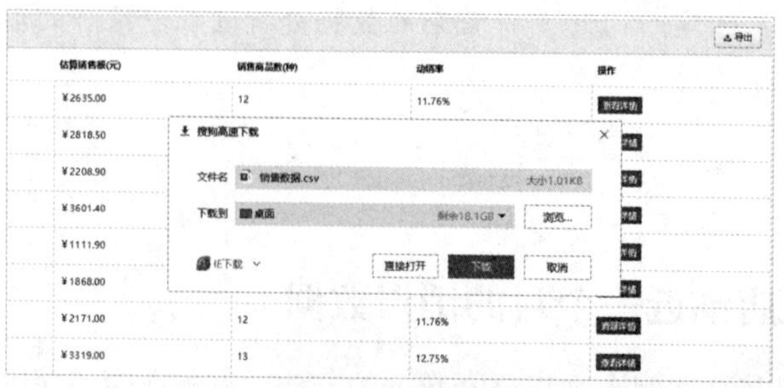

图1-24 下载数据

【实战二】整理采集到的销售数据

微课视频

整理采集到的销售数据

本次实战将对采集的销售数据进行预处理操作，主要包括数据格式的调整、数据的排序等，最后将数据文件保存为Excel文件格式。具体操作如下。

步骤01 打开“销售数据.csv”文件（配套资源：\素材\项目一\销售数据.csv），选择A1:F31单元格区域，在【开始】/【字体】组的“字体”下拉列表框中选择一种字体样式，这里选择“方正宋三简体”选项，保持默认字号不变，然后单击【对齐方式】组中的“居中”按钮≡。

步骤02 选择C1单元格，在编辑栏中添加“/件”，按相同方法为D1和E1单元格分别添加“/元”和“/种”，接着选择A1:F1单元格区域，按【Ctrl+B】组合键加粗文字。

步骤03 依次拖曳A列至F列列标右侧的分隔线，根据文本内容适当调整各列的宽度。拖曳第1行行号下方的分隔线，适当增加该行的高度，效果如图1-25所示。

序号	日期	销量/件	销售额/元	销售商品数/种	动销率
1	2023/6/13	42	2635	12	11.76
2	2023/6/12	53	2818.5	12	11.76
3	2023/6/11	39	2208.9	15	14.71
4	2023/6/10	65	3601.4	10	9.8
5	2023/6/9	20	1111.9	7	6.86
6	2023/6/8	31	1868	11	10.78
7	2023/6/7	44	2171	12	11.76
8	2023/6/6	47	3319	13	12.75
9	2023/6/5	44	2339.2	12	11.76
10	2023/6/4	57	3938.4	11	10.78
11	2023/6/3	70	4258	14	13.73
12	2023/6/2	56	3317	14	13.73

图1-25　调整列宽和行高

步骤04 选择D2:D31单元格区域，在【开始】/【数字】组的“数据格式”下拉列表框中选择“数值”选项，效果如图1-26所示。

序号	日期	销量/件	销售额/元	销售商品数/种	动销率
1	2023/6/13	42	2635.00	12	11.76
2	2023/6/12	53	2818.50	12	11.76
3	2023/6/11	39	2208.90	15	14.71
4	2023/6/10	65	3601.40	10	9.8
5	2023/6/9	20	1111.90	7	6.86
6	2023/6/8	31	1868.00	11	10.78
7	2023/6/7	44	2171.00	12	11.76
8	2023/6/6	47	3319.00	13	12.75

图1-26　设置数据类型

步骤05 选择F2:F31单元格区域，继续在“数据格式”下拉列表框中选择“百分比”选项，单击两次“增加小数位数”按钮，效果如图1-27所示。

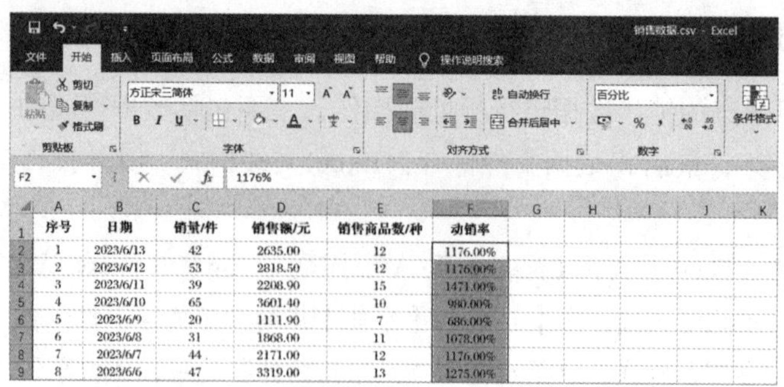

图1-27　设置数据类型和小数位数

步骤06 由于设置百分比格式改变了原数据的大小，因此还需要借助公式调整数据。这里选择G2:G31单元格区域，在编辑栏中输入“=F2/100”，按【Ctrl+Enter】组合键完成计算，结果如图1-28所示。

图1-28　计算数据

步骤07 保持单元格区域的选中状态，按【Ctrl+C】组合键复制数据，然后选择F2:F31单元格区域，在其上单击鼠标右键，在弹出的快捷菜单中单击“值”按钮，表示仅粘贴单元格中的结果，不粘贴公式。重新选择G2:G31单元格区域，按【Delete】键将其中的数据删除，如图1-29所示。

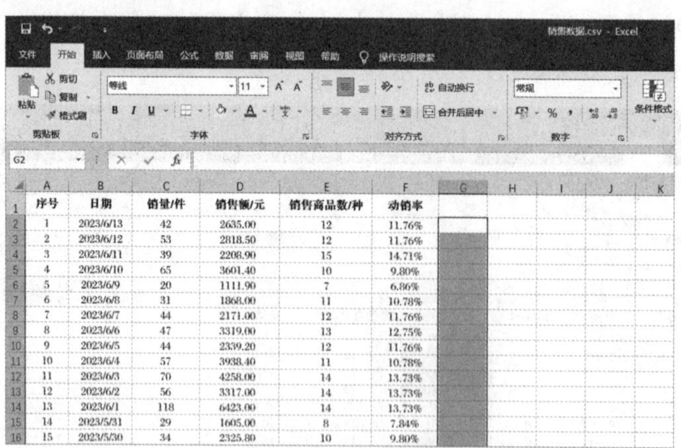

图1-29　复制数据后删除G列中的数据

步骤08 选择“日期”列任意包含数据的单元格，在【数据】/【排序和筛选】组中单击“升序”按钮，然后在A列列标上单击鼠标右键，在弹出的快捷菜单中选择“删除”命令删除序号列，效果如图1-30所示。

日期	销量/件	销售额/元	销售商品数/种	动销率
2023/5/15	73	3843.30	14	13.73%
2023/5/16	81	5530.00	18	17.65%
2023/5/17	66	4065.00	18	17.65%
2023/5/18	63	3348.00	13	12.75%
2023/5/19	55	3984.00	12	11.76%
2023/5/20	71	4102.50	12	11.76%
2023/5/21	69	3445.20	12	11.76%
2023/5/22	59	3177.90	10	9.80%
2023/5/23	54	2871.90	10	9.80%
2023/5/24	45	2373.70	10	9.80%
2023/5/25	35	2174.50	11	10.78%
2023/5/26	45	2218.40	9	8.82%

图1-30 排序并删除列

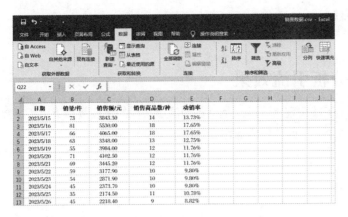

步骤09 单击“文件”选项卡，选择“另存为”选项，然后选择“浏览”选项，打开“另存为”对话框。在左侧的列表框中选择保存位置，这里选择“桌面”选项，在下方的“保存类型”下拉列表框中选择“Excel工作簿（*.xlsx）”，单击“保存”按钮，如图1-31所示（配套资源：\效果\项目一\销售数据.xlsx）。

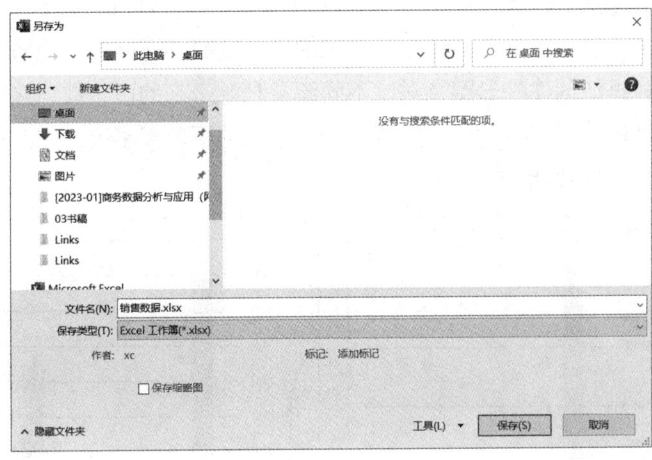

图1-31 将数据文件保存为Excel格式

项目小结

本项目主要介绍数据化运营的基础知识，通过3个任务分别讲解数据化运营的理论知识、数据化运营的基本思维、数据化运营的业务流程。通过学习本项目，我们不仅可以熟悉使用生意参谋查看数据、使用对比思维和降维思维分析数据、采集与预处理数据等操作，还可以了解数据化运营的目标与类型、数据化运营的变革历程、数据运营人员的岗位职责和基本素养、5种常见的数据化运营思维、Excel和Power BI的操作页面等知识点。

党的二十大报告指出，“我们要坚持教育优先发展、科技自立自强、人才引领驱动，加快建设教育强国、科技强国、人才强国，坚持为党育人、为国育才，全面提高人才自主培养质量，着力造就拔尖创新人才，聚天下英才而用之”。在数字化和信息化时代，我们应当重视数据的作用和力量，学好数据化运营的内容，努力成为高素质人才。

综合实训

实训一 分析引流效果

本次实训采集了某淘宝店铺近一个月各种流量来源的访客数和下单买家数，现需要利用相关数据分析引流效果，从而方便店铺在后期找准流量来源，调整并优化运营方式，为店铺和商品带来更多流量。

实训目标

使用对比思维分析店铺流量数据，对比不同流量来源带来的访客数和下单买家数的情况。

实训描述

打开"店铺流量.xlsx"文件（配套资源：\素材\项目一\综合实训\店铺流量.xlsx），按流量来源排列数据，选择所有数据，在【数据】/【分级显示】组中单击"分类汇总"按钮，在打开的对话框中以流量来源为分类字段，以求和为汇总方式，以访客数和下单买家数为汇总项，对数据进行分类汇总。将汇总的数据及对应的表头复制到连续的单元格区域中，然后以流量类型和访客数为数据源创建柱形图，对比不同流量来源带来的访客数，接着以流量类型和下单买家数为数据源创建柱形图，对比不同流量来源带来的下单买家数，如图1-32所示（配套资源：\效果\项目一\综合实训\店铺流量.xlsx）。

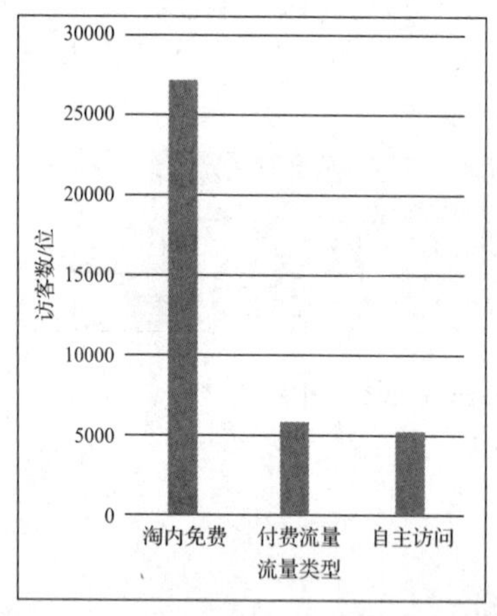

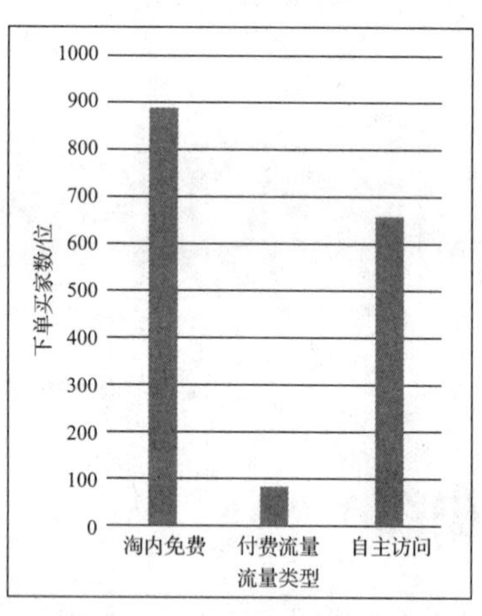

图1-32 对比不同流量来源带来的访客数和下单买家数

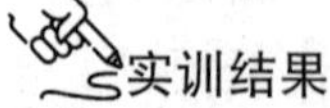

实训结果

根据综合实训的操作，将分析结果填写到下表中。

问题	结果
店铺优质流量的来源是哪一种？	

续表

问题	结果
店铺在运营过程中应当如何调整引流方案？	

实训二　分析商品类目

本次实训将采集店侦探中某店铺近一天的商品类目数据，然后对采集到的数据进行预处理操作，主要包括字体样式的设置、文本内容的修改等，并尝试使用饼图分析该店铺的商品类目占比情况。

实训目标

在店侦探上导出公开数据，然后对数据进行基本的预处理，最后分析店铺的商品类目占比情况。

实训描述

访问店侦探官方网站，单击店铺的超链接，展开左侧的“宝贝分析”栏，选择“类目分布”选项，导出前一日的二级类目数据。打开采集的数据文件，设置字体样式和对齐方式，修改文本内容，删除多余文本，仅保留二级类目最后的文本内容，如将“女装/女士精品>>连衣裙”修改为“连衣裙”这个二级类目。以二级类目和商品数为数据源创建饼图，分析该店铺的商品类目占比情况，如图1-33所示，最后将文件以Excel格式保存（配套资源：\效果\项目一\综合实训\商品类目.xlsx）。

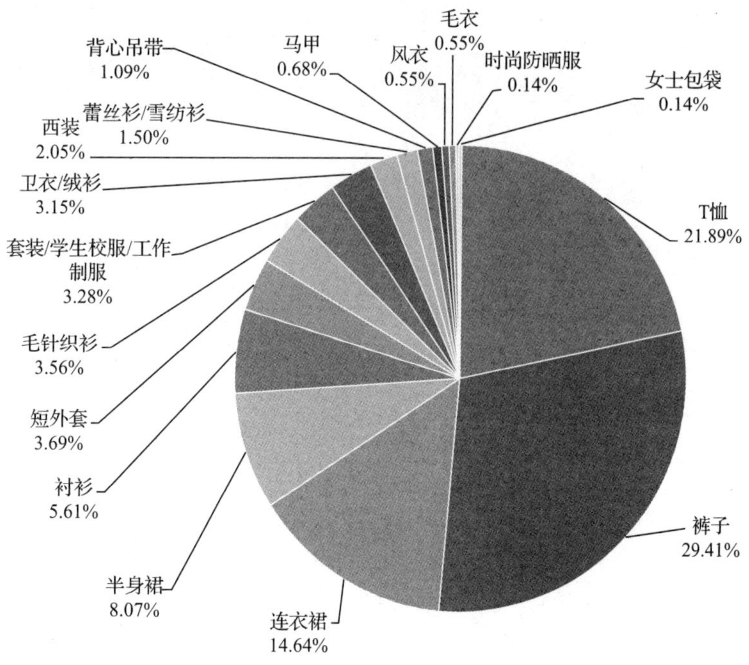

图1-33　商品类目占比情况

实训结果

根据综合实训的操作，将分析结果填写到下表中。

问题	结果
采集数据时应当注意哪些问题？	
该店铺的商品类目占比情况是怎样的？结合销量和销售额数据可以发现该店铺受欢迎的商品类目是哪些？	

分析市场与行业数据

市场与行业数据是企业决策的重要基础，可以帮助企业了解市场变化、竞争格局及客户需求等信息。对于企业而言，准确分析市场与行业数据，有助于企业发现机遇、识别新兴市场或新的客户群体，并预测市场变化、风险和挑战，从而制定更加科学、有效的策略，提高竞争力。

知识目标

- 了解分析市场数据的作用
- 熟悉市场增幅的含义
- 了解蛋糕指数的作用
- 熟悉波动系数与极差的计算公式
- 了解赫芬达尔指数
- 熟悉波士顿矩阵的含义

技能目标

- 能够分析市场的容量、变化趋势和潜力等
- 能够分析行业的稳定性、集中度和市场表现

素养目标

- 通过分析市场与行业数据培养创新思维
- 培养数据敏感度，能够通过数据的变化发现问题

任务一 数据化展现市场行情

市场数据能提供丰富和全面的信息资源，是企业在数据化运营过程中应当重视的对象。在本次任务中，学生需要通过数据化的方式展现市场行情，以了解市场容量、市场增幅、市场变化趋势和市场潜力等情况。

相关知识

岗课赛证链接

一、分析市场数据的作用

为更好地维护并开拓市场，企业会开展各种经济活动。在这个过程中，分析市场数据对企业至关重要。分析市场数据的作用主要体现在以下几个方面。

- **市场数据分析是企业进行项目评估的起点和基础**：企业需要开展项目，如拓展经营范围、调整市场策略时，一般都会进行项目评估。项目评估的目的是确定项目的必要性、可行性，核心在于分析项目能否适应市场的需求，因此开展项目评估的首要工作就是市场数据分析。
- **市场数据分析是确定合理经济规模的重要依据**：合理经济规模是指在一定的技术经济条件下，项目的投入产出比处于较为理想的状态，资源和资金可以得到充分利用，并可获取较好的经济效益的一种规模。企业要想使经济状况达到这一规模，就需要通过市场数据分析来确定市场的容量、周期、潜力等，分析结果将成为企业制定合理运营策略的重要依据之一。
- **市场数据分析是探寻行业整体情况的有效方法**：市场与行业密不可分，为了更好地了解市场情况，企业需要深入所在行业。通过市场数据分析，企业可以了解行业的稳定性和集中度等基本情况，从而达到了解行业的目的。

二、市场增幅

市场增幅可以体现市场数据的增减变化和增减幅度，这就需要借助环比增幅与同比增幅这两个指标。环比增幅可以分为日环比增幅、周环比增幅、月环比增幅和年环比增幅，主要反映短期的增减幅度；同比增幅一般用于相邻两年的相同月份之间的比较，很少以两月的相同日期来做对比。环比增幅和同比增幅虽然都反映变化速度，但由于采用的基期不同，因此反映的内容也是不完全相同的。通常来说，在大部分数据波动频繁的情况下，使用环比增幅更为合适，而在评估长期趋势时，则需要使用同比增幅。

三、蛋糕指数

蛋糕指数是用于衡量一个国家或地区收入分配结构的指标，通常用来研究经济发展和贫富差距的关系。在市场数据分析领域，企业可以借助蛋糕指数来分析市场潜力。蛋糕指数越高，表示市场潜力越大，其计算公式为：蛋糕指数=细分市场占比/商家数占比。分析市场潜力时，可以采集近一年各细分市场占比和商家数占比数据，建立蛋糕指数字段，并以该字段与细分市场字段为数据源创建雷达图，以时期为筛选器，查看不同时期内各细分市场的潜力情况，从而找到特定时期内潜力更大的细分市场。

知识拓展

细分市场占比指的是细分市场的交易量占上一级市场交易量的比重，如超滤机的细分市场占比为12.4%，说明超滤机市场的交易量占整个净水机市场交易量的比重为12.4%。商家数占比指的是细分市场的商家数占上一级市场所有商家数的比重，如超滤机的商家数占比为7.6%，说明超滤机市场的商家数占整个净水机市场商家数的比重为7.6%。

任务实战

【实战一】分析各细分市场的容量占比情况及交易额变化趋势

市场容量是指某个市场能够容纳的最大交易量。本次实战采集了净水机市场中各细分市场近一年的交易额数据，下面在Excel中统计各细分市场的容量占比情况，然后分析各细分市场年度交易额变化趋势。具体操作如下。

微课视频

分析各细分市场的容量占比情况及交易额变化趋势

步骤01 打开“市场交易额.xlsx”文件（配套资源：素材\项目二\市场交易额.xlsx），在【插入】/【表格】组中单击“数据透视表”按钮，打开“来自表格或区域的数据透视表”对话框。在“表/区域”中，Excel将自动指定数据区域为A1:C85单元格区域，选中“新工作表”单选项，单击“确定”按钮，如图2-1所示。

	A	B	C
1	细分市场	交易额/元	时期
2	陶瓷过滤净水器	14,453,575	2023年1月
3	软水机	12,296,148	2023年1月
4	复合烧结活性炭净水器	4,473,531	2023年1月
5	净饮机	3,386,642	2023年1月
6	RO反渗透纯水机	2,463,924	2023年1月
7	超滤机	1,895,521	2023年1月
8	PP棉滤芯净水器	821,891	2023年1月
9	陶瓷过滤净水器	15,787,435	2023年2月
10	软水机	13,739,578	2023年2月
11	复合烧结活性炭净水器	4,453,693	2023年2月
12	净饮机	4,078,412	2023年2月
13	RO反渗透纯水机	2,457,635	2023年2月
14	超滤机	2,051,683	2023年2月
15	PP棉滤芯净水器	878,806	2023年2月
16	陶瓷过滤净水器	15,103,028	2023年3月
17	软水机	12,447,767	2023年3月
18	复合烧结活性炭净水器	4,227,159	2023年3月
19	净饮机	3,716,474	2023年3月

来自表格或区域的数据透视表
选择表格或区域
表/区域(T): 细分市场数据!$A$1:$C$85
选择放置数据透视表的位置
新工作表(N)
现有工作表(E)
位置(L):
选择是否想要分析多个表
将此数据添加到数据模型(M)
确定 取消

图2-1 创建数据透视表

步骤02 Excel将自动新建工作表，并建立空白的数据透视表。在显示的“数据透视表字段”任务窗格中，将“细分市场”字段拖曳至“行”列表框，将“交易额/元”字段拖曳至“值”列表框，此时Excel将自动汇总各细分市场的交易额数据，并统计整个净水机市场在该时期的交易总额，如图2-2所示。

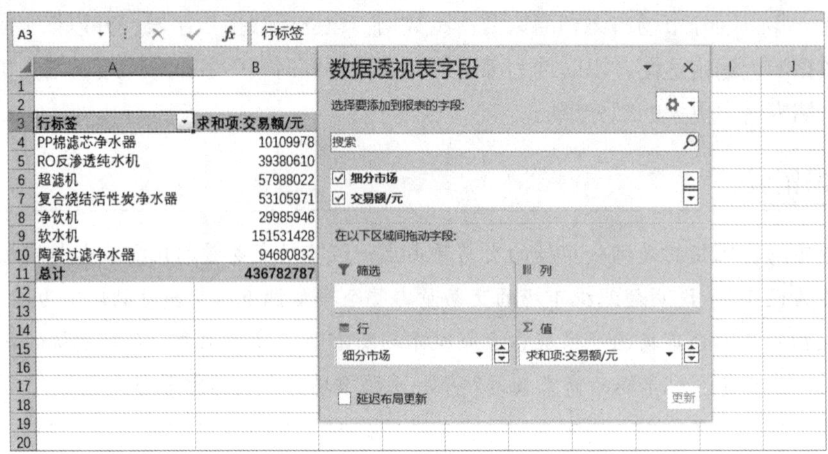

图2-2 添加字段

步骤03 在【数据透视表工具 数据透视表分析】/【工具】组中单击“数据透视图”按钮，打开“插入图表”对话框，选择左侧“所有图表”列表框中的“饼图”选项，单击“确定”按钮，如图2-3所示。

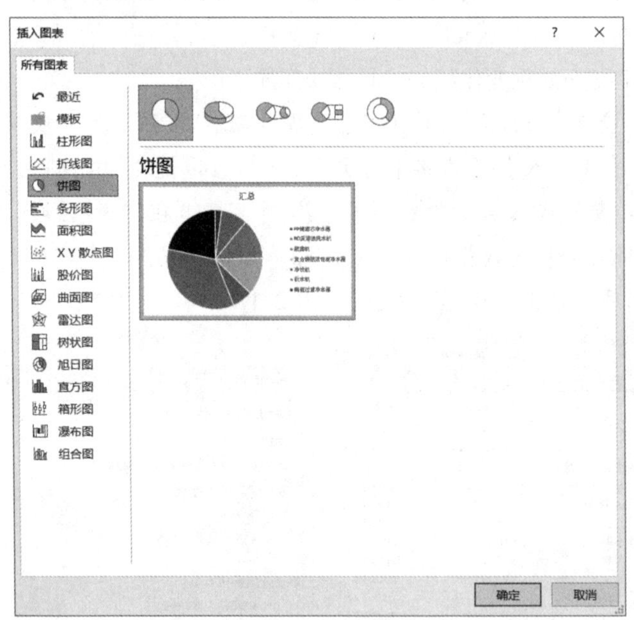

图2-3 插入饼图

步骤04 选择创建的图表，在【开始】/【字体】组的“字体”下拉列表框中选择某种字体，这里选择“方正兰亭纤黑简体”选项，在“字号”下拉列表框中选择“10”选项。

步骤05 在【数据透视图工具 设计】/【图表布局】组中单击“快速布局”按钮下方的下拉按钮，在弹出的下拉列表中选择“布局4”选项，拖曳图表右下角的控制点，适当调整图表尺寸，效果如图2-4所示。

步骤06 在饼图的任意扇形区域单击鼠标右键，在弹出的快捷菜单中选择【排序】/【降序】命令，调整数据的排列顺序。

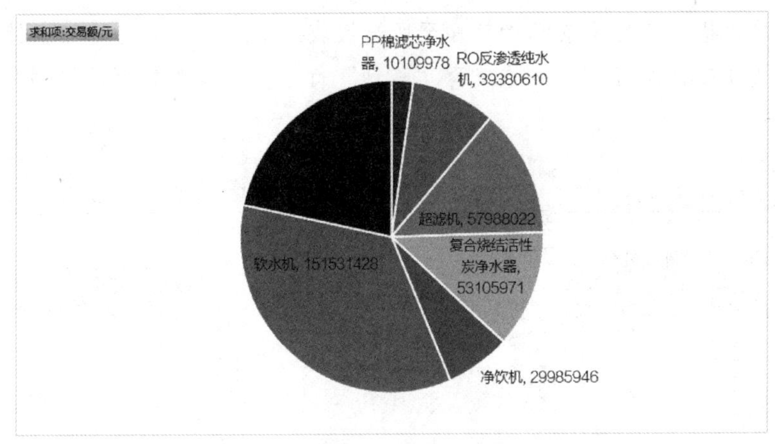

图2-4 设置图表

步骤07 双击饼图上的任意数据标签，打开“设置数据标签格式”对话框，取消选中“值”复选框，然后展开“数字”栏，在“类别”下拉列表框中选择“百分比”选项。

步骤08 再次任意选择一个数据标签，拖曳标签调整其位置，并按相同方法依次调整其他数据标签，效果如图2-5所示。由图可知，在该时期内，软水机的市场容量最大，占比为34.69%；其次是陶瓷过滤净水器，占比为21.68%；接着是超滤机、复合烧结活性炭净水器和RO反渗透纯水机，占比分别为13.28%、12.16%、9.02%；市场容量占比较小的是净饮机和PP棉滤芯净水器，二者的占比分别只有6.87%和2.31%。实际运营过程中，企业可以采集时间跨度更长的数据，这样得到的市场容量占比更加准确，能够帮助企业更加深入地了解细分市场的容量情况。

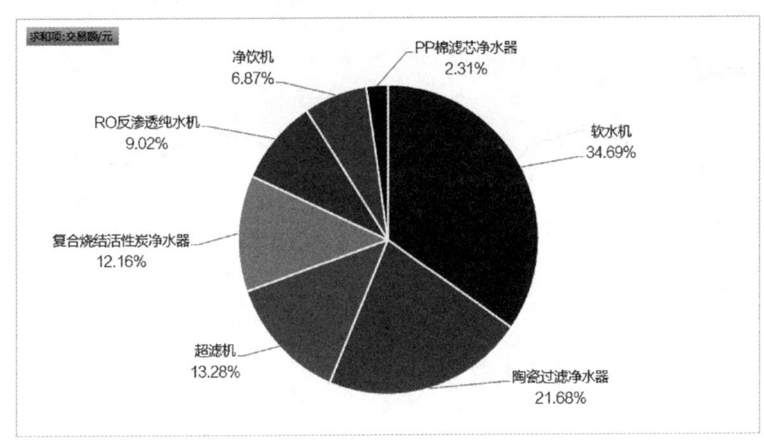

注：因各项数据计算时存在四舍五入的情况，加总时可能存在±0.01%的误差，不影响分析结果。后续类似情况不再逐一说明。

图2-5 调整数据标签

步骤09 单击“细分市场数据”工作表标签切换工作表，按相同方法再次在新工作表中创建数据透视表，然后分别将“时期”字段添加到“行”列表框，“交易额/元”字段添加到“值”列表框。

步骤10 在第4行行号处按住鼠标左键不放并向下拖曳至第6行行号处，释放鼠标左键选择这几行单元格，然后将鼠标指针移至所选区域的下边框上，当鼠标指针变为形状时，按住鼠标左键不放并拖曳至“总计”行上方，调整数据的排列顺序，效果如图2-6所示。

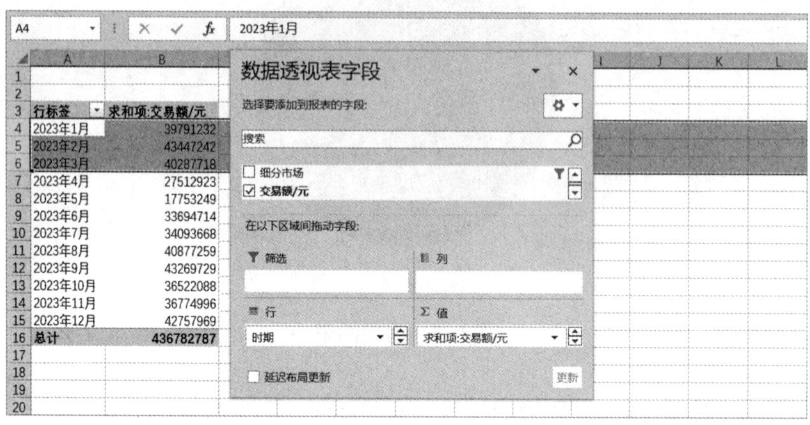

行标签	求和项:交易额/元
2023年1月	39791232
2023年2月	43447242
2023年3月	40287718
2023年4月	27512923
2023年5月	17753249
2023年6月	33694714
2023年7月	34093668
2023年8月	40877259
2023年9月	43269729
2023年10月	36522088
2023年11月	36774996
2023年12月	42757969
总计	436782787

图2-6　创建并设置数据透视表

步骤11 在数据透视表的基础上创建数据透视图，类型为折线图，为其应用“布局7”样式，删除右侧的图例对象，将图表的字体格式设置为“方正兰亭纤黑简体，10号”。

步骤12 选择横坐标轴标题，将其中的文本修改为“月份”，按相同方法将纵坐标轴的标题修改为“交易额/元”，并调整图表尺寸，效果如图2-7所示。此时折线图显示的是2023年整个净水机市场的交易额变化趋势，可见1～3月的交易额较高，4～5月则为交易低谷期，6月的交易额开始反弹，9月的交易额达到近3个月来的高峰，10～12月的交易额变动不大。

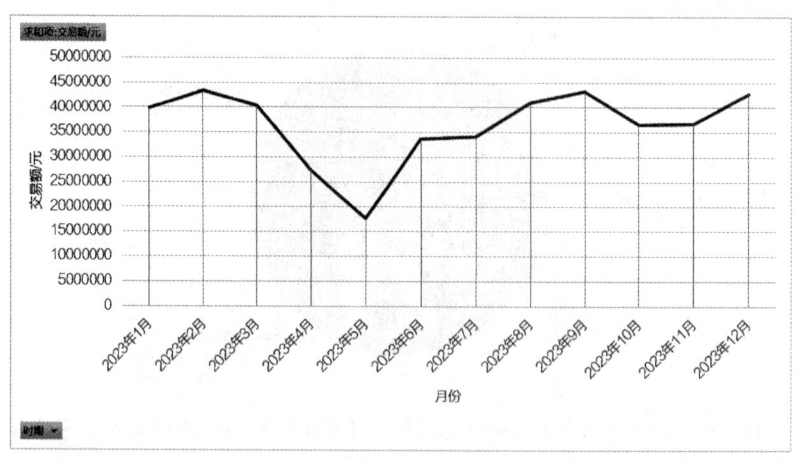

图2-7　创建并设置数据透视图

步骤13 选择数据透视图，在【数据透视图工具 数据透视图分析】/【筛选】组中单击“插入切片器”按钮，打开“插入切片器”对话框，单击选中“细分市场”复选框，单击“确定”按钮，此时数据透视图上将出现“细分市场”切片器，选择其中某个细分市场选项，便可以呈现2023年该细分市场的交易额变化趋势。例如，选择“软水机”细分市场，可见该细分市场除了4～5月属于交易低谷期外，其他时期的交易额都相对较高，如图2-8所示（配套资源：\效果\项目二\市场交易额.xlsx）。

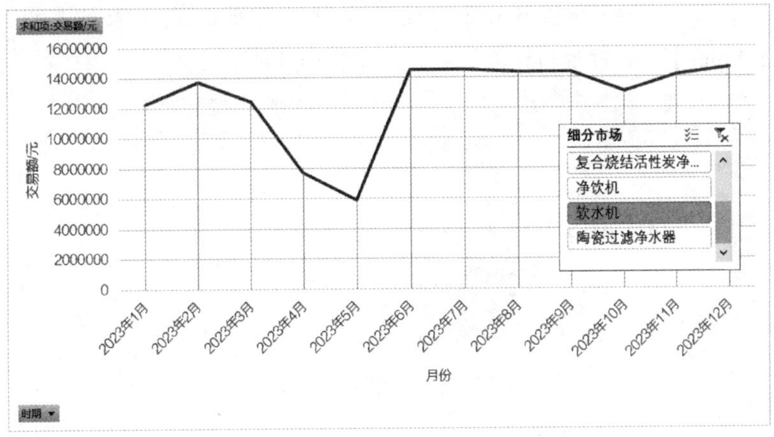

图2-8 “软水机”细分市场2023年交易额变化趋势

知识拓展

Excel图表的常见组成对象包括图表标题、数据系列、数据标签、图例、坐标轴等，如图2-9所示。图表标题显示当前图表所要表现的内容；数据系列即通过图形化的方式显示数据对象，一组数据的数据系列在格式上是相同的；数据标签则是数据系列的数据化表现；图例则可以表示数据系列对应的是哪一组数据；坐标轴包括坐标轴标题和坐标轴刻度等对象，这些都可以根据需要进行设置和调整。

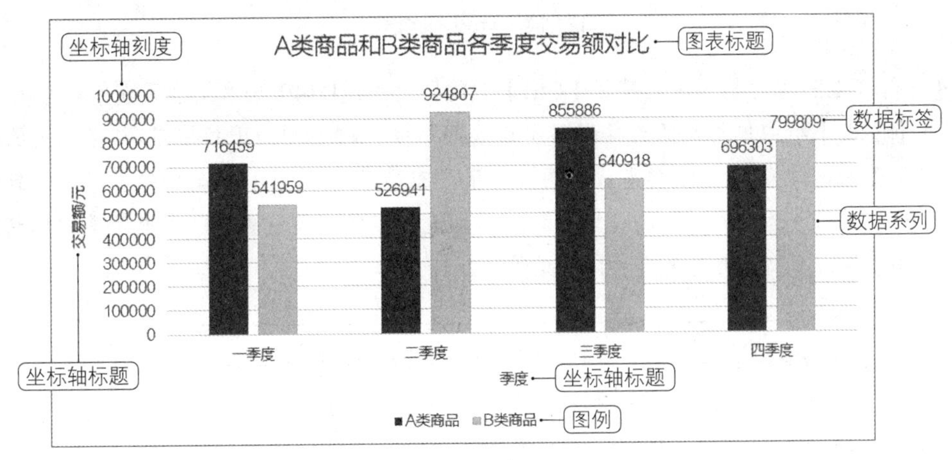

图2-9 Excel图表的组成

【实战二】分析细分市场的环比和同比增幅

分析细分市场的环比和同比增幅

本次实战采集了净水机市场下“超滤机”细分市场2022年1月至2023年7月的销售额，下面利用Excel分析该细分市场的环比和同比增幅情况。具体操作如下。

步骤01 打开“环比和同比.xlsx”文件（配套资源：素材\项目二\环比和同比.xlsx），选择D3:D20单元格区域，按照环比增幅的计算公式，在编辑栏中输入“=(C3−C2)/C2”（由于这里已经将数据格式设置为百分比，因此公式中未再乘以100%），按【Ctrl+Enter】组合键返回计算结果，如图2-10所示。

D3 =(C3-C2)/C2

	A	B	C	D	E	F	G	H	I	J
1	年份	月份	交易额/元	环比增幅	同比增幅					
2	2022年	1月	1,076,830							
3		2月	1,437,464	33.49%						
4		3月	1,584,366	10.22%						
5		4月	1,534,110	-3.17%						
6		5月	2,354,772	53.49%						
7		6月	4,716,224	100.28%						
8		7月	4,481,917	-4.97%						
9		8月	3,061,680	-31.69%						

图2-10 计算环比增幅

步骤02 选择E14:E20单元格区域，在编辑栏中输入“=(C14−C2)/C2”，按【Ctrl+Enter】组合键返回计算结果，如图2-11所示。

E14 =(C14-C2)/C2

	A	B	C	D	E	F	G	H	I	J
10		9月	2,521,878	-17.63%						
11		10月	1,934,197	-23.30%						
12		11月	2,381,590	23.13%						
13		12月	3,414,172	43.36%						
14	2023年	1月	1,895,521	-44.48%	76.03%					
15		2月	2,051,683	8.24%	42.73%					
16		3月	1,793,395	-12.59%	13.19%					
17		4月	1,720,303	-4.08%	12.14%					
18		5月	2,134,883	24.10%	-9.34%					
19		6月	4,407,528	106.45%	-6.55%					

图2-11 计算同比增幅

步骤03 选择D1:E1单元格区域，按住【Ctrl】键的同时加选D14:E20单元格区域，在【插入】/【图表】组中单击“插入柱形图或条形图”按钮右侧的下拉按钮，在弹出的下拉列表中选择第1种图表类型。为图表应用“布局7”样式，将横坐标轴和纵坐标轴的标题分别修改为“月份”和“增幅”，将图表的字体格式设置为“方正兰亭纤黑简体，10号”，适当调整图表尺寸，效果如图2-12所示。

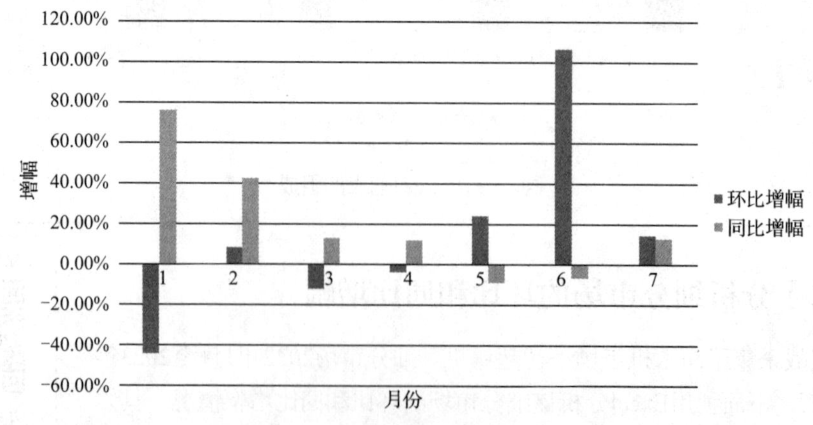

图2-12 创建并设置图表

步骤04 选择同比增幅对应的数据系列，在【图表工具 格式】/【形状样式】组的“样式”下拉列表框中选择第1行第2种样式对应的选项。在【图表工具 图表设计】/【图表布局】组中单击“添加图表元素”按钮下方的下拉按钮，在弹出的下拉列表中选择【数据标签】/【数据标签外】选项，并适当调整某些数据标签的位置，使其更好地表示对应的数据系列，效果如图2-13所示（配套资源：效果\项目二\环比和同比.xlsx）。由图可知，2023年1～7月，“超滤机”细化市场的环比增幅变动较大，1月降低了44.48%，6月又增加了106.45%，这说明其间该细分市场的交易情况变动较大，风险较高。相比于去年同期的数据，“超滤机”细分市场的同比增幅呈逐渐下降的趋势，但6月和7月的数据开始有所反弹，具体的市场情况还有待观察。

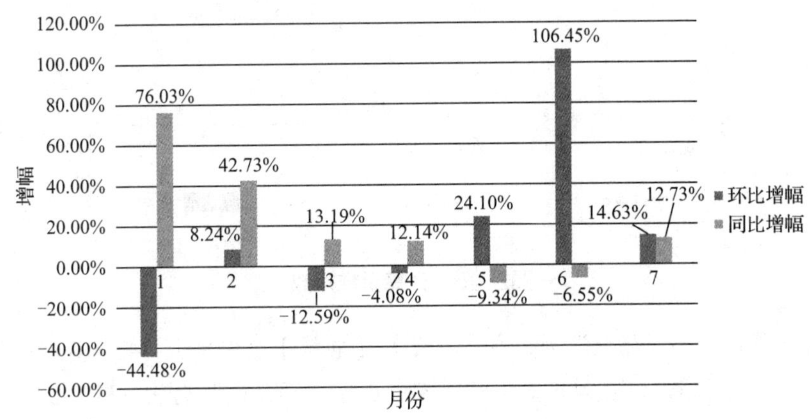

图2-13 设置数据系列并添加数据标签

【实战三】使用蛋糕指数分析细分市场的潜力

本次实战采集了净水机市场下各细分市场近一年的细分市场占比、商家数占比等数据，下面利用Power BI计算蛋糕指数，并借助该指数分析各细分市场的潜力大小。具体操作如下。

使用蛋糕指数分析细分市场的潜力

步骤01 启动Power BI，在【主页】/【数据】组中单击“Excel工作簿”按钮，进入“打开”对话框。选择“市场潜力.xlsx”文件（配套资源：素材\项目二\市场潜力.xlsx），单击“打开”按钮，进入“导航器”对话框。勾选“细分市场数据”复选框，单击“转换数据”按钮，如图2-14所示。

导航器

显示选项

市场潜力.xlsx [1]

细分市场数据

细分市场数据

细分市场	细分市场...	商家数占比	时期
陶瓷过滤净水器	0.6949	0.4365	2023/1/1
软水机	0.457	0.7663	2023/1/1
复合烧结活性炭	0.167	0.3646	2023/1/1
净饮机	0.099	0.2441	2023/1/1
RO反渗透纯水机	0.0445	0.4565	2023/1/1
超滤机	0.0301	0.4849	2023/1/1
PP棉滤芯净水器	0.0032	0.11	2023/1/1
陶瓷过滤净水器	0.8176	0.4947	2023/2/1
软水机	0.3705	0.7595	2023/2/1
复合烧结活性炭	0.1075	0.3547	2023/2/1

加载 转换数据 取消

图2-14 导入Excel文件中的数据

步骤02 进入Power Query编辑器的操作页面，在【添加列】/【常规】组中单击“自定义列”按钮，打开“自定义列”对话框，在“新列名”文本框中输入“蛋糕指数”，在“自定义列公式”栏中的“=”号后单击鼠标左键定位插入点，双击“可用列”列表中的“细分市场占比”选项引用该字段，然后输入“/”，双击“商家数占比”选项引用该字段，单击“确定”按钮，如图2-15所示。

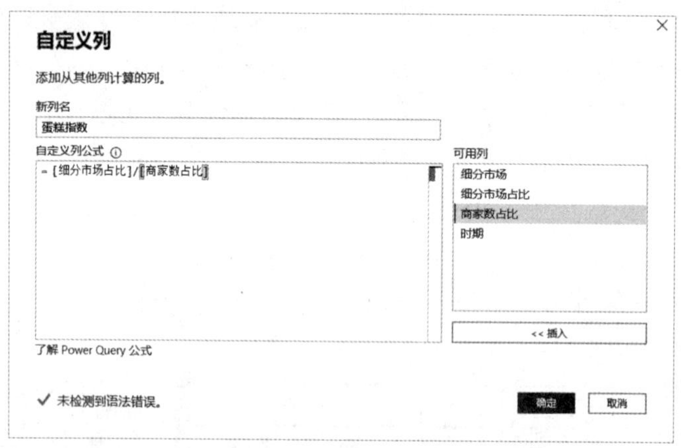

图2-15 计算蛋糕指数

步骤03 选择新增的“蛋糕指数”列，在【主页】/【转换】组中单击“数据类型：任意”按钮右侧的下拉按钮，在弹出的下拉列表中选择“百分比”选项，然后在【关闭】组中单击“关闭并应用”按钮，如图2-16所示。

图2-16 设置数据类型

步骤04 进入Power BI的报表视图模式，单击左侧的“数据视图”按钮进入数据视图模式。

步骤05 在【表工具】/【计算】组中单击“新建列”按钮，在编辑栏中的“=”号后输入“FORMAT([时期],"MM月")”（利用FORMAT函数将原有的时期数据设置为“MM月”的格式），单击左侧的“确认”按钮✓。

步骤06 在新建的列上单击鼠标右键，在弹出的快捷菜单中选择“重命名”命令，将名称设置为“月份”，按【Enter】键确认，效果如图2-17所示。

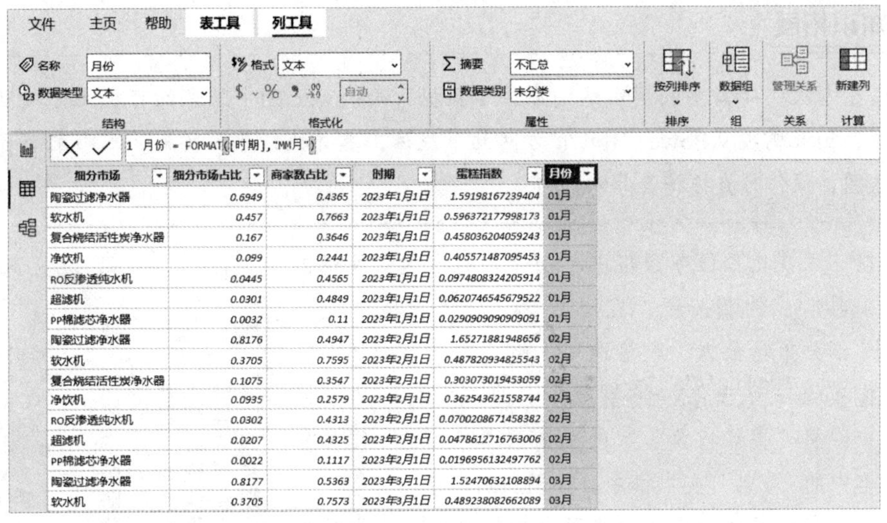

细分市场	细分市场占比	商家数占比	时期	蛋糕指数	月份
陶瓷过滤净水器	0.6949	0.4365	2023年1月1日	1.59198167239404	01月
软水机	0.457	0.7663	2023年1月1日	0.596372177998173	01月
复合烧结活性炭净水器	0.167	0.3646	2023年1月1日	0.458036204059243	01月
净饮机	0.099	0.2441	2023年1月1日	0.405571487095453	01月
RO反渗透纯水机	0.0445	0.4565	2023年1月1日	0.0974808324205914	01月
超滤机	0.0301	0.4849	2023年1月1日	0.0620746545679522	01月
PP棉滤芯净水器	0.0032	0.11	2023年1月1日	0.0290909090909091	01月
陶瓷过滤净水器	0.8176	0.4947	2023年2月1日	1.65271881948656	02月
软水机	0.3705	0.7595	2023年2月1日	0.487820934825543	02月
复合烧结活性炭净水器	0.1075	0.3547	2023年2月1日	0.303073019453059	02月
净饮机	0.0935	0.2579	2023年2月1日	0.362543621558744	02月
RO反渗透纯水机	0.0302	0.4313	2023年2月1日	0.0700208671458382	02月
超滤机	0.0207	0.4325	2023年2月1日	0.0478612716763006	02月
PP棉滤芯净水器	0.0022	0.1117	2023年2月1日	0.0196956132497762	02月
陶瓷过滤净水器	0.8177	0.5363	2023年3月1日	1.52470632108894	03月
软水机	0.3705	0.7573	2023年3月1日	0.489238082662089	03月

图2-17 重命名列

步骤07 单击左侧的“报表视图”按钮返回报表视图模式，在“可视化”任务窗格中单击“获取更多视觉对象”按钮，在弹出的下拉列表中选择“从文件导入视觉对象”选项，如图2-18所示。

步骤08 打开“注意：导入自定义视觉对象”对话框，单击“导入”按钮，如图2-19所示。

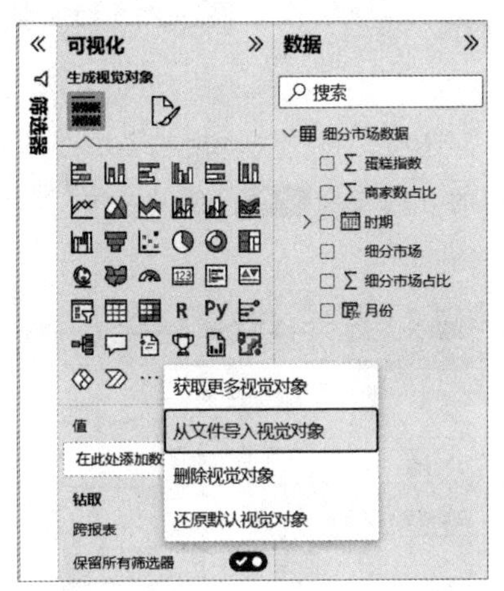

图2-18 选择导入方式

图2-19 确认导入操作

步骤09 打开“打开”对话框，选择“RadarChart1446119667547.pbiviz”文件（配套资源：\素材\项目二\RadarChart1446119667547.pbiviz），单击“打开”按钮。此时将打开“已导入成功”对话框，单击“确定”按钮，如图2-20所示。

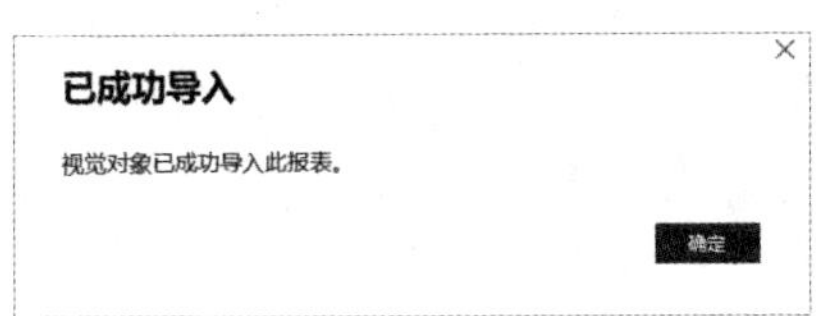

图2-20 导入成功

知识拓展

由于本次实战需要利用雷达图来显示数据，而Power BI中默认的可视化方式里没有雷达图，因此需要从Power BI的官方网站下载该工具并执行导入操作。本书配套资源包含雷达图，操作时直接将其导入即可。

步骤10 在“可视化”任务窗格中单击导入的雷达图可视化工具对应的按钮，在“数据”任务窗格中展开“细分市场数据”表格选项，将“细分市场”字段拖曳至“可视化”任务窗格中的“类别”文本框中，将“蛋糕指数”字段拖曳至“可视化”任务窗格中的“Y轴”文本框中，如图2-21所示。

步骤11 拖曳报表区域中雷达图右下角的控制点，适当调整图表尺寸。

步骤12 在“可视化”任务窗格中单击“设置视觉对象格式”按钮，单击“常规”选项卡，展开“标题”选项，在“文本”文本框中将原有内容修改为“各细分市场的蛋糕指数”，在“字号”数值框中将数值修改为“16”，依次单击“加粗”按钮B和“居中”按钮，如图2-22所示。

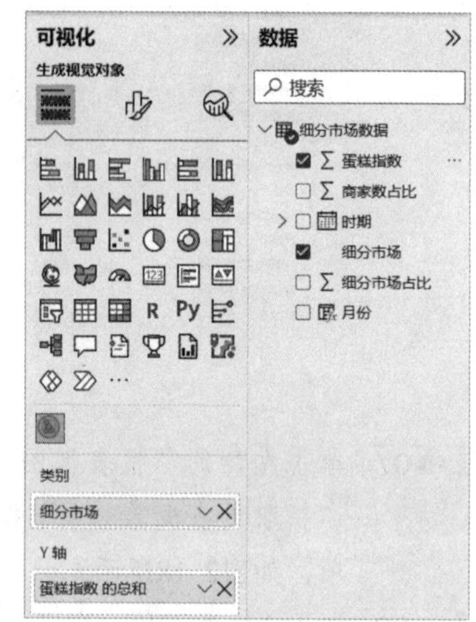

图2-21 添加字段

步骤13 单击“视觉对象”选项卡，展开“数据标签”选项，将“文本大小”数值框中的数值修改为“14”，然后单击“图例”选项右侧的开关按钮，使其呈状态，将图例隐藏，如图2-23所示。

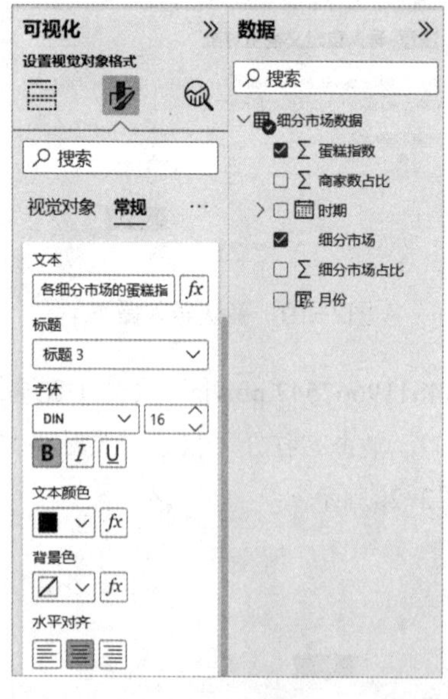

图2-22 设置图表标题

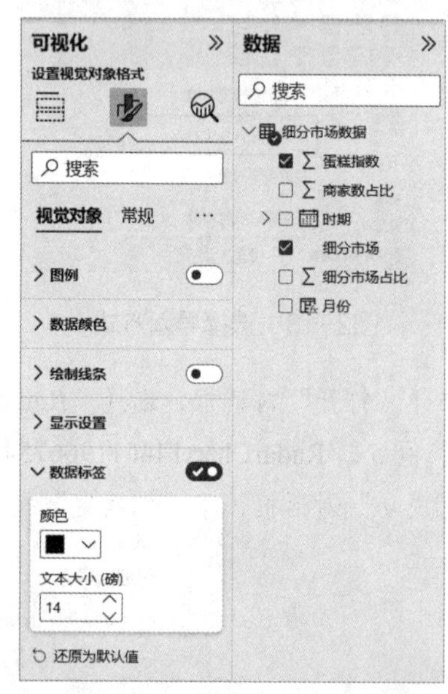

图2-23 设置数据标签和图例

步骤14 单击“筛选器”任务窗格的“展开”按钮«，展开该任务窗格，将“月份”字段添加至“此页上的筛选器”栏中，单击选中某个月份对应的复选框，便可显示该月份各细分市场的蛋糕指数大小，如图2-24所示，据此可判断各细分市场的潜力大小（配套资源：\效果\项目二\市场潜力.pbix）。

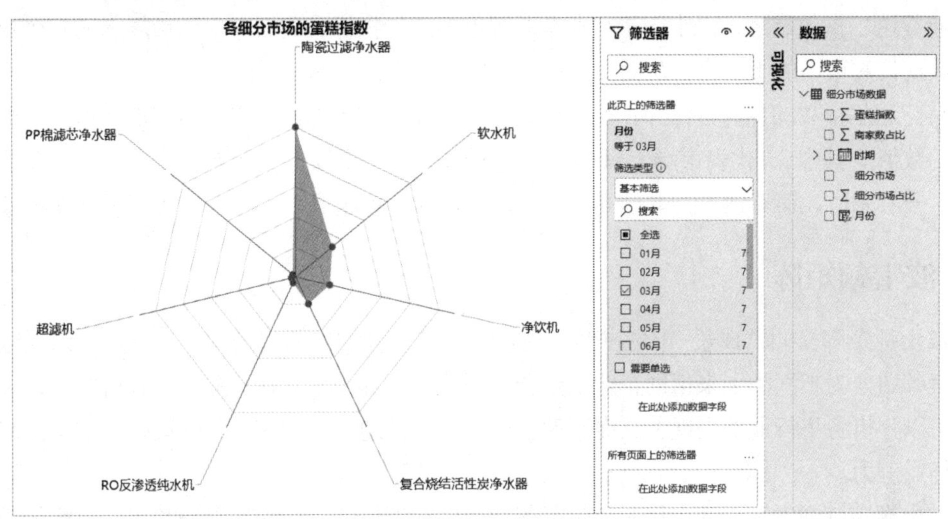

图2-24 添加筛选器

任务二 分析行业数据

市场数据多用于研究某商品或服务在特定市场中的表现，而行业数据则更侧重于全面反映某行业的发展状态和趋势，以便企业或投资者制定战略。分析行业数据可以帮助企业了解行业的整体状况和发展趋势，合理制定运营策略、提升市场竞争力，并实现可持续发展。

相关知识

岗课赛证链接

一、波动系数与极差

波动系数是衡量数据离散程度的统计指标，它可以用于比较两个或多个数据集之间的差异，也可以用于判断一个数据集内部的变异情况。波动系数越大，表明数据的离散程度越高，行业稳定性越差。波动系数的计算公式为：

波动系数＝标准差/平均值

其中，标准差是对数据的离散程度进行量化的统计指标，表示数据集中各个数据与平均值之间的偏差程度。

极差是一组数据中最大值和最小值之间的差异，是一种常用的描述数据变异程度的统计指标。通常情况下，极差越大表示数据的变异程度越大，反之则表示数据的变异程度越小。在行业数据分析中，极差可以反映行业的交易体量大小。极差的计算公式为：

极差＝最大值-最小值

利用波动系数和极差可以分析行业的稳定性。所谓行业稳定性，是指当需求、价格等因素偏离均衡情况后该行业恢复为原来的均衡状态的能力。行业稳定性越好，市场风险相对越小。

二、赫芬达尔指数

赫芬达尔指数是经济学中衡量行业垄断程度的统计指标，它会考虑到市场上所有企业的市场份额及其对市场的影响力，从而反映行业集中度的高低。

赫芬达尔指数的计算方法为：将市场上每家企业的市场份额的平方值相加，得到一个0到1之间的数值。其中，1代表市场上只存在1个企业，0代表市场上存在无限个企业，即竞争非常激烈。一般来说，赫芬达尔指数越高，说明行业垄断程度越高，反之则说明市场竞争越激烈。

三、波士顿矩阵

波士顿矩阵又叫“成长-市场占有率矩阵”，是一种常用的市场营销工具，可以通过将商品或服务划分为不同类别来帮助企业制定合理的业务发展战略。在行业数据分析领域，波士顿矩阵可以分析各子行业的表现，从而帮助企业有针对性地制定相应的经营策略，切实提高企业的市场竞争力。

波士顿矩阵通常基于两个指标分析子行业，即市场份额占比和交易增长率。市场份额占比反映该子行业在整个行业中所占的市场份额，而交易增长率则反映该子行业的市场需求变化情况。利用这两个指标建立四象限图，如图2-25所示，根据各子行业落入的区域，可判断各子行业的市场表现。

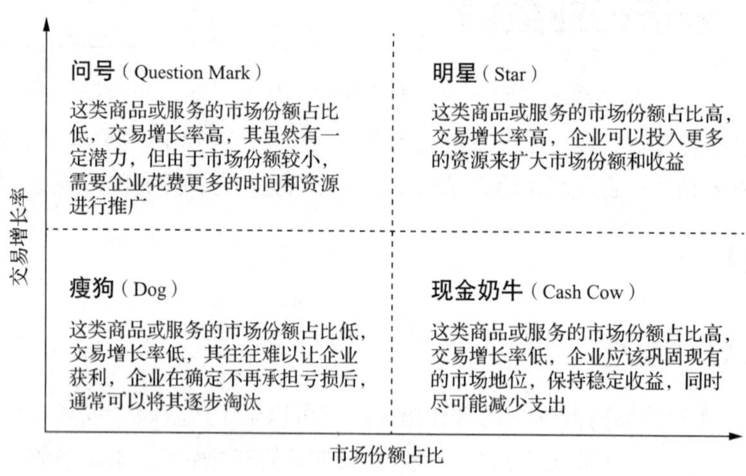

图2-25　波士顿矩阵

任务实战

【实战一】使用波动系数与极差分析行业稳定性

本次实战采集了3个行业2022年8月至2023年7月的市场交易额数据，下面利用Excel计算数据的波动系数与极差，分析各行业的稳定性。具体操作如下。

步骤 01 打开“行业稳定性.xlsx”文件（配套资源：素材\项目二\行业稳定性.xlsx）。选择B16单元格，单击编辑栏中的“插入函数”按钮 *fx*，打开“插入函数”对话框，在“或选择类别”下拉列表框中选择“统计”选项，在“选择函数”列表框中选择“STDEV.P”选项（即标准差函数），单击“确定”按钮，如图2-26所示。

微课视频

使用波动系数与极差分析行业稳定性

步骤 02 打开“函数参数”对话框，设置“Number1”为B2:B13单元格区域，引用其地址，单击“确定”按钮，如图2-27所示。

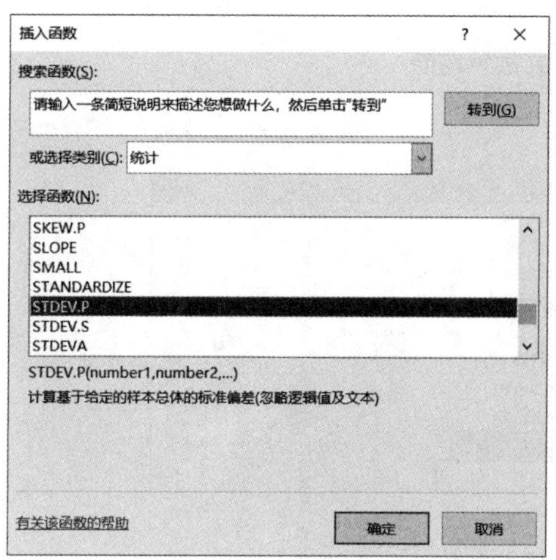

图2-26 选择函数

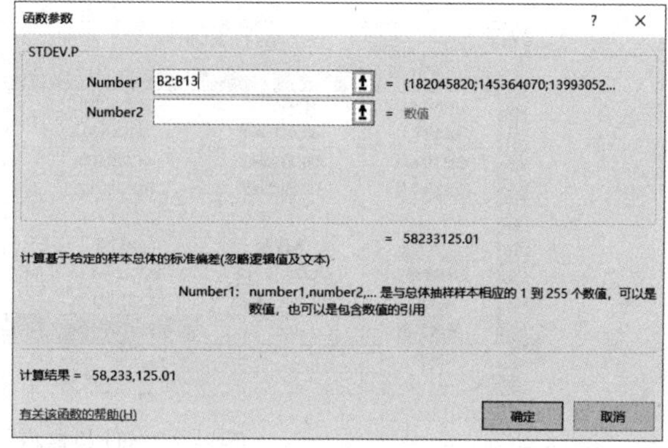

图2-27 设置参数

步骤 03 拖曳B16单元格右下角的填充柄至D16单元格，将函数填充到另外两个单元格中，快速计算其他行业的标准差，如图2-28所示。

B16 =STDEV.P(B2:B13)

	A	B	C	D	E	F	G	H
7	2023年1月	201,471,800	128,931,600	11,851,280				
8	2023年2月	187,880,300	21,003,900	11,051,780				
9	2023年3月	33,115,120	93,118,200	19,479,480				
10	2023年4月	41,944,930	78,808,280	2,467,340				
11	2023年5月	63,541,460	9,101,150	5,737,730				
12	2023年6月	90,731,080	61,518,030	5,337,120				
13	2023年7月	157,597,020	104,102,950	9,270,410				
14								
15		A行业	B行业	C行业				
16	标准差	58,233,125.01	50,770,954.16	4,470,549.90				
17	平均值							
18	波动系数							
19	极差							

图2-28 填充函数

步骤 04 选择B17:D17单元格区域，在【公式】/【函数库】组中单击“自动求和”按钮Σ下方的下拉按钮，在弹出的下拉列表中选择“平均值”选项。

步骤 05 将编辑栏中函数参数“B16”删除，重新引用B2:B13单元格区域的地址作为参数，按【Ctrl+Enter】组合键计算各行业的交易额平均值，如图2-29所示。

步骤 06 选择B18:D18单元格区域，在编辑栏中输入“=B16/B17”，按【Ctrl+Enter】组合键计算各行业的波动系数，如图2-30所示。

B17　=AVERAGE(B2:B13)

	A	B	C	D	E	F	G	H
10	2023年4月	41,944,930	78,808,280	2,467,340				
11	2023年5月	63,541,460	9,101,150	5,737,730				
12	2023年6月	90,731,080	61,518,030	5,337,120				
13	2023年7月	157,597,020	104,102,950	9,270,410				
14								
15		A行业	B行业	C行业				
16	标准差	58,233,125.01	50,770,954.16	4,470,549.90				
17	平均值	114,800,200.83	93,581,721.67	8,380,528.33				
18	波动系数							
19	极差							
20								

图2-29　计算各行业的交易额平均值

B18　=B16/B17

	A	B	C	D	E	F	G	H
10	2023年4月	41,944,930	78,808,280	2,467,340				
11	2023年5月	63,541,460	9,101,150	5,737,730				
12	2023年6月	90,731,080	61,518,030	5,337,120				
13	2023年7月	157,597,020	104,102,950	9,270,410				
14								
15		A行业	B行业	C行业				
16	标准差	58,233,125.01	50,770,954.16	4,470,549.90				
17	平均值	114,800,200.83	93,581,721.67	8,380,528.33				
18	波动系数	0.51	0.54	0.53				
19	极差							
20								

图2-30　计算各行业的波动系数

步骤07 选择B19:D19单元格区域，直接在编辑栏中输入“=MAX(B2:B13)-MIN(B2:B13)”（MAX为最大值函数，MIN为最小值函数），按【Ctrl+Enter】组合键计算各行业的极差，如图2-31所示。

B19　=MAX(B2:B13)-MIN(B2:B13)

	A	B	C	D	E	F	G	H
10	2023年4月	41,944,930	78,808,280	2,467,340				
11	2023年5月	63,541,460	9,101,150	5,737,730				
12	2023年6月	90,731,080	61,518,030	5,337,120				
13	2023年7月	157,597,020	104,102,950	9,270,410				
14								
15		A行业	B行业	C行业				
16	标准差	58,233,125.01	50,770,954.16	4,470,549.90				
17	平均值	114,800,200.83	93,581,721.67	8,380,528.33				
18	波动系数	0.51	0.54	0.53				
19	极差	168,356,680.00	163,065,750.00	17,012,140.00				
20								
21								
22								

图2-31　计算各行业的极差

步骤08 选择A18:D19单元格区域，在【插入】/【图表】组中单击“插入组合图”按钮右侧的下拉按钮，在弹出的下拉列表中选择“创建自定义组合图”选项，打开“插入图表”对话框，在波动系数数据系列对应的“图表类型”下拉列表框中选择“折线图”选项，并单击选中该数据系列右侧的“次坐标轴”复选框；在极差数据系列对应的“图表类型”下拉列表框中选择“簇状柱形图”选项，单击“确定”按钮，如图2-32所示。

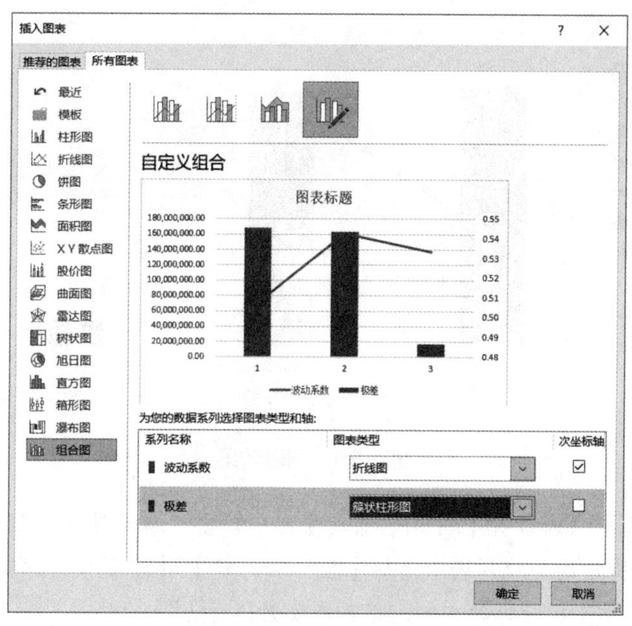

图2-32　创建组合图

步骤09 选择创建的组合图，在【图表工具 图表设计】/【数据】组中单击“选择数据”按钮，打开“选择数据源”对话框，单击“水平（分类）轴标签”栏下方的“编辑”按钮，打开“轴标签”对话框，选择B15:D15单元格区域，引用其地址，单击“确定”按钮，如图2-33所示。

步骤10 返回“选择数据源”对话框，勾选“图例项（系列）”栏下的“极差”和“波动系数”选项，再单击“编辑”按钮，打开“轴标签”对话框，重新引用B15:D15单元格区域的地址，单击“确定”按钮再次返回“选择数据源”对话框，单击“确定”按钮，如图2-34所示（此步骤是为了替换图表上横坐标轴的分类标签，显示出对应的行业）。

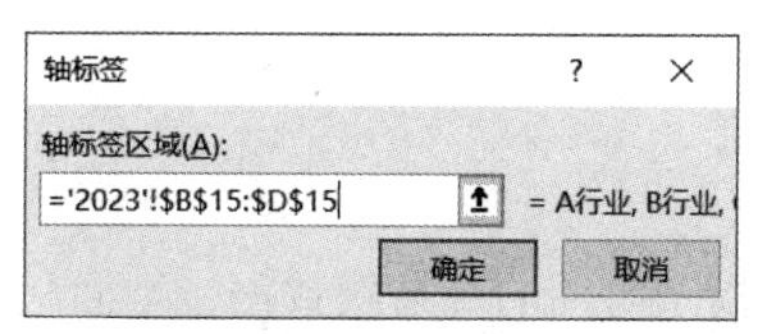

图2-33　引用单元格区域

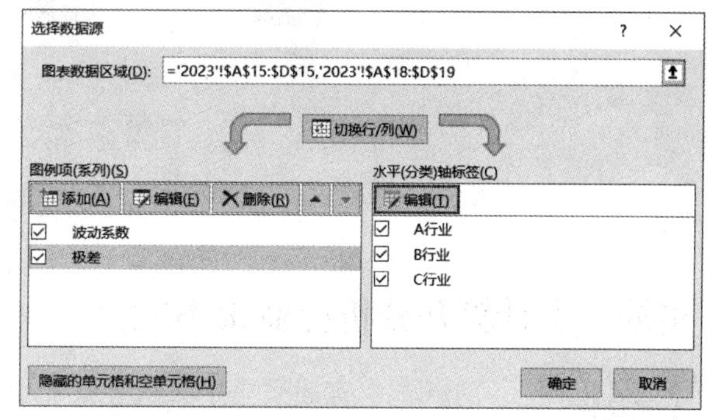

图2-34　设置水平（分类）轴标签

步骤11 选择图表标题中的文本，将其修改为“各行业的波动系数与极差对比”。

步骤12 选择图表空白区域以使图表整体处于选中状态，将图表的字体格式设置为“方正兰亭纤黑简体，10号”，适当调整图表尺寸，效果如图2-35所示。

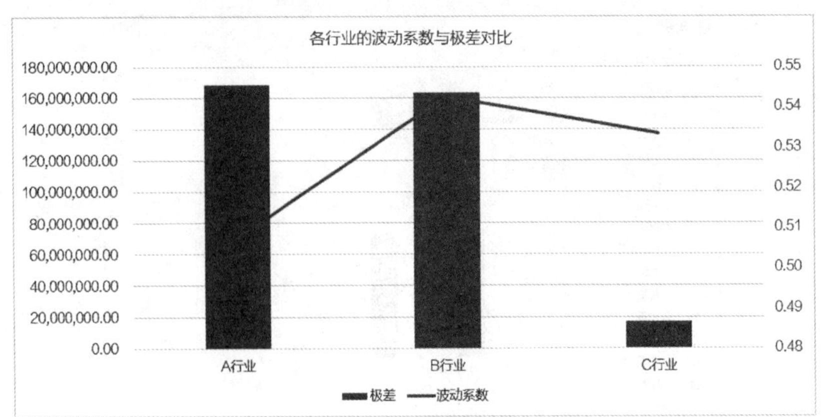

图2-35　图表效果

步骤13 在【图表工具 图表设计】/【图表布局】组中单击“添加图表元素”按钮下方的下拉按钮，在弹出的下拉列表中选择【坐标轴标题】/【主要横坐标轴】选项，然后选择图表中添加的坐标轴标题文本，将其修改为“行业”。

步骤14 按相同方法添加主要纵坐标轴和次要纵坐标轴的标题，并将文本分别修改为“极差”和“波动系数”，如图2-36所示（配套资源：\效果\项目二\行业稳定性.xlsx）。由图可知，根据极差，A行业和B行业的交易体量相近，且远远大于C行业。就波动系数而言，A行业的波动系数最低，说明其稳定性最好。

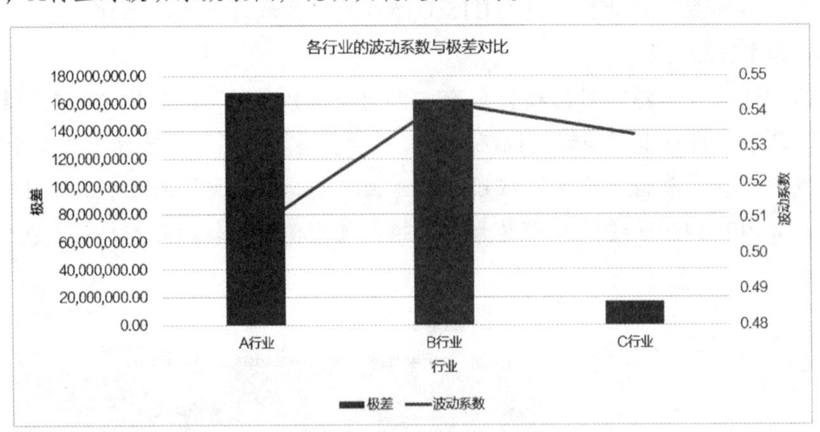

图2-36　添加坐标轴标题

【实战二】计算并分析行业集中度

微课视频

计算并分析行业集中度

本次实战采集了某行业30个品牌在指定时期的交易额数据，下面利用Excel计算各品牌的市场份额占比和市场份额占比平方值，进而计算并分析该行业的集中度情况。具体操作如下。

步骤01 打开“行业集中度.xlsx”文件（配套资源：\素材\项目二\行业集中度.xlsx），选择C2单元格，在编辑栏中输入“=B2/”。

步骤02 单击编辑栏中的“插入函数”按钮 *fx*，打开“插入函数”对话框，在“或选择类别”下拉列表框中选择“常用函数”选项，在“选择函数”列表框中选择“SUM”选项（即求和函数），单击“确定”按钮。

步骤03 打开“函数参数”对话框，在“Number1”中选择表格中的B2:B31单元格区域，引用其地址，单击“确定”按钮。

步骤04 在编辑栏中选择“B2:B31”，按【F4】键快速在单元格地址的列标和行号前添加“$”号，然后按【Ctrl+Enter】组合键返回计算结果（表示利用对应品牌的交易额除以所有品牌的交易总额，得到该品牌的市场份额占比），如图2-37所示。

SUM =B2/SUM($B$2:$B$31)

SUM(**number1**, [number2], ...)

	A	B	C	D
2	品牌1	13,107,200	M($B$2:$B$31)	
3	品牌2	8,390,900		
4	品牌3	6,568,900		
5	品牌4	6,501,300		
6	品牌5	5,715,100		
7	品牌6	5,605,300		
8	品牌7	5,585,300		
9	品牌8	5,502,800		
10	品牌9	5,325,200		
11	品牌10	5,107,000		
12	品牌11	4,947,400		

C2 =B2/SUM($B$2:$B$31)

	A	B	C	D
2	品牌1	13,107,200	0.087958706	
3	品牌2	8,390,900		
4	品牌3	6,568,900		
5	品牌4	6,501,300		
6	品牌5	5,715,100		
7	品牌6	5,605,300		
8	品牌7	5,585,300		
9	品牌8	5,502,800		
10	品牌9	5,325,200		
11	品牌10	5,107,000		
12	品牌11	4,947,400		

图2-37 设置公式

知识拓展

使用公式或函数时，引用的单元格地址会随目标单元格的位置变化而发生相对变化，这叫作相对引用。如果不用相对引用的方式进行计算，则可以在单元格地址的列标或行号前添加“$”号，将相对引用设置为绝对引用。

步骤05 双击C2单元格右下角的填充柄，快速将该单元格中的公式填充到C3:C31单元格区域，如图2-38所示，可见没有“$”号的单元格地址发生了相对变化，具有“$”号的单元格地址则未发生变化。

C31 =B31/SUM($B$2:$B$31)

	A	B	C	D	E	F	G	H
1	品牌名称	交易额/元	市场份额占比	市场份额占比平方值	行业集中度			
2	品牌1	13,107,200	0.087958706					
3	品牌2	8,390,900	0.056308953					
4	品牌3	6,568,900	0.044082027					
5	品牌4	6,501,300	0.043628383					
6	品牌5	5,715,100	0.038352417					
7	品牌6	5,605,300	0.03761558					
8	品牌7	5,585,300	0.037481366					
9	品牌8	5,502,800	0.036927732					
10	品牌9	5,325,200	0.035735909					
11	品牌10	5,107,000	0.03427163					
12	品牌11	4,947,400	0.0332006					
13	品牌12	4,642,900	0.031157187					
14	品牌13	4,619,200	0.030998143					
15	品牌14	4,417,100	0.029641907					
16	品牌15	4,388,400	0.029449309					
17	品牌16	4,381,300	0.029401663					
18	品牌17	4,335,300	0.02909297					
19	品牌18	4,299,500	0.028852726					

图2-38 填充公式

步骤06 选择D2:D31单元格区域，在编辑栏中输入“=C2*C2”，按【Ctrl+Enter】组合键计算所有品牌的市场份额占比平方值，如图2-39所示。

D2 =C2*C2

品牌名称	交易额/元	市场份额占比	市场份额占比平方值	行业集中度
品牌1	13,107,200	0.087958706	0.007736734	
品牌2	8,390,900	0.056308953	0.003170698	
品牌3	6,568,900	0.044082027	0.001943225	
品牌4	6,501,300	0.043628383	0.001903436	
品牌5	5,715,100	0.038352417	0.001470908	
品牌6	5,605,300	0.03761558	0.001414932	
品牌7	5,585,300	0.037481366	0.001404853	
品牌8	5,502,800	0.036927732	0.001363657	
品牌9	5,325,200	0.035735909	0.001277055	
品牌10	5,107,000	0.03427163	0.001174545	
品牌11	4,947,400	0.0332006	0.00110228	
品牌12	4,642,900	0.031157187	0.00097077	
品牌13	4,619,200	0.030998143	0.000960885	
品牌14	4,417,100	0.029641907	0.000878643	
品牌15	4,388,400	0.029449309	0.000867262	

图2-39 计算市场份额占比平方值

步骤07 选择E2单元格，在编辑栏中输入“=SUM(D2:D31)”，按【Ctrl+Enter】组合键计算所有品牌所在行业的集中度，如图2-40所示。由图可知，该行业在特定时期的集中度为0.03854955，数值远小于1，说明该行业的竞争较为自由。如果数值趋近于1，则说明行业可能处于垄断的状态。

E2 =SUM(D2:D31)

品牌名称	交易额/元	市场份额占比	市场份额占比平方值	行业集中度
品牌1	13,107,200	0.087958706	0.007736734	0.03854955
品牌2	8,390,900	0.056308953	0.003170698	
品牌3	6,568,900	0.044082027	0.001943225	
品牌4	6,501,300	0.043628383	0.001903436	
品牌5	5,715,100	0.038352417	0.001470908	
品牌6	5,605,300	0.03761558	0.001414932	
品牌7	5,585,300	0.037481366	0.001404853	
品牌8	5,502,800	0.036927732	0.001363657	
品牌9	5,325,200	0.035735909	0.001277055	
品牌10	5,107,000	0.03427163	0.001174545	
品牌11	4,947,400	0.0332006	0.00110228	

图2-40 计算行业集中度

知识拓展

行业集中度的倒数表示有多少个样本可以代表总体。例如，该实战中采集的品牌数量为30个，行业集中度的倒数为：1÷0.03854955≈26，表示该行业中的26个品牌占据了30个品牌中的主要份额。

【实战三】利用波士顿矩阵分析各子行业的市场表现

微课视频

利用波士顿矩阵分析各子行业的市场表现

本次实战采集了某行业所有子行业在2023年6月～7月的交易额，并通过交易额预先计算出了对应的市场份额占比和交易增长率，下面在Power BI中利用市场份额占比和交易增长率创建散点图，通过波士顿矩阵分析各子行业的市场表现。具体操作如下。

步骤01 启动Power BI，在【主页】/【数据】组中单击“Excel工作簿”按钮，打开“打开”对话框，选择“行业表现.xlsx”文件（配套资源：素材\项目二\行业表现.xlsx），单击“打开”按钮。

步骤 02 打开“导航器”对话框，单击选中“2023”复选框，单击“加载”按钮，如图2-41所示。

图2-41 加载Excel文件中的数据

步骤 03 进入Power BI的报表视图模式，单击左侧的“数据视图”按钮进入数据视图模式，选择“市场份额占比”列，在【列工具】/【格式化】组的“格式”下拉列表框中选择“百分比”选项；然后选择“交易增长率”列，同样将其格式设置为“百分比”，如图2-42所示。

图2-42 设置数据格式

步骤 04 单击左侧的“报表视图”按钮返回报表视图模式，在“可视化”任务窗格中单击“散点图”按钮，在“数据”任务窗格中展开“2023”表格选项，将“子行业”字段添加至“可视化”任务窗格中的“值”文本框中，将“市场份额占比”字段添加至“X轴”文本框中，将“交易增长率”字段添加至“Y轴”文本框中，如图2-43所示。

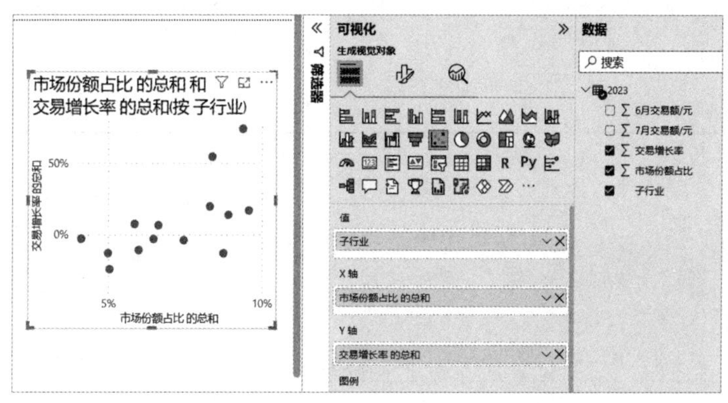

图2-43 创建可视化图表并添加字段

步骤 05 拖曳报表区域中散点图右下角的控制点，适当调整图表尺寸。

步骤 06 在“可视化”任务窗格中单击“设置视觉对象格式”按钮，单击“常规”选项卡，展开“标题”选项，在“文本”文本框中将原有内容修改为“各子行业的市场表现”，在“字号”数值框中将数值修改为“16”，依次单击“加粗”按钮B和“居中”按钮。

步骤 07 单击“视觉对象”选项卡，展开“X轴”选项下的标题选项，在“标题文本”文本框中输入“市场份额占比”，将字号设置为“14”；按相同方法将Y轴的标题修改为“交易增长率”，字号设置为“14”，效果如图2-44所示。

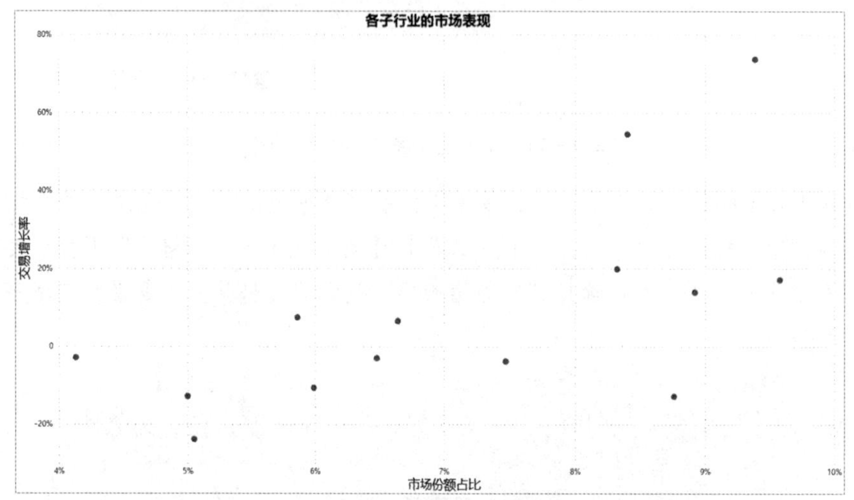

图2-44 设置坐标轴标题

步骤 08 在【插入】/【元素】组中单击“形状”按钮下方的下拉按钮，在弹出的下拉列表中选择“直线”选项，图表中将插入一条水平线段。拖曳线段右侧边框中央的控制点，将线段长度调整为与散点图的宽度一致，并拖曳线段至散点图垂直方向上的中间位置（Power BI会显示红色辅助线作为提示），如图2-45所示。

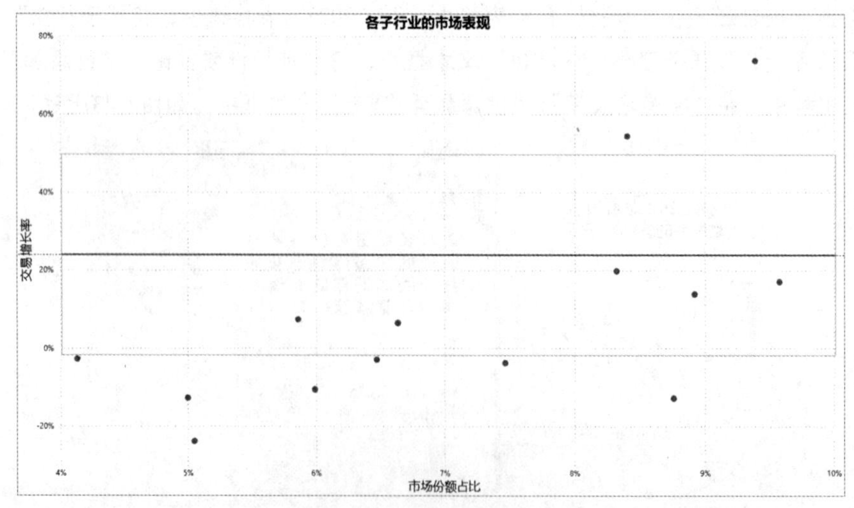

图2-45 添加直线元素

步骤09 再插入一个“直线”元素。在“格式”任务窗格中展开“旋转”选项，在“所有（°）”数值框中输入“90”，然后调整线段的长度和位置，使其长度与散点图的高度一致，且位于散点图水平方向的中央，如图2-46所示。

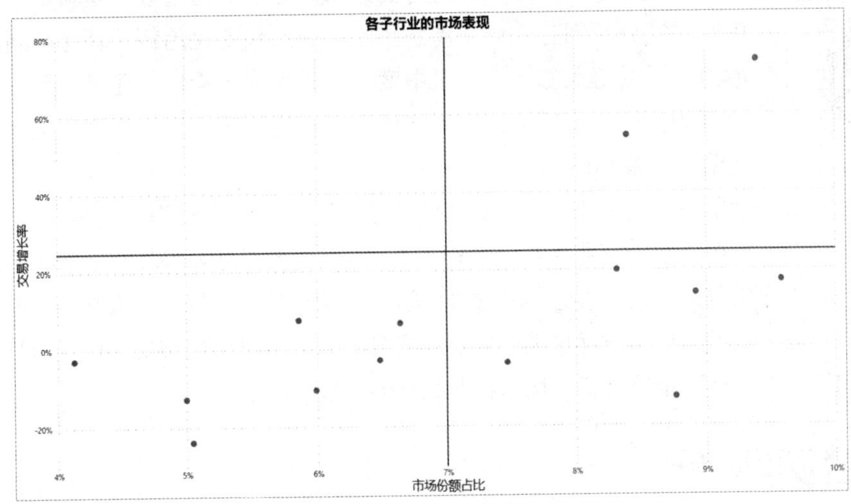

图2-46 添加并调整直线

步骤10 选择图表对象，在“可视化”任务窗格中单击“设置视觉对象格式”按钮，单击“视觉对象”选项卡，然后单击“类别标签”选项右侧的开关按钮，显示标签对象。展开“类别标签”选项，将字号设置为“14”，效果如图2-47所示（配套资源：\效果\项目二\行业表现.pbix）。由图可知，处于“明星”区域的子行业只有M和L，处于“现金奶牛”区域的子行业有E、B、C、D、A，其他子行业则全部位于“瘦狗”区域。也就是说，在该时期，企业如果涉及M和L子行业的业务，可以考虑投入更多资源以进一步扩大市场份额和收益；如果涉及位于“现金奶牛”区域的子行业业务，应当重点考虑减少支出，以保持稳定的收益；如果涉及“瘦狗”区域的子行业业务，应当考虑如何抹平或减少亏损。

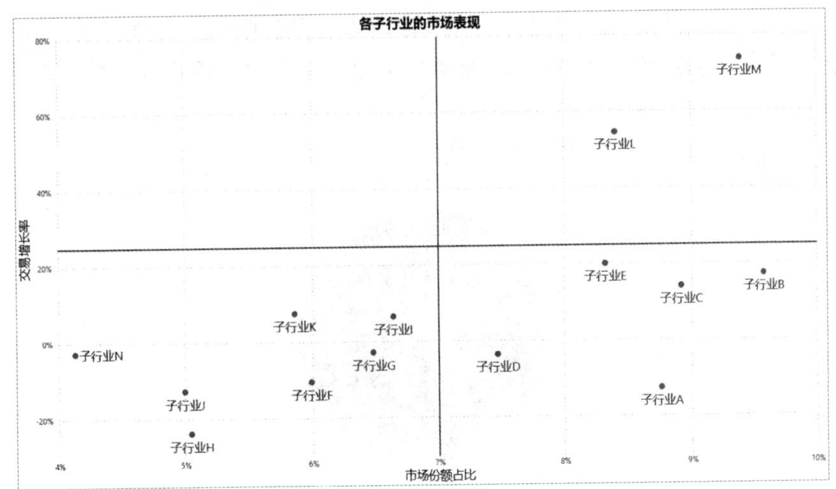

图2-47 显示并设置类别标签

项目小结

本项目主要介绍市场与行业数据的分析。通过学习本项目，学生不仅可以掌握分析细分市场交易额占比、交易额变化趋势、环比和同比增幅、潜力，以及行业稳定性、集中度和市场表现等操作，还可以了解分析市场数据的作用、市场增幅、蛋糕指数、波动系数、极差、赫芬达尔指数、波士顿矩阵等知识点。

市场与行业数据的重要性是不可忽略和低估的，对于企业来说，了解和分析市场与行业数据，有助于企业做出更明智的商业决策。同时，市场与行业又处于不断变化的状态，影响市场与行业的因素也非常复杂，因此要想得到精准的数据分析结果，数据运营人员一方面需要密切关注市场与行业的情况，另一方面也要不断提高自身的业务水平，挖掘更多市场与行业数据的分析方法和模型，以满足企业分析市场与行业数据的需求。

综合实训

实训一　分析细分市场交易情况

本次实训采集了某市场下各细分市场近一年的交易数据，现需要利用这些数据，分析各细分市场年度交易额的占比情况和变化趋势。

实训目标

使用饼图和折线图分析各细分市场的交易额占比与交易额变化趋势。

实训描述

打开“市场数据.xlsx”文件（配套资源：\素材\项目二\综合实训\市场数据.xlsx），建立数据透视表，使用饼图汇总不同细分市场的交易额占比；重新建立数据透视表，使用折线图和“细分市场”切片器分析各细分市场的交易额变化趋势，如图2-48所示（配套资源：\效果\项目二\综合实训\市场数据.xlsx）。

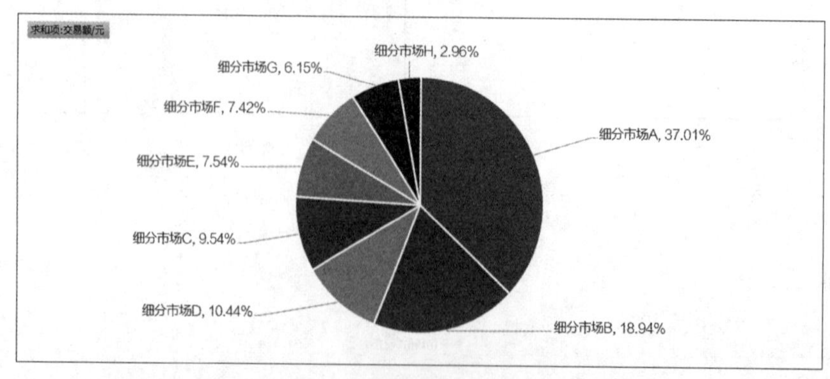

图2-48　细分市场交易额占比与交易额变化趋势

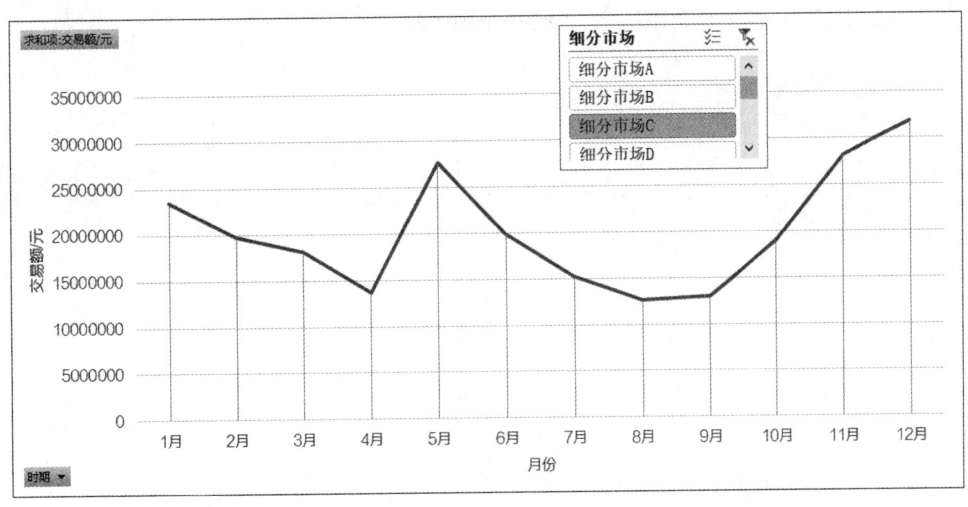

图2-48　细分市场交易额占比与交易额变化趋势（续）

实训结果

根据综合实训的操作，将分析结果填写到下表中。

问题	结果
该市场下各细分市场年度交易额的占比情况如何?	
各细分市场年度交易额的变化趋势如何?	

实训二　分析子行业市场表现情况

本次实训采集了某行业下各子行业近两个月的交易数据，现需要利用这些数据，结合波士顿矩阵分析各子行业近两个月的市场表现情况。

实训目标

使用Power BI的散点图和直线元素建立波士顿矩阵，分析子行业的市场表现情况。

实训描述

在Power BI中导入“行业数据.xlsx”文件（配套资源：\素材\项目二\综合实训\行业数据.xlsx），建立散点图并添加直线元素，使各子行业分别落入波士顿矩阵中的相应区域，如图2-49所示（配套资源：\效果\项目二\综合实训\行业数据.pbix）。

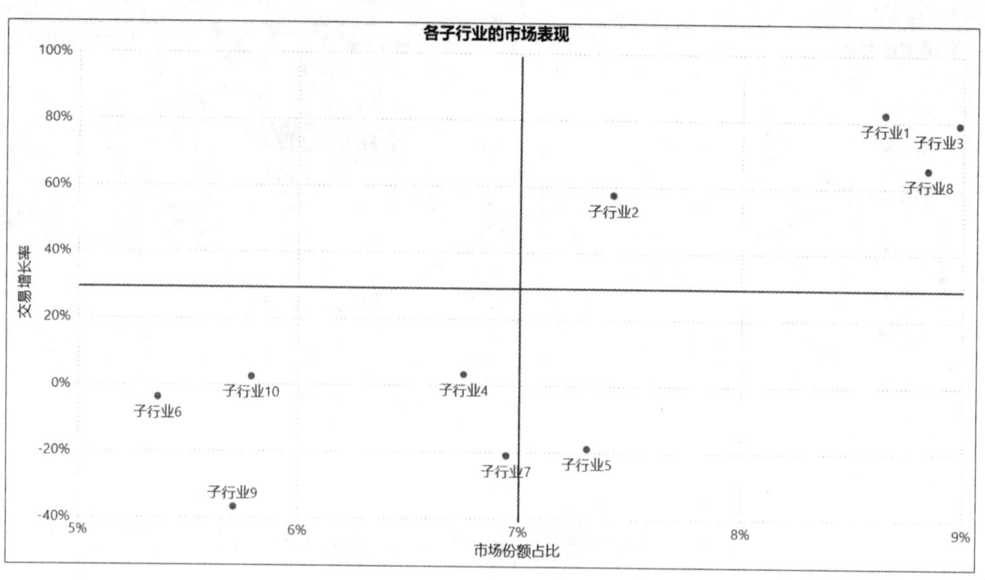

图2-49　各子行业不同的市场表现情况

实训结果

根据综合实训的操作，将分析结果填写到下表中。

问题	结果
位于“明星”区域的子行业有哪些？针对这些行业应当采取哪种运营措施？	
位于“现金奶牛”区域的子行业有哪些？针对这些行业应当采取哪种运营措施？	
位于“瘦狗”区域的子行业有哪些？针对这些行业应当采取哪种运营措施？	

分析竞争对手数据

通过分析竞争对手的数据，企业可以更全面地了解市场环境和自身在市场中的竞争优势和劣势，为制定营销战略提供有力的支持；可以更好地应对市场的变化，发现各种潜在的机会；可以提高自身的创新能力和市场竞争力，从而获得更多的收益；等等。

知识目标

- 熟悉竞争对手的分类与界定
- 了解品牌的不同潜力
- 掌握动销率与售罄率的含义
- 了解客户流失的分析思路
- 熟悉商品上下架管理方法

技能目标

- 能够分析竞争品牌的市场潜力和交易表现
- 能够分析并掌握竞争店铺的销售情况
- 能够分析竞品导致的客户流失情况和销售高峰时期

素养目标

- 培养竞争意识，提高竞争能力
- 提高数据分析和决策能力，以及竞争战略规划方面的能力

任务一 分析竞争品牌数据

深入了解企业的竞争品牌十分重要，这有助于企业更好地制定市场营销策略，把握市场环境，提高竞争力；等等。在本次任务中，学生需要分析主要竞争品牌的市场潜力，并利用交易数据对比分析本品牌和竞争品牌的交易表现。

微课视频

获取竞争对手数据的渠道和工具

相关知识

一、竞争对手的分类与界定

竞争对手是指限制和影响本企业竞争优势发挥的其他企业，即在与本企业共同的目标市场上，与本企业有利益冲突、对本企业构成一定威胁的其他企业。

（一）竞争对手的分类

竞争对手之间的竞争性主要体现在市场资源的争夺上，这些市场资源除了包括市场份额、订单、客户、同行业商誉等经营要素之外，还包括人力资源、优惠政策、上市名额、专营许可、荣誉称号、资质认定等各种竞争性资源。这样看来，与本企业处于完全不同的领域的企业都有可能成为本企业的竞争对手，即企业在各个方面都可能面临与其他企业的竞争。企业的竞争对手可以分为3类：与企业竞争共同市场的长期固定竞争对手、在经营活动中与企业有局部竞争的局部竞争对手、就某一事件与企业有竞争的暂时性竞争对手，如图3-1所示。

长期固定竞争对手
与企业竞争共同市场，如订单、客户……
与企业竞争局部经营资源，如人力资源……
局部竞争对手
暂时性竞争对手
与企业竞争某一特定资源，如优惠政策……

图3-1 竞争对手的分类

（二）竞争对手的界定

无论竞争对手的实力如何，企业如果将某企业界定为竞争对手，那么它必定具有以下一种或几种特征。

（1）市场份额与本企业接近，或近期有潜力接近甚至超过本企业。

（2）技术实力与本企业接近，创新能力强，商品性能或服务质量与本企业接近。

（3）规模与本企业接近。

（4）现在或未来对本企业的市场份额构成挑战和威胁。

（5）可能使本企业的客户发生重大转移。

（6）与本企业共同争夺稀缺资源。

（7）规模、市场份额与本企业相差甚远但近期有可能通过技术创新、商品改进等手段使自身的市场地位发生改变。

（8）本企业发展战略锁定的竞争对手。

换句话说，具有以上一种或几种特征的其他企业，本企业就可以根据自身的发展规划和竞争策略，将其界定为竞争对手。

二、品牌潜力

根据特定时期内各竞争品牌的销量和销量增长幅度，可知该时期内各竞争品牌的潜力，如图3-2所示。对于本企业而言，在这段时期内处于高增长、高销量状态的竞争品牌，就是主要的竞争品牌，可以重点关注。

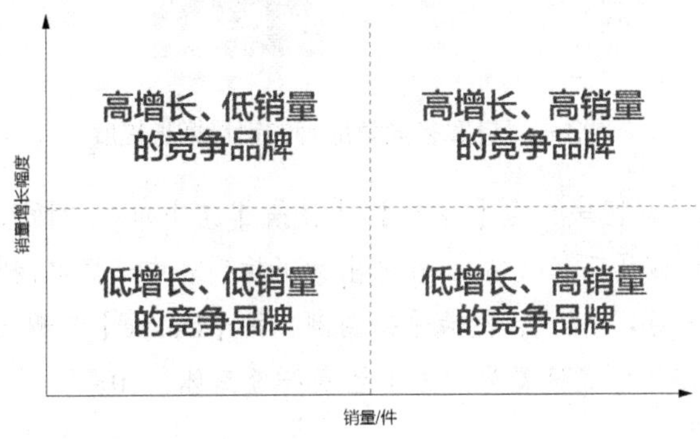

图3-2　品牌潜力分布图

知识拓展

收集竞争对手数据的方法有很多，主要包括线下和线上两大途径。线下途径包括购买数据报告、委托专业机构调研、自行进行市场调查等；线上途径则包括直接访问竞争对手的网站、借助第三方工具（如八爪鱼采集器等），以及使用电商平台提供的分析工具，如生意参谋、京东商智等。

任务实战

【实战一】分析各主要竞争品牌的市场潜力

微课视频

分析各主要竞争品牌的市场潜力

本次实战采集了22个主要竞争品牌5月、6月的销量数据，下面利用Excel计算各竞争品牌的销量增长幅度，然后通过散点图分析各竞争品牌在这段时期的市场潜力。具体操作如下。

步骤01 打开“品牌潜力.xlsx”文件（配套资源：\素材\项目三\品牌潜力.xlsx），

在D1单元格中输入“销量增长幅度”，选择D2:D23单元格区域，在编辑栏中输入“=(C2-B2)/B2”，按【Ctrl+Enter】组合键计算各竞争品牌的销量增长幅度，如图3-3所示。

D2　=(C2-B2)/B2

竞争品牌	5月销量/件	6月销量/件	销量增长幅度
品牌A	43554	37842	-13.11%
品牌B	13374	30781	130.16%
品牌C	39057	18396	-52.90%
品牌D	11431	25566	123.65%
品牌E	29301	48525	65.61%
品牌F	10557	39223	271.54%
品牌G	16236	16570	2.06%
品牌H	44566	20973	-52.94%
品牌I	42452	20553	-51.59%
品牌G	31442	40730	29.54%
品牌K	27234	39451	44.86%
品牌L	19981	41608	108.24%
品牌M	47628	22871	-51.98%
品牌N	47699	29029	-39.14%
品牌O	6601	10873	64.72%
品牌P	20212	21726	7.49%
品牌Q	25173	33133	31.62%
品牌R	42139	35458	-15.85%
品牌S	12373	26634	115.26%
品牌T	44970	27630	-38.56%
品牌U	10376	13117	26.42%
品牌V	19867	14058	-29.24%

图3-3　计算各竞争品牌的销量增长幅度

步骤02 选择C1:D23单元格区域，在【插入】/【图表】组中单击“插入散点图（X，Y）或气泡图”按钮右侧的下拉按钮，在弹出的下拉列表中选择第1种图表类型。

步骤03 为图表应用“布局4”样式，然后选择图例，按【Delete】键删除。

步骤04 将整个图表的字体格式设置为“方正兰亭纤黑简体，10号”，适当调整图表尺寸，效果如图3-4所示。

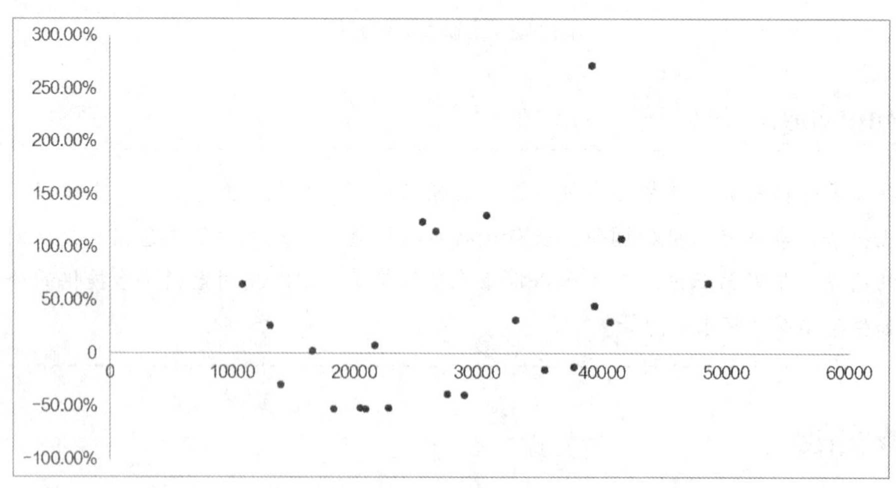

图3-4　设置图表的字体和尺寸

步骤05 在【图表工具 图表设计】/【图表布局】组中单击“添加图表元素”按钮下方的下拉按钮，在弹出的下拉列表中选择【坐标轴标题】/【主要横坐标轴】选项，然后选择图表中添加的坐标轴标题，将其修改为“6月销量/件”。

步骤06 单击“添加图表元素”按钮下方的下拉按钮，在弹出的下拉列表中选择【坐标轴标题】/【主要纵坐标轴】选项，将添加的纵坐标轴标题修改为“销量增长幅度”，如图3-5所示。

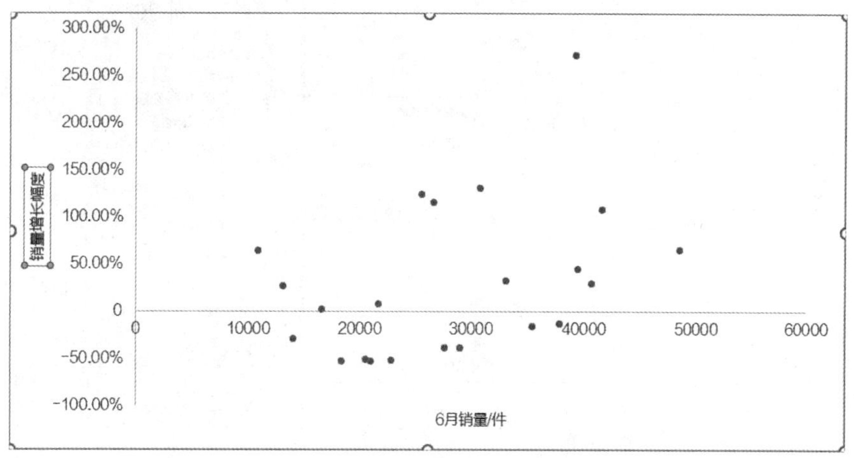

图3-5 添加并修改纵坐标轴标题

步骤07 双击纵坐标轴，在打开的“设置坐标轴格式”任务窗格中选中“坐标轴值”单选项，在右侧的数值框中输入“1”，表示将该数值对应的位置作为横坐标轴的位置。

步骤08 选择横坐标轴，选中“坐标轴值”单选项，在右侧的数值框中输入“30000”，表示将该数值对应的位置作为纵坐标轴的位置，如图3-6所示。

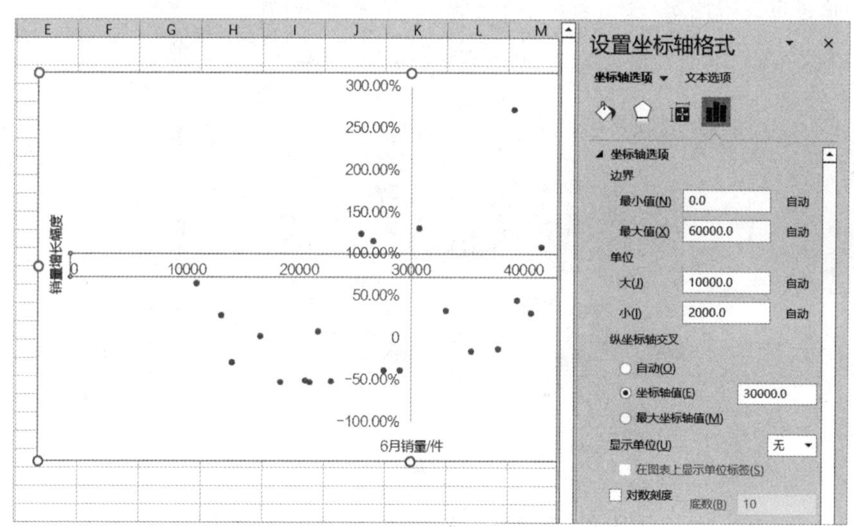

图3-6 调整坐标轴的位置

步骤09 在【图表工具 图表设计】/【图表布局】组中单击“添加图表元素”按钮下方的下拉按钮，在弹出的下拉列表中选择【数据标签】/【上方】选项。

步骤10 选择图表中添加的数据标签，在任务窗格中单击“标签选项”按钮，展开“标签选项”栏，取消选中“X值”复选框和“Y值”复选框。

步骤11 单击选中“单元格中的值”复选框，打开“数据标签区域”对话框，在其中引用A2:A23单元格区域，单击“确定”按钮，如图3-7所示。

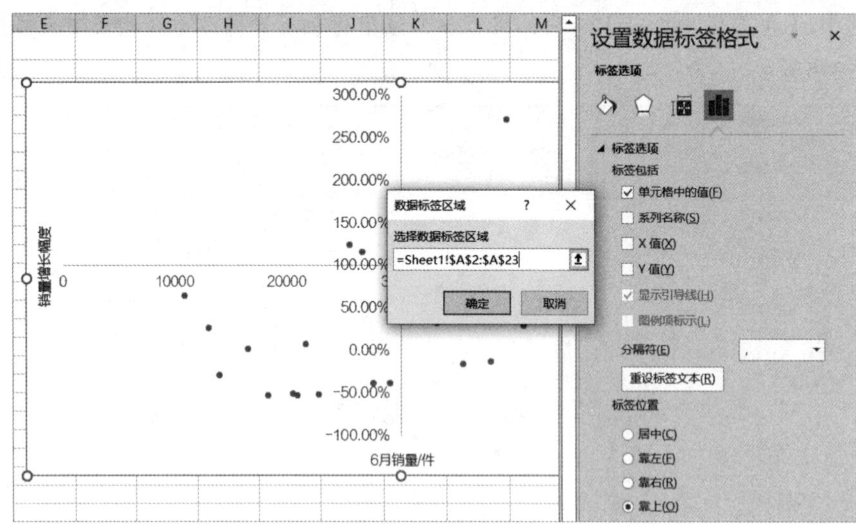

图3-7 添加并设置数据标签

步骤12 单独选择每个数据标签，调整其位置，使其更好地在图表中显示，如图3-8所示（配套资源：\效果\项目三\品牌潜力.xlsx）。由图可知，品牌F、L、B在该时期有较大的潜力。特别是品牌F，其销量位列前五，销量增长幅度更是位列第一，表现非常优秀。品牌在运营过程中可以重点关注这3个品牌在该时期的相关数据和运营策略，从中找到值得借鉴的地方。

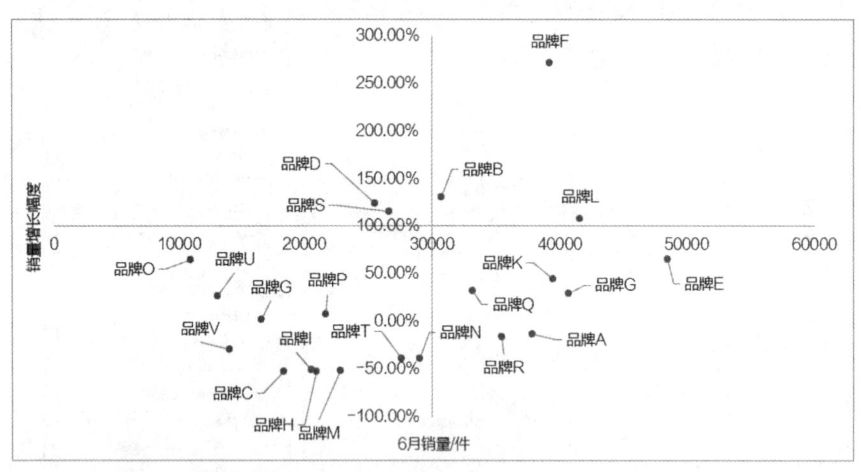

图3-8 各竞争品牌在散点图中的分布情况

【实战二】对比分析本品牌与竞争品牌的交易数据

本次实战采集了本品牌和某主要竞争品牌在5月的交易数据，下面利用Excel分析竞争品牌的交易额变化趋势，并对比本品牌和竞争品牌的交易表现。具体操作如下。

步骤01 打开“品牌交易对比.xlsx”文件（配套资源：\素材\项目三\品牌交易对比.xlsx），在【插入】/【表格】组中单击“数据透视表”按钮，打开“来自表格或区域的数据透视表”对话框，Excel自动将包含数据的单元格区域（即A1:C32）设置为数据透视表的数据源，单击“确定”按钮，将数据透视表建立在新工作表中，如图3-9所示。

日期	竞争品牌交易额/元	本品牌交易额/元
5月1日	275,604	147,387
5月2日	293,256	140,429
5月3日	255,562	91,489
5月4日	238,873	69,819
5月5日	229,497	145,946
5月6日	254,000	201,364
5月7日	250,472	235,799
5月8日	361,070	153,200
5月9日	296,863	122,770
5月10日	275,200	141,327
5月11日	215,553	213,950
5月12日	494,708	220,328
5月13日	468,319	163,124
5月14日	495,307	144,833
5月15日	430,380	113,307
5月16日	419,142	61,935
5月17日	412,789	177,223
5月18日	476,481	201,618
5月19日	463,303	187,290
5月20日	523,986	149,382

来自表格或区域的数据透视表
选择表格或区域
表/区域(T): Sheet1!$A$1:$C$32
选择放置数据透视表的位置
新工作表(N)
现有工作表(E)
位置(L):
选择是否想要分析多个表
将此数据添加到数据模型(M)
确定 取消

图3-9 创建数据透视表

步骤02 在新工作表中将“日期”字段添加到“行”列表框，将“竞争品牌交易额/元”字段添加到“值”列表框，如图3-10所示。

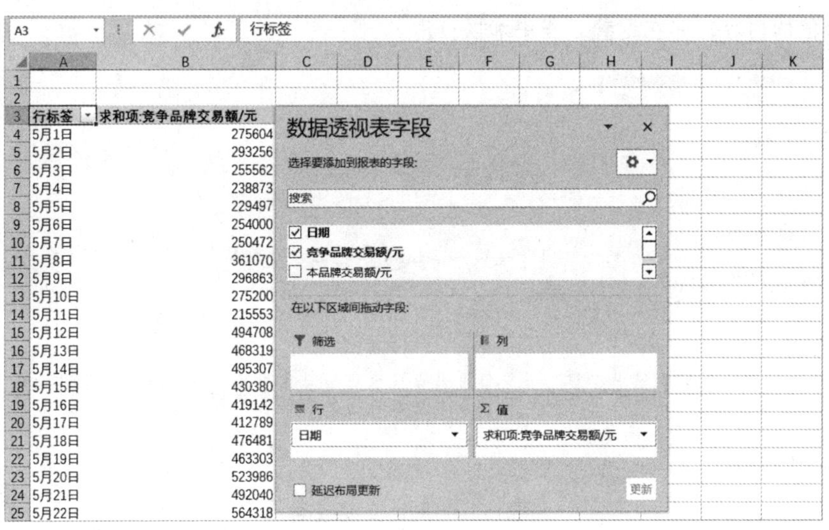

行标签	求和项:竞争品牌交易额/元
5月1日	275604
5月2日	293256
5月3日	255562
5月4日	238873
5月5日	229497
5月6日	254000
5月7日	250472
5月8日	361070
5月9日	296863
5月10日	275200
5月11日	215553
5月12日	494708
5月13日	468319
5月14日	495307
5月15日	430380
5月16日	419142
5月17日	412789
5月18日	476481
5月19日	463303
5月20日	523986
5月21日	492040
5月22日	564318

图3-10 添加字段

步骤03 选择数据透视表中的任意数据，在【数据透视表工具 数据透视表分析】/【工具】组中单击“数据透视图”按钮，打开“插入图表”对话框，选择左侧的“折线图”选项，单击“确定”按钮，创建折线图类型的数据透视图。

步骤04 为数据透视图应用“布局4”样式，删除图例，将图表的字体格式设置为“方正兰亭纤黑简体，10号”，适当调整图表尺寸，并添加横坐标轴标题“日期”和纵坐标轴标题“交易额/元”，效果如图3-11所示。由图可知，该竞争品牌在5月的交易额持续走高，提升了接近3倍，这说明该品牌的竞争力有了大幅提升。

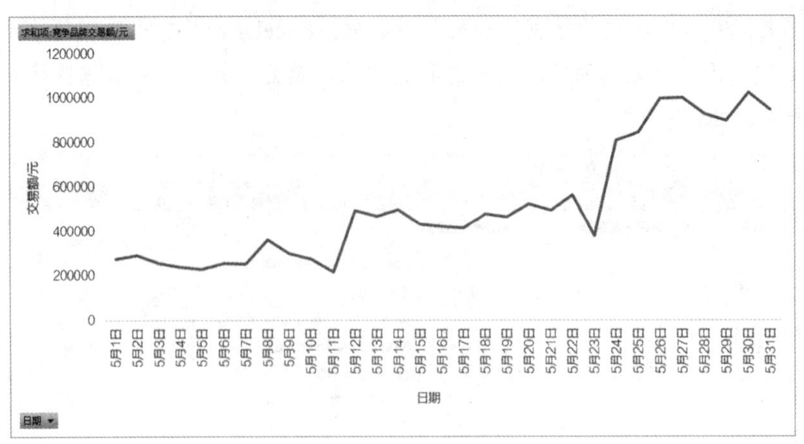

图3-11　创建并设置数据透视图

步骤05 在“数据透视图字段”任务窗格中将“本品牌交易额/元”字段添加到“值”列表框中，然后在数据透视图中选择本品牌对应的折线，在【数据透视图工具 格式】/【形状样式】组中单击“形状轮廓”按钮右侧的下拉按钮，在弹出的下拉列表中选择【虚线】/【圆点】选项，效果如图3-12所示（配套资源：\效果\项目三\品牌交易对比.xlsx）。由图可知，本品牌5月的交易额整体较为稳定，但与竞争品牌相比，差距逐步被拉大，本品牌可以进一步查看竞争品牌在营销等方面的策略和措施，从中汲取有价值的内容，并在运营过程中加以应用。

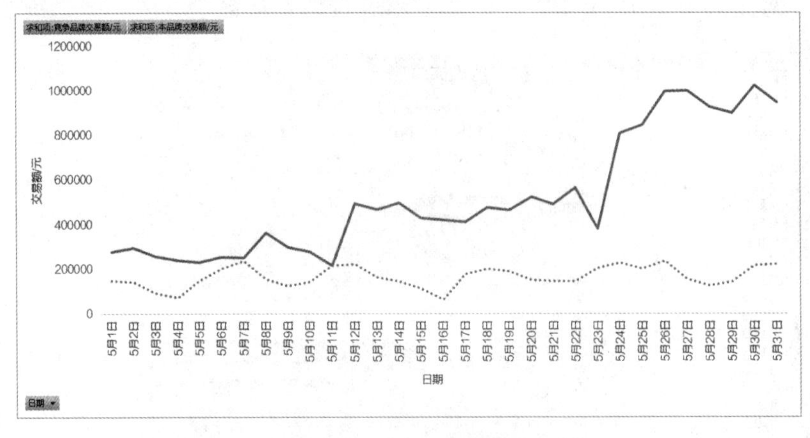

图3-12　对比交易数据

任务二　分析竞争店铺数据

动画

了解竞争对手的重要数据

通过分析竞争店铺的数据，可以了解其市场表现、竞争力大小等，特别是那些优秀的竞争店铺，通过分析比较，可以找到本店铺与它们之间的差距，从而促使本店铺制定出可操作的行动方案，并不断优化自身的运营效果。本任务将分析竞争店铺的整体销售数据和销售贡献占比较高的商品类目，以便让本店铺能够更有针对性地调整销售策略和商品布局。

相关知识

一、动销率与售罄率

分析竞争店铺的销售情况时，一方面可以通过基础的数据指标查看其整体销售水平，如销售额、销售品种数、销量等；另一方面，可以借助动销率和售罄率深入分析其销售质量。

- **动销率**：指店铺销售的商品品种数与店铺所经营的商品品种数的比率，该指标可以反映进货品种的有效性。动销率越高，有效的进货品种越多；动销率越低，无效的进货品种越多。店铺可以根据动销率及时调整进货品种。
- **售罄率**：指商品的销售数量占进货数量的比率，该指标可以衡量商品的销售速度，凸显商品在市场上受欢迎的程度。售罄率与进货数量有很大的关系，在进货数量相同的情况下，售罄率越高，商品的销售情况越好；售罄率越低，商品的销售情况越差。

二、商品的销售贡献

商品的销售贡献是指在特定时期内，某商品对店铺销售额和利润的贡献程度。商品的销售贡献的计算公式如下：

销售贡献＝销售收入–可变成本

其中，销售收入指的是某商品在特定时期内实际的销售额；可变成本指的是该商品在销售过程中相关的支出，如采购成本、运输成本、促销费用等。例如，某商品在1个月内的实际销售额为10 000元，而该商品的可变成本为3000元，那么该商品的销售贡献为7000元，这意味着该商品对店铺当月的销售额和利润的贡献为7000元。

通常来说，店铺可以按照商品的销售贡献来制定商品组合、促销等方面的策略。对于销售贡献较高的商品，店铺通常可以加大宣传力度、加强库存管理等；对于销售贡献较低的商品，店铺则可以采取降价、清仓或调整其定位和目标客户群体等方式，以提高其销售贡献能力。

分析竞争店铺各类商品的销售贡献占比，可以快速了解该店铺的商品构成情况，分析其商品类目受市场欢迎的程度，从而便于本店铺调整自身商品类目的布局，如增加受市场欢迎的商品类目的细分种类和数量，减少或暂时淘汰不受市场欢迎的商品，等等。

任务实战

【实战一】分析竞争店铺在特定时期的整体销售情况

本次实战采集了某竞争店铺在2023年1—7月的销售额、销售品种数、品种总数、销量、进货量等数据，下面在Power BI中利用采集的数据计算分析动销率和售罄率指标，进而了解竞争店铺的整体销售情况。具体操作如下。

步骤01 启动Power BI，在【主页】/【数据】组中单击“Excel工作簿”按钮，打开“打开”对话框，选择“动销率和售罄率.xlsx”文件（配套资源：\素材\项目三\动销率和售罄率.xlsx），单击“打开”按钮。打开“导航器”对话框，单击选中“Sheet1”复选框，单击“转换数据”按钮，如图3-13所示。

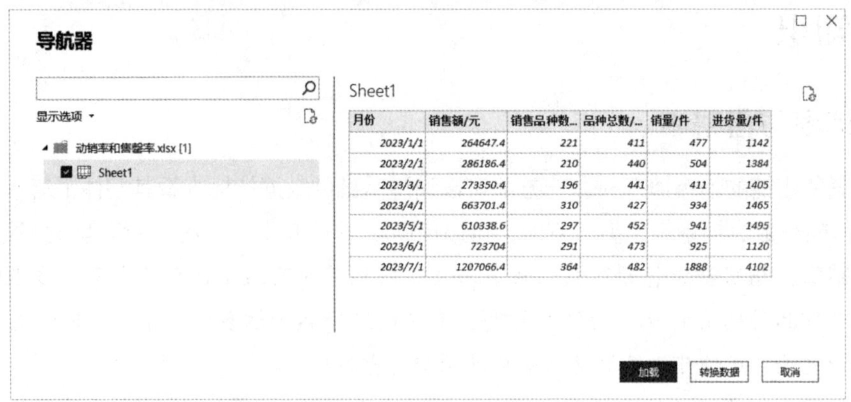

注：Excel表中的月份数据存储为日期格式1，加载到Power BI中即显示为日期。

图3-13 加载数据

步骤02 进入Power Query编辑器的操作页面，在【添加列】/【常规】组中单击“自定义列”按钮，打开“自定义列”对话框，在“新列名”文本框中输入“动销率”，在“自定义列公式”栏中的“=”号后单击鼠标左键定位插入点，双击“可用列”列表中的“销售品种数/种”选项引用该字段，然后输入“/”，双击“品种总数/种”选项引用该字段，单击“确定”按钮，如图3-14所示。

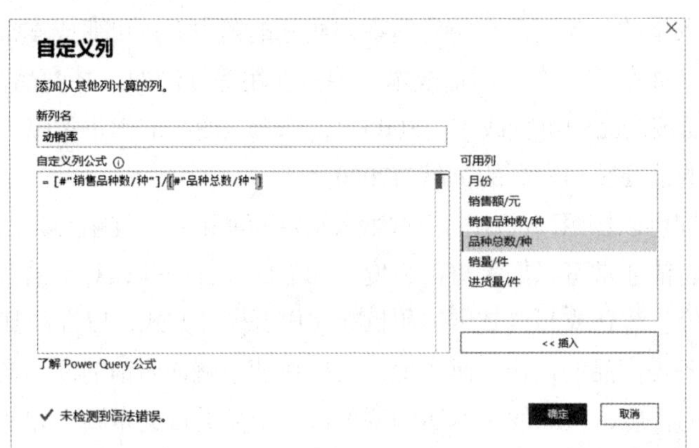

图3-14 计算动销率

步骤03 选择新增的“动销率”列，在【主页】/【转换】组中单击“数据类型：任意”按钮右侧的下拉按钮，在弹出的下拉列表中选择“百分比”选项，如图3-15所示。

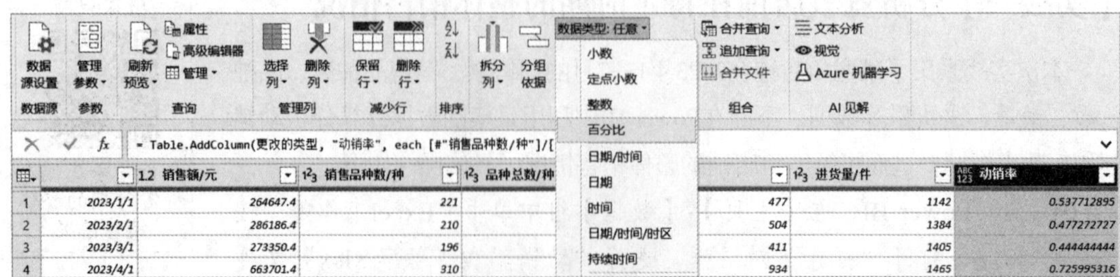

图3-15 设置数据类型

步骤04 在【添加列】/【常规】组中单击“自定义列”按钮，打开“自定义列”对话框，在“新列名”文本框中输入“售罄率”，在“自定义列公式”栏中的“=”号后单击鼠标左键定位插入点，双击“可用列”列表中的“销量/件”选项引用该字段，然后输入“/”，双击“进货量/件”选项引用该字段，单击“确定”按钮，如图3-16所示。

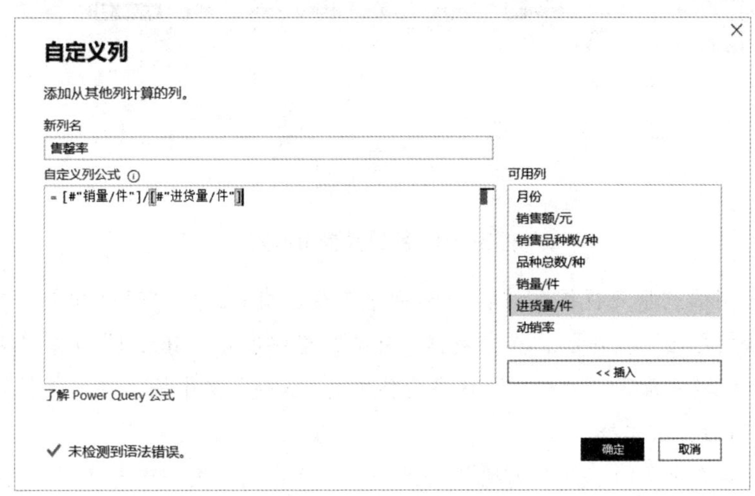

图3-16 计算售罄率

步骤05 选择新增的“售罄率”列，在【主页】/【转换】组中单击“数据类型：任意”按钮右侧的下拉按钮，在弹出的下拉列表中选择“百分比”选项，然后在【关闭】组中单击“关闭并应用”按钮，如图3-17所示。

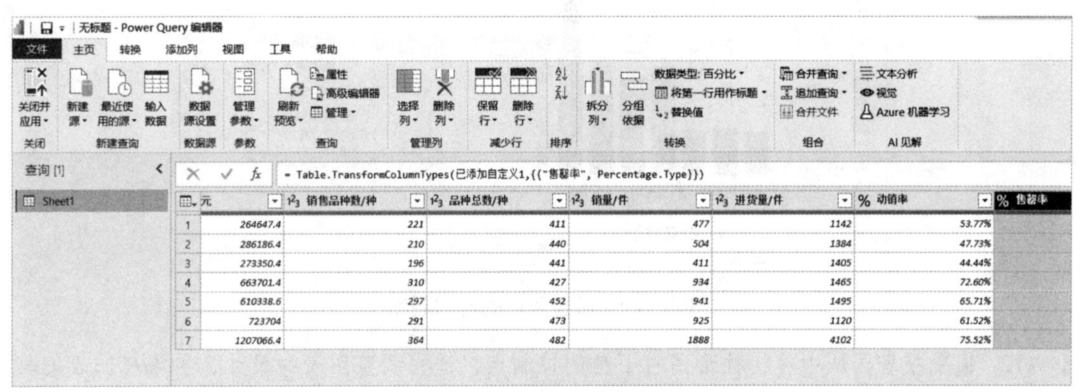

	元	销售品种数/种	品种总数/种	销量/件	进货量/件	动销率	售罄率
1	264647.4	221	411	477	1142	53.77%	
2	286186.4	210	440	504	1384	47.73%	
3	273350.4	196	441	411	1405	44.44%	
4	663701.4	310	427	934	1465	72.60%	
5	610338.6	297	452	941	1495	65.71%	
6	723704	291	473	925	1120	61.52%	
7	1207066.4	364	482	1888	4102	75.52%	

图3-17 设置数据类型

步骤06 进入Power BI的报表视图模式，单击左侧的“数据视图”按钮进入数据视图模式。

步骤07 选择“动销率”列，在【列工具】/【格式化】组的“格式”下拉列表框中选择“百分比”选项，按相同方法调整“售罄率”列的数据类型。

步骤08 在【表工具】/【计算】组中单击“新建列”按钮，在编辑栏中的“=”号后输入“FORMAT([月份],"MM月")”，单击左侧的“确认”按钮✓。

步骤09 在新建的列上单击鼠标右键，在弹出的快捷菜单中选择“重命名”命令，将名称设置为“中文月份”，按【Enter】键确认，效果如图3-18所示。

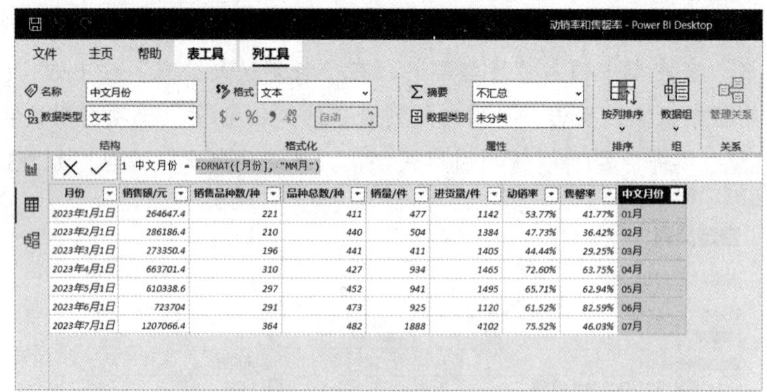

月份	销售额/元	销售品种数/种	品种总数/种	销量/件	进货量/件	动销率	售罄率	中文月份
2023年1月1日	264647.4	221	411	477	1142	53.77%	41.77%	01月
2023年2月1日	286186.4	210	440	504	1384	47.73%	36.42%	02月
2023年3月1日	273350.4	196	441	411	1405	44.44%	29.25%	03月
2023年4月1日	663701.4	310	427	934	1465	72.60%	63.75%	04月
2023年5月1日	610338.6	297	452	941	1495	65.71%	62.94%	05月
2023年6月1日	723704	291	473	925	1120	61.52%	82.59%	06月
2023年7月1日	1207066.4	364	482	1888	4102	75.52%	46.03%	07月

图3-18　新建并重命名列

步骤10 单击左侧的“报表视图”按钮 返回报表视图模式，在“可视化”任务窗格中单击“簇状柱形图”按钮，在“数据”任务窗格中展开“Sheet1”表格选项，将“中文月份”字段添加至“可视化”任务窗格中的“X轴”文本框，将“销售额/元”字段添加至“Y轴”文本框。

步骤11 单击图表右上角的“更多选项”按钮⋯，在弹出的列表中选择【排列 轴】/【中文月份】选项，再次单击该按钮，在弹出的列表中选择【排列 轴】/【以升序排序】选项，调整月份在图表中的显示顺序，如图3-19所示。

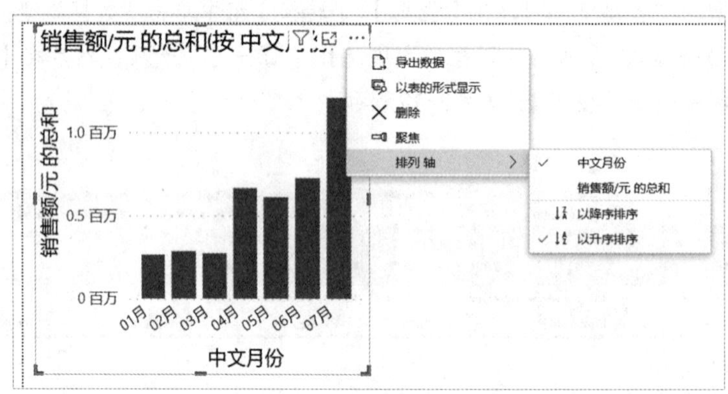

图3-19　调整月份的排列顺序

步骤12 拖曳报表区域中簇状柱形图右下角的控制点，适当调整图表的尺寸，再拖曳图表使其位于报表左上方，大小为整个报表区域的1/4左右。

步骤13 在“可视化”任务窗格中单击“设置视觉对象格式”按钮，单击“常规”选项卡，展开“标题”选项，将“文本”文本框中的原有内容修改为“各月销售额汇总”，在“字号”数值框中将数值修改为“16”，依次单击“加粗”按钮**B**和“居中”按钮，如图3-20所示。

步骤14 单击“视觉对象”选项卡，展开“X轴”选项下的“标题”选项，在“标题文本”文本框中输入“月份”。展开“Y轴”选项下的“值”选项，在“显示单位”下拉列表框中选择“无”选项；展开“标题”选项，在“标题文本”文本框中输入“销售额/元”，如图3-21所示。

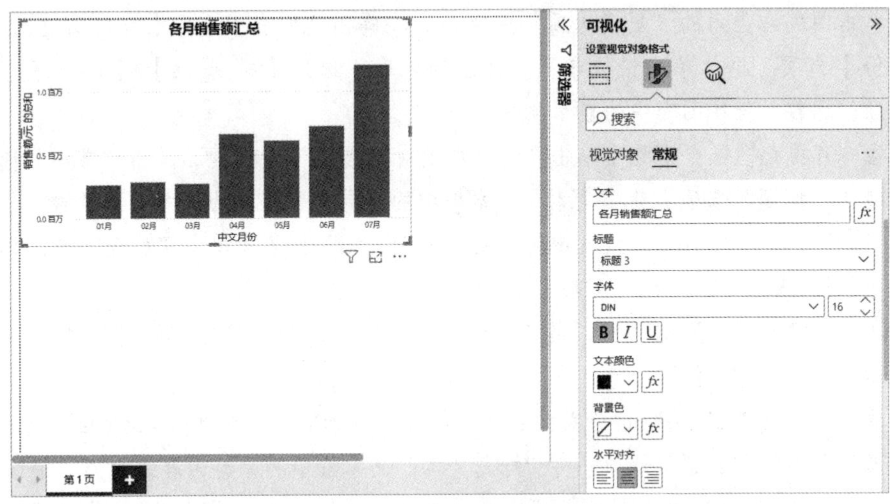

图3-20　设置图表标题

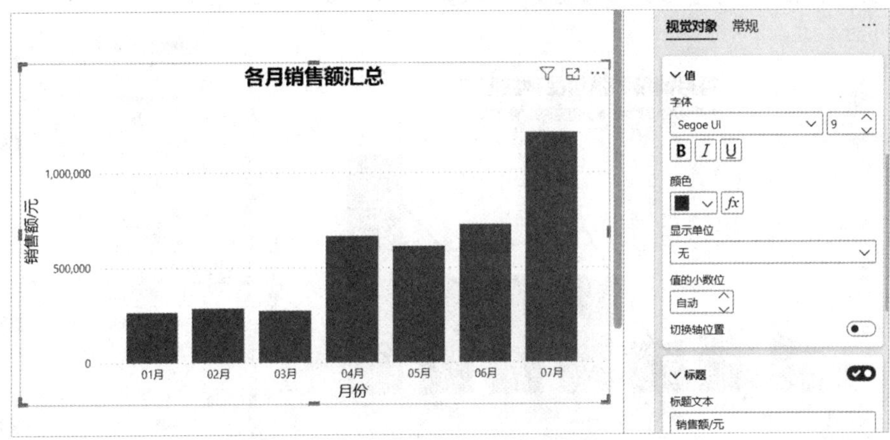

图3-21　设置坐标轴

步骤15 单击报表中的空白区域，取消图表的选中状态，单击“折线和簇状柱形图”按钮，将“中文月份”字段拖曳至“X轴”文本框，将“销量/件”字段拖曳至“列y轴”文本框，将“销售品种数/种”字段拖曳至“行y轴”文本框，如图3-22所示。

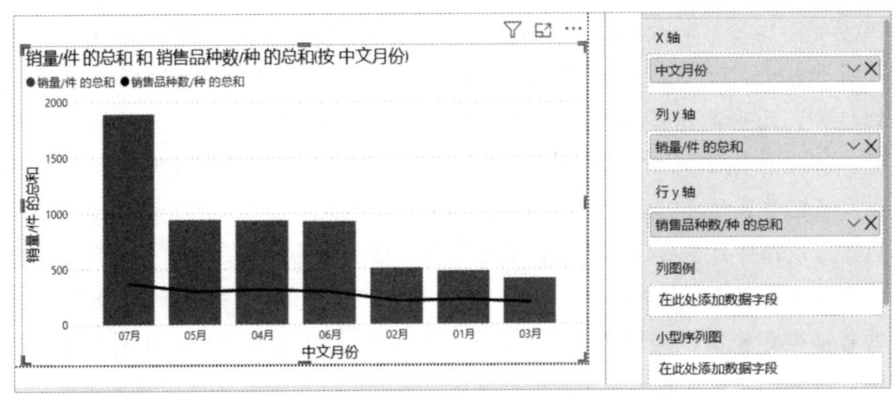

图3-22　创建折线和簇状柱形图

步骤16 单击图表右上角的“更多选项”按钮…，在弹出的列表中选择【排列 轴】/【中文月份】选项。再次单击该按钮，在弹出的列表中选择【排列 轴】/【以升序排序】选项，调整月份在图表中的显示顺序。

步骤17 在“可视化”任务窗格中单击“设置视觉对象格式”按钮，单击“常规”选项卡，展开“标题”选项，将“文本”文本框中的原有内容修改为“各月销量和销售品种数汇总”，在“字号”数值框中将数值修改为“16”，依次单击“加粗”按钮**B**和“居中”按钮。

步骤18 单击“视觉对象”选项卡，展开“X轴”选项下的“标题”选项，在“标题文本”文本框中输入“月份”。

步骤19 单击“辅助Y轴”右侧的开关按钮，显示辅助Y轴，展开“辅助Y轴”选项，继续展开其下的“标题”选项，将“标题文本”文本框中的原有内容修改为“销售品种数/种”，按相同方法将Y轴的标题修改为“销量/件”，最后展开“图例”选项，在“位置”下拉列表框中选择“靠上居中”选项，效果如图3-23所示。

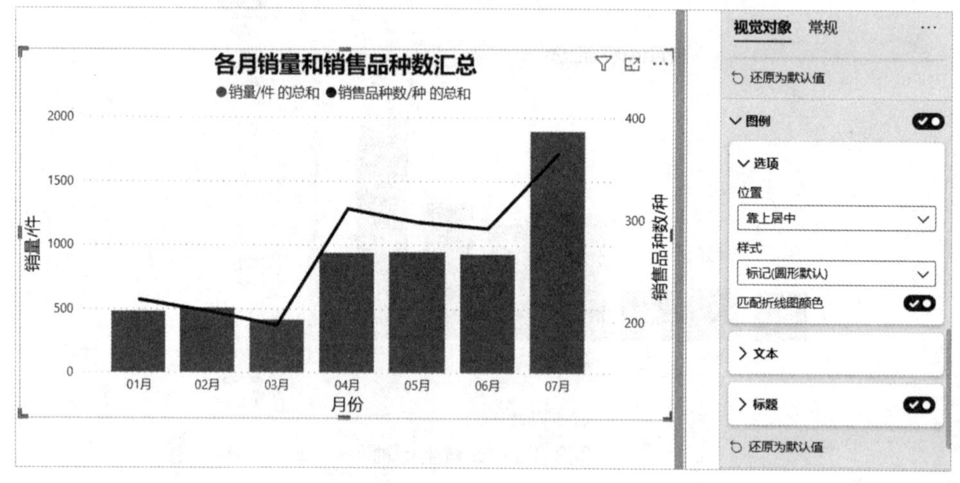

图3-23 设置坐标轴和图例

步骤20 按照相同方法创建动销率和售罄率的折线图，并设置图表月份的排列顺序、图表标题和坐标轴标题等，然后使数据标签显示出来，如图3-24所示（配套资源：\效果\项目四\动销率和售罄率.pbix）。由图可知，该竞争店铺的销售额在1～3月较为平稳，4～6月明显上升，7月又有大幅增长。总体来说，该竞争店铺近7个月的销售额呈逐渐上升的趋势，无论是销售品种数还是销量均不断增加，说明近7个月其销售表现越来越好。从动销率来看，该竞争店铺近7个月的动销率从最初的53.77%增加到75.52%，这说明其在类目运营方面取得了不错的效果，旗下的各类商品均能够得到客户的青睐，店铺可以保持目前的运营策略，甚至还可以增加新的类目，扩大经营范围。从售罄率来看，该竞争店铺近7个月的售罄率波动较大，除了6月的售罄率高于80%，其他各月的售罄率都较低，这说明店铺的进货量可能较大，但考虑到店铺不断增长的销售趋势，这种大进货量的策略在未来一段时间内会进一步提升店铺的销售业绩，店铺需要持续跟进销售数据。

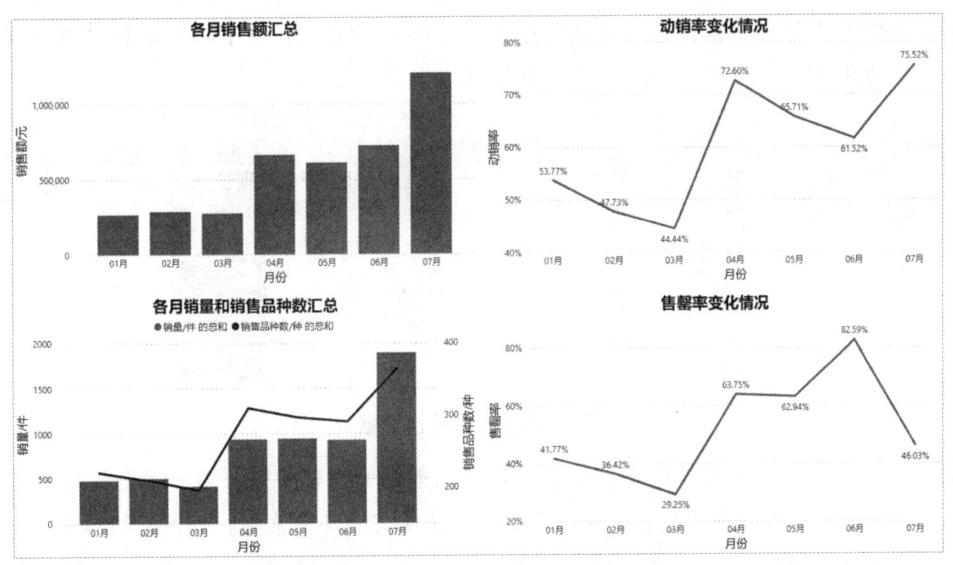

图3-24　创建动销率和售罄率的折线图

【实战二】分析为竞争店铺做出主要销售贡献的商品类目

本次实战采集了某竞争店铺所有商品近7天的单价、销量和可变成本等数据，为了找到做出主要销售贡献的商品类目，下面在Excel中利用采集到的数据计算各商品的销售额和销售贡献，然后使用数据透视表汇总各商品类目的销售贡献，并通过饼图显示各商品类目的销售贡献占比情况。具体操作如下。

微课视频

分析为竞争店铺做出主要销售贡献的商品类目

步骤01 打开“销售贡献.xlsx”文件（配套资源：\素材\项目三\销售贡献.xlsx），选择F2:F26单元格区域，在编辑栏中输入“=D2*E2”，按【Ctrl+Enter】组合键计算各商品近7天的销售额，如图3-25所示。

F2　=D2*E2

	A	B	C	D	E	F	G	H	I	J
1	序号	商品	类目	单价/元	销量/件	销售额/元	可变成本/元	销售贡献/元		
2	1	商品1	前置过滤器	209	456	95304.0	4386.0			
3	2	商品2	净水器	699	562	392838.0	24242.0			
4	3	商品3	滤芯耗材	29.9	182	5441.8	313.0			
5	4	商品4	滤芯耗材	180	521	93780.0	1657.0			
6	5	商品5	前置过滤器	319	254	81026.0	5279.0			
7	6	商品6	前置过滤器	498	659	328182.0	5258.0			
8	7	商品7	净水器	1598	91	145418.0	5860.0			
9	8	商品8	前置过滤器	528	663	350064.0	3245.0			
10	9	商品9	净水器	799	312	249288.0	6468.0			
11	10	商品10	净水器	1888	22	41536.0	3078.0			
12	11	商品11	净水器	2299	63	144837.0	4019.0			
13	12	商品12	净水器	1208	49	59192.0	2774.0			
14	13	商品13	滤芯耗材	699	285	199215.0	3536.0			
15	14	商品14	净水器	699	376	262824.0	1566.0			
16	15	商品15	滤芯耗材	240	469	112560.0	3545.0			
17	16	商品16	前置过滤器	598	106	63388.0	6786.0			
18	17	商品17	滤芯耗材	599	550	329450.0	2486.0			
19	18	商品18	前置过滤器	548	433	237284.0	5333.0			
20	19	商品19	净水器	798	60	47880.0	3709.0			
21	20	商品20	净水器	2189	70	153230.0	6062.0			
22	21	商品21	滤芯耗材	89	149	13261.0	1127.0			
23	22	商品22	滤芯耗材	159	302	48018.0	5910.0			
24	23	商品23	前置过滤器	69	76	5244.0	124.0			
25	24	商品24	净水器	1698	69	117162.0	1007.0			
26	25	商品25	滤芯耗材	58	240	13920.0	4675.0			
27										

图3-25　计算销售额

步骤 02 选择H2:H26单元格区域，在编辑栏中输入"=F2-G2"，按【Ctrl+Enter】组合键计算各商品近7天的销售贡献，如图3-26所示。

H2 =F2-G2

序号	商品	类目	单价/元	销量/件	销售额/元	可变成本/元	销售贡献/元
1	商品1	前置过滤器	209	456	95304.0	4386.0	90918.0
2	商品2	净水器	699	562	392838.0	24242.0	368596.0
3	商品3	滤芯耗材	29.9	182	5441.8	313.0	5128.8
4	商品4	滤芯耗材	180	521	93780.0	1657.0	92123.0
5	商品5	前置过滤器	319	254	81026.0	5279.0	75747.0
6	商品6	前置过滤器	498	659	328182.0	5258.0	322924.0
7	商品7	净水器	1598	91	145418.0	5860.0	139558.0
8	商品8	前置过滤器	528	663	350064.0	3245.0	346819.0
9	商品9	净水器	799	312	249288.0	6468.0	242820.0
10	商品10	净水器	1888	22	41536.0	3078.0	38458.0
11	商品11	净水器	2299	63	144837.0	4019.0	140818.0
12	商品12	净水器	1208	49	59192.0	2774.0	56418.0

图3-26 计算销售贡献

步骤 03 以所有表格数据为数据源，在新工作表中创建数据透视表，将"类目"字段添加到"行"列表框，将"销售贡献/元"字段添加到"值"列表框，如图3-27所示。

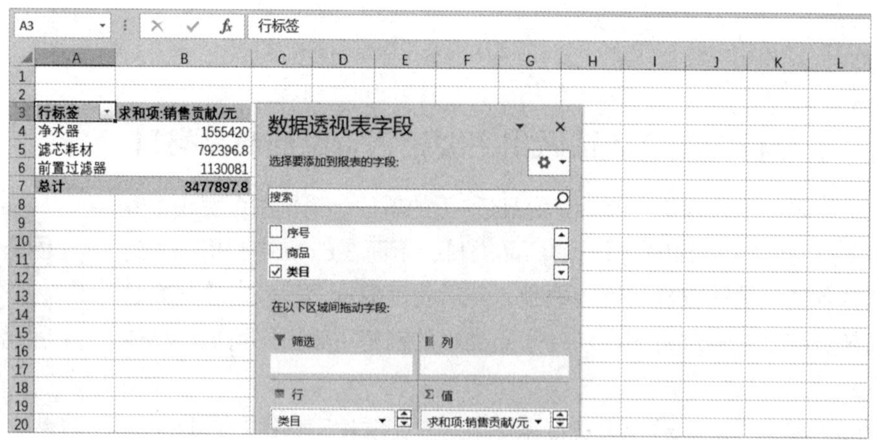

图3-27 创建数据透视表

步骤 04 在数据透视表的基础上创建数据透视图，类型为饼图，为其应用"布局4"样式，将图表的字体设置为"方正兰亭纤黑简体，10号"。

步骤 05 双击数据标签，在打开的任务窗格中取消选中"值"复选框，选中"标签位置"栏中的"数据标签外"单选项，然后展开"数字"栏，在"类别"下拉列表框中选择"百分比"选项，如图3-28所示。

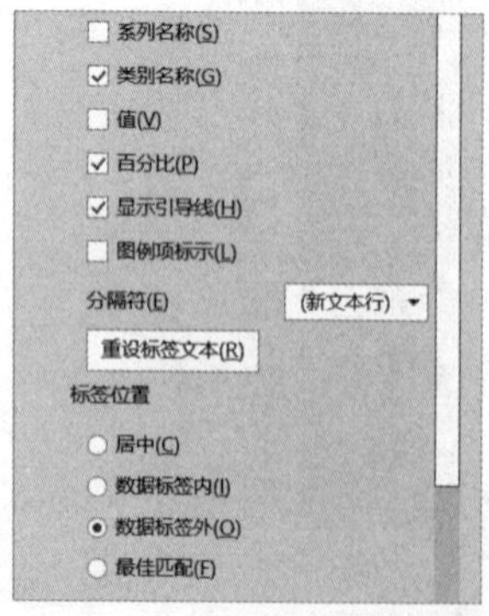

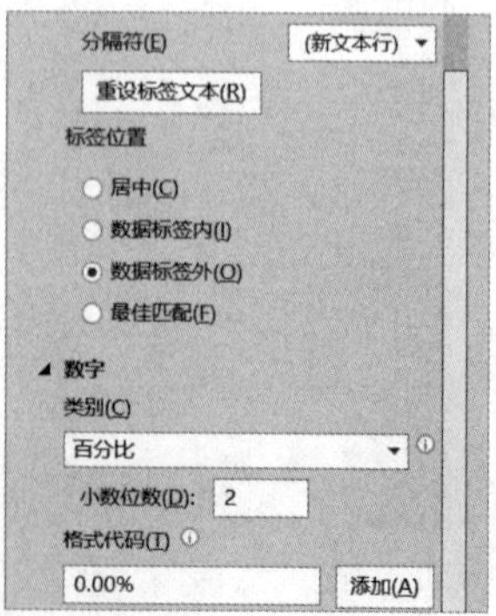

图3-28 设置数据标签

步骤06 单独选择某个数据标签，将其移至饼图外，使引导线显现，并按相同方法调整其他两个数据标签，效果如图3-29所示（配套资源：\效果\项目三\销售贡献.xlsx）。由图可知，近7天内，做出主要销售贡献的商品类目是净水器，其销售贡献占比达到了44.72%。店铺一方面要进一步扩大净水器的销售，另一方面还需要加大滤芯耗材、前置过滤器等类目的推广力度。

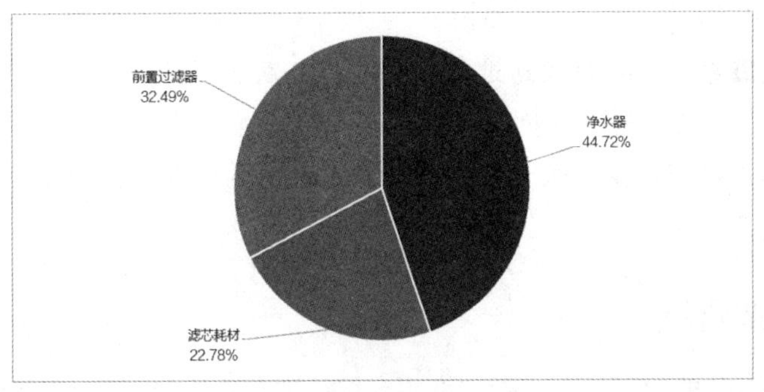

图3-29　调整数据标签

素养提升

党的二十大报告提出，“完善产权保护、市场准入、公平竞争、社会信用等市场经济基础制度，优化营商环境”，“加强反垄断和反不正当竞争，破除地方保护和行政性垄断，依法规范和引导资本健康发展”。竞争是市场经济下的正常现象，良性竞争不仅能够推动社会经济的发展，也能使广大客户受益。

任务三　分析竞争商品数据

与本商品相比，竞争商品一般具有较高的相似性和可替代性，客户通常会在多个商品之间选择，而企业则会通过不同的市场策略来争夺客户。在市场调研和市场营销策划中，分析竞争商品常被视为一项重要工作，它可以帮助企业了解市场需求和客户的购买习惯，寻找自身的竞争优势和劣势，以及制定更有效的市场策略。本任务将重点从客户流失情况和销售高峰时期的角度对竞争商品数据进行分析，以使企业可以了解特定时期内的主要竞争商品，并能更好地安排商品的上下架时间。

相关知识

一、客户流失

客户流失是指原本购买了本企业商品的客户在某一时期内不再继续购买本企业商品，或在竞争对手处购买竞争商品的现象。客户流失可能会导致企业的市场份额下降、销售额减少等问题。

客户流失是企业市场营销和客户关系管理中不可忽视的问题之一，分析客户流失原因并采取相应措施来预防客户流失，有助于企业更好地维护客户关系并提高市场份额。就防止客户流失而言，企业可以参考以下几点建议。

- **监测市场竞争情况**：企业应该时刻监测市场竞争情况，了解竞争对手的动态，并及时调整自身的销售策略和商品定价策略等，从而提高竞争力。
- **提供高质量的商品**：企业应该持续监测商品质量，发现问题及时改进，确保商品能够满足客户需求。
- **与客户建立联系**：企业应该通过多种渠道与客户建立联系，并及时对客户的疑虑和问题做出反馈，以便更好地维护客户关系。
- **及时处理客户投诉**：企业应该建立有效的客户服务体系，及时处理客户投诉，提高客户的满意度。

二、商品上下架管理

为了体现公平竞争的原则，大多数电商平台往往都有专门的商品上下架规定。例如，某电商平台对商品上下架的要求是，在将某商品上架后需要以7天或14天为周期将其下架，下架后的商品默认又立即重新上架继续销售。在该规定下，商品下架只是一个虚拟的行为，也就是说，商品一旦上架销售，如果不进行其他操作就一直处于销售状态，无论是否到下架时间，都可以被销售，只是该上下架周期结束，电商平台会以一个新的周期开始计算上下架周期，但不会影响商品的销售状态。

电商平台之所以要如此规定，主要是因为其商品搜索规则中有一个影响商品排名的因素——商品下架的剩余时间。一般来说，越接近下架时间的商品排名会越靠前，如果没有上下架周期的约束，那些上架越早的商品，排名靠前的概率就会越大，这样对新商品就不太公平。

由于商品是虚拟下架，因此商品上架的时间点非常重要，它决定了商品下架的时间点，也决定了下架前商品是否处于网购的黄金时段、是否能获得更多的免费流量。

（一）上架时间优化

假设网购的黄金时段有3个，分别是9:00—11:00、15:00—17:00、20:00—22:00。由于商品的上架时间点就是商品的下架时间点，如果该时间点处于网购的黄金时段，那么商品获得的关注就更多。结合商品自身的特点，如商品的目标受众是大学生，那么上架的黄金时段应该是晚上和周末；如果商品的目标受众是全职妈妈，那么上架的黄金时段主要集中在白天。

另外，除了考虑商品上架的黄金时段外，还应考虑如何避开主要竞争商品的销售高峰时段，避免商品流量被竞争商品瓜分。例如，某竞争商品的销售高峰时期在周三，且是市场上的热门商品之一，那么应尽可能地避免在周三上架商品。

（二）分次上架商品

电商平台有不同的商品排名刷新频率，如某电商平台一天大部分时间的刷新频率为15分钟1次，19:30—23:30为30分钟1次。因此，企业可以结合确定的黄金时段，按照刷新频率来分次上架商品，从而保证商品获得较大的流量和较高的关注度。例如，确定的黄金时段为9:00—11:00，就可以在9:00、9:15、9:30……分别上架商品。

任务实战

【实战一】分析竞品导致的客户流失情况

本次实战统计了某店铺流向各竞品的客户数量及各竞品的单价，下面利用Power BI计算流失率，并分析不同竞品导致的客户流失情况。具体操作如下。

微课视频
分析竞品导致的
客户流失情况

步骤01 启动Power BI，导入“客户流失.xlsx”文件（配套资源：\素材\项目三\客户流失.xlsx），在【主页】/【查询】组中单击“转换数据”按钮，进入Power Query编辑器的操作页面。

步骤02 在【添加列】/【常规】组中单击“自定义列”按钮，打开“自定义列”对话框，在“新列名”文本框中输入“流失率”，在“自定义列公式”栏中的“=”号后单击鼠标左键定位插入点，双击“可用列”列表中的“流向竞品的客户数/位”选项，输入“/168”，单击“确定”按钮，如图3-30所示。

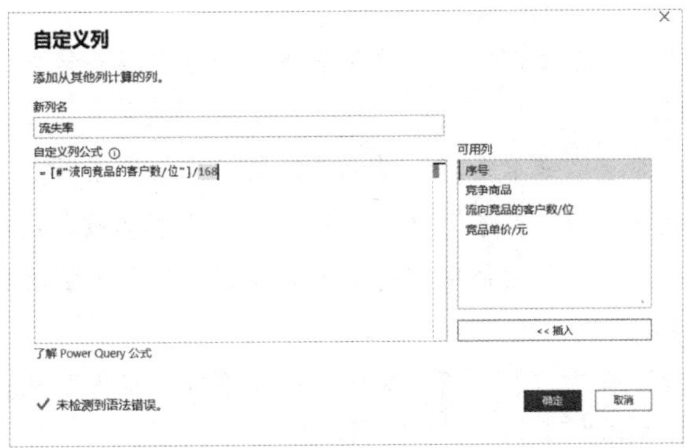

图3-30 设置计算公式

步骤03 选择新增的“流失率”列，在【主页】/【转换】组中单击“数据类型：任意”按钮右侧的下拉按钮，在弹出的下拉列表中选择“百分比”选项，如图3-31所示。

= Table.TransformColumnTypes(已添加自定义,{{"流失率", Percentage.Type}})

	序号	竞争商品	流向竞品的客户数/...	竞品单价/元	流失率
1	1	竞品1	8	330.0325	4.76%
2	2	竞品2	13	381.4484615	7.74%
3	3	竞品3	17	372.3729412	10.12%
4	4	竞品4	14	317.4335714	8.33%
5	5	竞品5	23	256.3169565	13.69%
6	6	竞品6	10	413.393	5.95%
7	7	竞品7	6	355.485	3.57%
8	8	竞品8	8	370.0775	4.76%

图3-31 设置数据类型

步骤04 按相同方法创建“流失金额/元”列，计算公式为“=流向竞品的客户数/位*竞品单价/元”，数据类型为“小数”，效果如图3-32所示。

= Table.TransformColumnTypes(已添加自定义1,{{"流失金额/元", type number}})

	序号	竞争商品	流向竞品的客户数/...	竞品单价/元	流失率	流失金额/元
1	1	竞品1	8	330.0325	4.76%	2640.26
2	2	竞品2	13	381.4484615	7.74%	4958.83
3	3	竞品3	17	372.3729412	10.12%	6330.34
4	4	竞品4	14	317.4335714	8.33%	4444.07
5	5	竞品5	23	256.3169565	13.69%	5895.29
6	6	竞品6	10	413.393	5.95%	4133.93

图3-32 创建“流失金额/元”列并设置数据类型

步骤 05 单击【主页】/【关闭】组中的“关闭并应用”按钮返回报表视图模式。在“可视化”任务窗格中单击“簇状条形图”按钮，在“数据”任务窗格中展开“流失汇总”表格选项，将“竞争商品”字段添加至“Y轴”文本框，将“流失率”字段添加至“X轴”文本框。

步骤 06 单击图表右上角的“更多选项”按钮…，在弹出的列表中选择【排列 轴】/【竞争商品】选项。

步骤 07 拖曳报表区域中簇状条形图右下角的控制点，适当调整图表的尺寸，使其占据报表区域的1/2。

步骤 08 在“可视化”任务窗格中单击“设置视觉对象格式”按钮，单击“常规”选项卡，展开“标题”选项，将“文本”文本框中的原有内容修改为“流向不同竞争商品的流失率对比”，在“字号”数值框中将数值修改为“16”，依次单击“加粗”按钮**B**和“居中”按钮。

步骤 09 单击“视觉对象”选项卡，展开“X轴”选项下的“标题”选项，在“标题文本”文本框中输入“流失率”。

步骤 10 单击“数据标签”选项右侧的开关按钮，显示数据标签，效果如图3-33所示。由图可知，竞品5对本商品的流失率的影响最大，后期可以关注该商品的其他销售数据和营销方法，找出客户流失的原因。

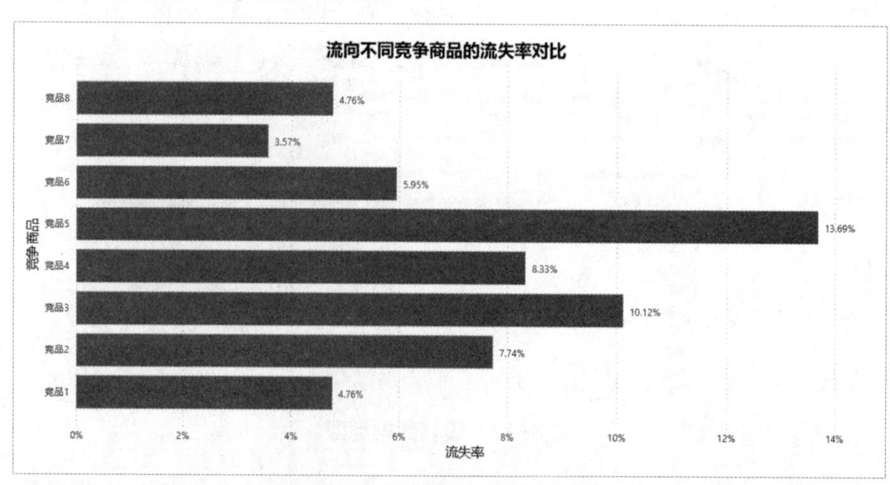

图3-33 创建流失率条形图

步骤 11 按相同方法创建流失金额条形图，调整数据的排列顺序和图表尺寸，设置图表标题和坐标轴标题，显示数据标签，将*X*轴数据的显示单位设置为“无”，效果如图3-34所示（配套资源：\效果\项目三\客户流失.pbix）。由图可知，竞品3和竞品5导致的本商品的流失金额较高，这两个竞品都是该阶段导致本商品客户流失的主要竞品，需要加以关注。

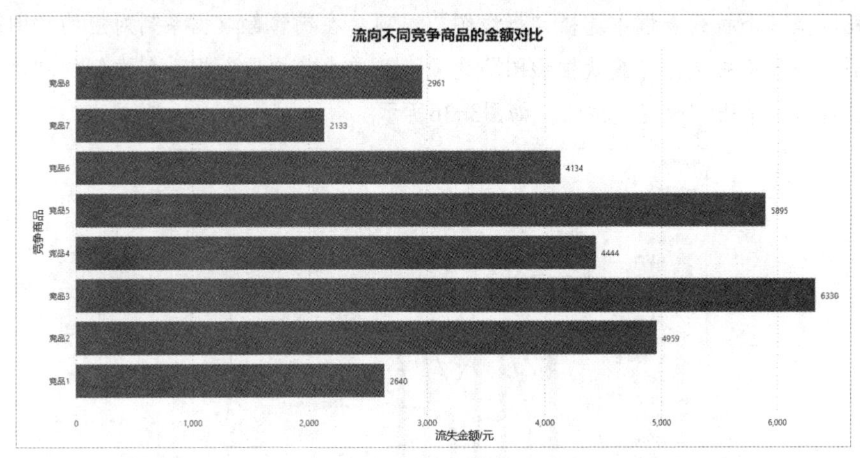

图3-34　创建流失金额条形图

【实战二】分析竞品的销售高峰时期

本次实战采集了某竞品2023年6月的销量和销售额数据，下面将以周为依据，在Excel中汇总一周之中该竞品的销量和销售额，找到该竞品的销售高峰时期，以更好地管理本商品的上架时间。具体操作如下。

步骤 01 打开“销售高峰.xlsx”文件（配套资源：\素材\项目三\销售高峰.xlsx），在B列列标上单击鼠标右键，在弹出的快捷菜单中选择“插入”命令，然后在插入的B1单元格中输入“星期”。

步骤 02 选择B2:B31单元格区域，在编辑栏中输入“=TEXT(A2,"AAAA")”（表示根据日期返回对应的星期数据），按【Ctrl+Enter】组合键返回结果，如图3-35所示。

B2　=TEXT(A2,"AAAA")

	A	B	C	D	E	F	G
1	日期	星期	销量/件	销售额/元			
2	2023/6/1	星期四	60	2736			
3	2023/6/2	星期五	10	456			
4	2023/6/3	星期六	10	456			
5	2023/6/4	星期日	50	2280			
6	2023/6/5	星期一	30	1368			
7	2023/6/6	星期二	0	0			
8	2023/6/7	星期三	40	1824			
9	2023/6/8	星期四	30	1368			
10	2023/6/9	星期五	0	0			
11	2023/6/10	星期六	130	5928			

图3-35　返回结果

步骤 03 以表格中的所有数据为数据源，在新工作表中创建数据透视表，将“星期”字段添加到“行”列表框，将“销量/件”和“销售额/元”字段添加到“值”列表框。

步骤 04 选择数据透视表中的第4行行号，拖曳A4单元格的下边框至“总计”行上方，调整各星期数据的显示顺序。

步骤 05 在【数据透视表工具 数据透视表分析】/【工具】组中单击“数据透视图”按钮，打开“插入图表”对话框，选择“组合图”选项，在销量数据系列对应的“图表类型”下拉列表框中选择“折线图”选项，在销售额数据系列对应的“图表类型”下拉列表框中选择“簇状柱形图”选项，并单击选中该数据系列右侧的“次坐标轴”复选框，单击“确定”按钮，如图3-36所示。

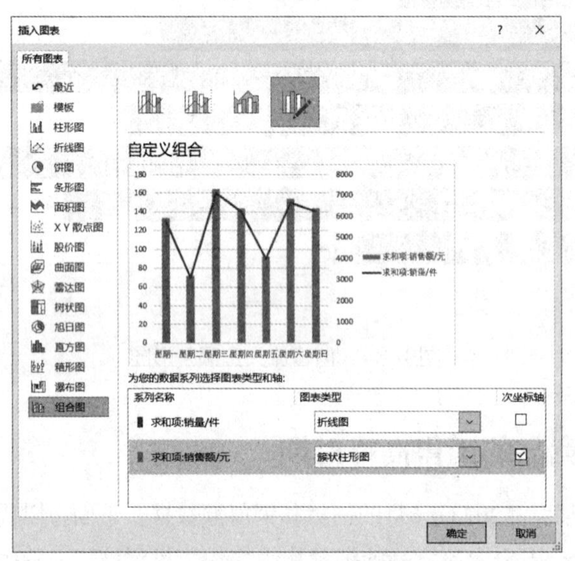

图3-36 设置组合图

步骤 06 为图表应用“布局7”样式，删除图例，将图表的字体格式设置为“方正兰亭纤黑简体，10号”，并调整图表尺寸。

步骤 07 将横坐标轴和纵坐标轴的标题分别修改为“星期”和“销量/件”，添加次要纵坐标轴标题，将内容修改为“销售额/元”，如图3-37所示（配套资源：\效果\项目三\销售高峰.xlsx）。由图可知，2023年6月该竞品星期二和星期五的销售情况不好，销售高峰时期为星期三，则本商品可以考虑在星期一或星期四上架，避开竞品的销售高峰时期。

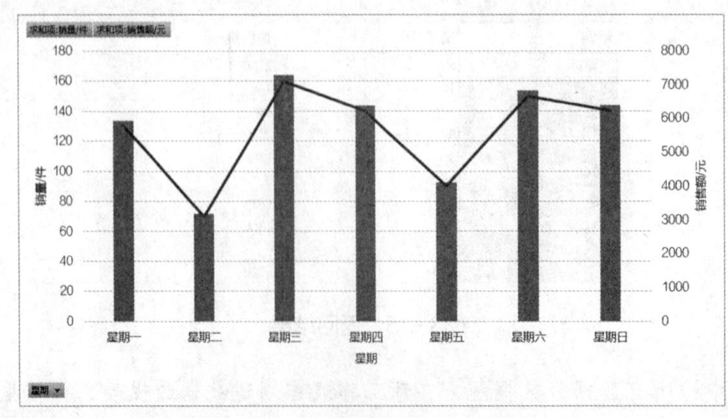

图3-37 设置坐标轴标题

项目小结

本项目主要介绍了竞争对手数据的分析，通过3个任务分别对竞争品牌、竞争店铺和竞争商品的数据进行了分析。通过学习本项目，学生不仅可以掌握竞争品牌的潜力分析与交易数据分析、竞争店铺的整体销售数据分析和销售贡献分析，以及竞争商品的客户流失分析与销售高峰时期分析等操作，还可以了解竞争对手的分类、竞争对手的界定、品牌潜力、动销率、售罄率、销售贡献、客户流失、商品上下架等知识点。

竞争对手是企业开展商业运营时不可回避的对象，企业应该准确定位自己的竞争对手，积极且全面地分析竞争对手的相关数据，并对分析结果进行有效应用，这样才能提高自身的竞争力。

综合实训

实训一　详细分析竞争店铺的数据

本次实训采集了某竞争店铺所有商品的浏览量、收藏量、评价数、日销量、7天销量和30天销量等数据，现需要利用这些数据，分析该竞争店铺的商品结构和各商品类目的销售贡献，为本店铺新销售方案的制定提供参考。

实训目标

使用数据透视图汇总该竞争店铺的商品类目分布情况及各商品类目的销售贡献。

实训描述

打开“竞店数据.xlsx”文件（配套资源：\素材\项目三\综合实训\竞店数据.xlsx），建立数据透视表和数据透视图，汇总不同商品类目的数量，查看各商品类目的占比情况；然后汇总不同商品类目30天的销量数据，并分析各商品类目的销售贡献，如图3-38所示（配套资源：\效果\项目三\综合实训\竞店数据.xlsx）。

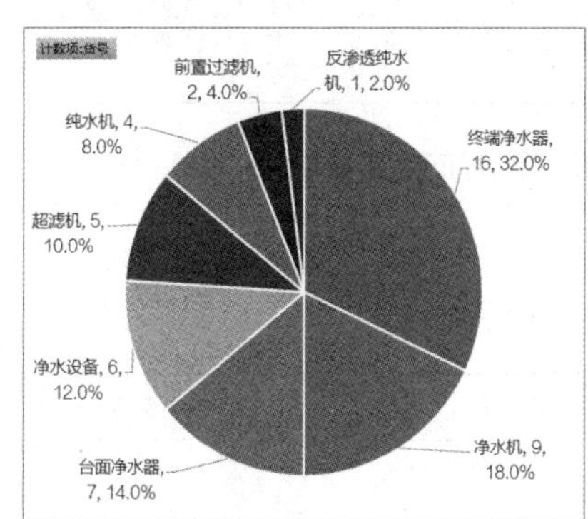

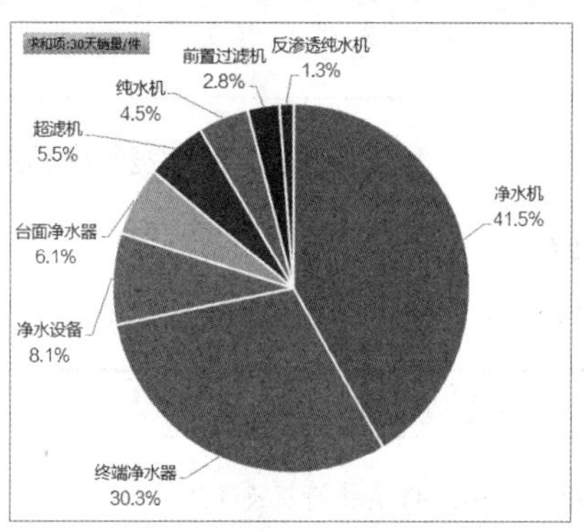

图3-38　竞争店铺的商品类目占比情况及各商品类目的销售贡献

实训结果

根据综合实训的操作，将分析结果填写到下表中。

问题	结果
该竞争店铺的商品类目分布情况如何？	
该竞争店铺各商品类目的销售贡献如何？	

实训二　详细分析竞争商品的数据

本次实训采集了某主要竞争商品2023年6月的销量和销售额数据，现需要利用这些数据分析该竞争商品的销售情况，然后找出一周的销售高峰时期。

实战目标

使用图表分析竞争商品的销售变化趋势和销售高峰时期。

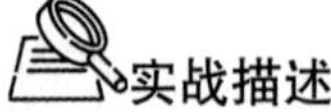

实战描述

打开“竞品数据.xlsx”文件（配套资源：\素材\项目三\综合实训\竞品数据.xlsx），使用TEXT函数得到星期数据，建立数据透视图，汇总销量数据，然后建立日销售额折线图，如图3-39所示（配套资源：\效果\项目三\综合实训\竞品数据.xlsx）。

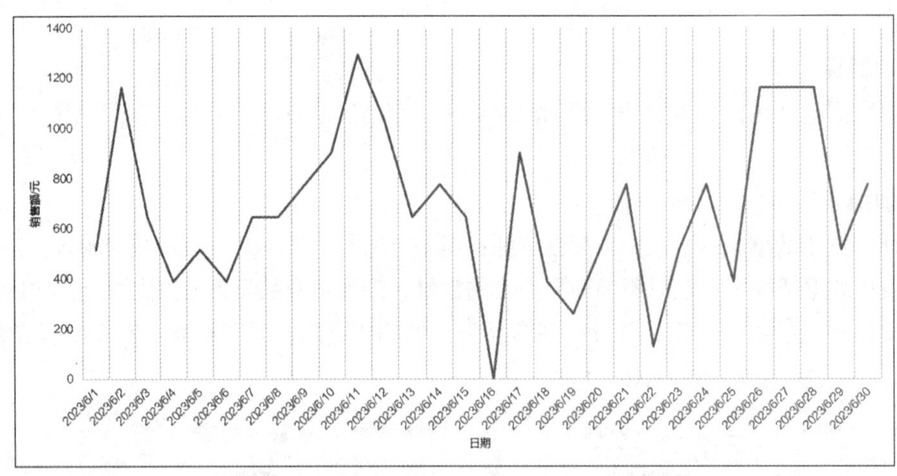

图3-39　竞争商品2023年6月的销售数据

实训评价

根据综合实训的操作，将分析结果填写到下表中。

问题	结果
该竞争商品2023年6月的销售情况如何？	
该竞争商品的销售高峰时期是什么时候？	

分析商品数据

分析商品数据可以帮助企业更好地了解市场行情、销售趋势、客户行为和需求，优化商品库存管理和供应链，指导新商品开发和市场定位，并能为决策提供支持。商品数据分析结果对企业制定战略和开展运营活动至关重要，有助于企业提高竞争力并实现业务增长。

知识目标

- 了解商品的不同定位和测试指标
- 熟悉不同的流量来源和页面类型
- 掌握关键词的作用与分类
- 了解库存体系和SKU的概念
- 掌握库存天数与库存周转率的含义
- 熟悉商品定价的策略、方法与技巧

技能目标

- 能够有针对性地规划和测试商品
- 能够找到优质流量渠道
- 能够分析店铺页面和关键词的引流效果
- 能够有效管理商品库存
- 能够合理制定商品价格

素养目标

- 培养从全局视角思考和分析问题的能力
- 提高创新能力，能够有效解决问题
- 培养商业意识，能够从商业角度思考问题并做出正确的决策

动画

分析产品数据的意义

任务一 通过数据化分析规划商品

商品规划是指通过数据化分析和研究，在了解行业市场、竞争对手等行情的基础上，根据自身情况和发展方向，制定能够把握市场机会、满足客户需要的商品运营策略的具体过程。本任务需要学生根据市场热度规划商品构成，并尝试从多个维度分析商品测试效果。

相关知识

一、商品定位

企业在日常运营中，往往需要对商品进行定位，这样才能更好地发挥商品的作用。一般来说，企业可以将商品分为引流型商品、活动型商品、利润型商品、形象型商品、边缘型商品等，各商品的作用分别如下。

- **引流型商品**：这类商品负责吸引流量、提高人气，其定价一般较低，利润较少，需要有一定的市场热度。选择引流型商品时，企业应先注意观察商品每天不同时段的点击率和跳失率变化趋势，如果跳失率低，说明商品对客户的吸引力较大；然后可以进一步观察商品的转化率、收藏率和加购（即加入购物车）率，如果商品的这些指标都较高，那么该商品就具备成为引流型商品的潜力。
- **活动型商品**：这类商品的作用较多，如果活动以清理库存为目的，就需要以低价来吸引客户购买；如果活动以提升销量为目的，除了低价引流，还需要综合考虑客户的购买体验和企业盈利的平衡；如果活动以宣传品牌为目的，就应该选择大众商品，让客户体验基础价格与活动价格的差距。总之，活动型商品应该是利润率最低的一类商品，企业可以通过这类商品让客户了解品牌。在此基础上，企业要做好售后跟踪和客户关系维护工作，提升客户的购物体验。
- **利润型商品**：这类商品的销量不一定是最高的，但利润却是较高的。利润型商品一般适用于目标客户群体中某一特定的小众人群，因此前期在选择这类商品前，应该精准分析这类人群的偏好。另外，对于利润型商品，企业一般不会投入过多的推广费用，而是依靠引流型商品或活动型商品带来的热度来确保其流量和销量的稳定增长。
- **形象型商品**：这类商品多为一些高品质、高客单价的极小众商品，其作用主要是塑造品牌形象，突出品牌风格和品位，让客户能够从众多商品中轻松辨别本企业的商品。这类商品的高品质可以提升客户对企业的信心，增强企业与客户之间的黏性。
- **边缘型商品**：这类商品的作用在于完善企业的整体商品定位布局，使客户能够感受到企业商品的全面性和完整性。另外，边缘型商品也可以在市场运营过程中转化为其他类型的商品。例如，如果某边缘型商品引流效果不错，则可以将其重新定位为引流型商品，用来提高店铺人气。

二、商品测试指标

商品测试的目的是确认商品定位是否正确，测试时需要重点关注的指标包括点击率、转化率、收藏率、加购率、UV（Unique Visitor，独立访客）价值和UV利润等，各指标的含义和作用分别如下。

- **点击率**：即商品点击数与访客数之比，是影响商品展现量的指标之一，反映客户对商品的感兴趣程度。在相同测试环境下，商品点击率越高，获取的流量越大。
- **转化率**：即购买人数与访客数之比，也是影响商品展现量的指标之一，反映客户对商品的接受程度。在访客数相同的情况下，商品转化率越高，成交量越大。
- **收藏率**：即收藏人数与访客数之比，是无法获得转化率时的替代性指标之一。理论上，商品收藏率越高，转化率越高。
- **加购率**：即加入购物车人数与访客数之比，也是无法获得转化率时的替代性指标之一。理论上，商品加购率越高，转化率越高。
- **UV价值**：即每位访客的成交金额与转化率的乘积，反映单个访客的贡献价值。UV价值越高，单个访客的贡献价值越高，相同流量所贡献的整体交易金额就越高。例如，某款商品的价格为100元，转化率为15%，如果100位访客浏览该款商品后有15位购买，则总成交金额=15×100=1500（元）。这1500元由这100位访客贡献，因此每位访客贡献的成交金额为15元，UV价值=100×15%=15（元），即每位访客的贡献价值为15元。
- **UV利润**：即商品毛利与转化率的乘积，反映单个访客贡献利润的能力。UV利润越高，相同流量所贡献的整体利润就越高。接上例，如果该款商品的利润为30元，UV利润=30×15%=4.5（元），即每位访客贡献的利润为4.5元。

任务实战

【实战一】根据商品数据进行规划定位操作

本次实战采集了某店铺10款商品在一定时期的访客数、交易额和利润，下面利用Power BI的可视化联动功能，对商品进行规划定位。具体操作如下。

微课视频

根据商品数据进行规划定位操作

步骤01 启动Power BI，在【主页】/【数据】组中单击“Excel工作簿”按钮，打开“打开”对话框，选择“商品数据.xlsx”文件（配套资源：\素材\项目四\商品数据.xlsx），单击“打开”按钮。

步骤02 打开“导航器”对话框，单击选中“Sheet1”复选框，单击“加载”按钮，如图4-1所示。

知识拓展

Power BI并非只能获取Excel数据，在【主页】/【数据】组中单击“获取数据”按钮，打开“获取数据”对话框，在其中可以选择各种类型的数据，如文本文件、PDF文件、Access数据库文件、SQL Server数据库文件等。

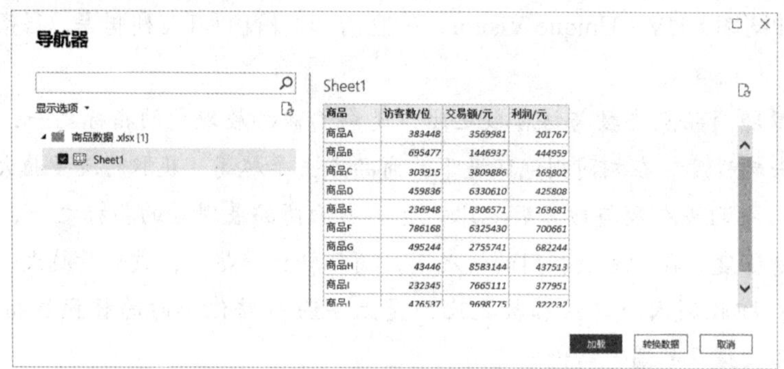

图4-1　加载数据

步骤 03 在“可视化”任务窗格中单击“簇状柱形图”按钮，在“数据”任务窗格中展开“Sheet1”表格选项，将“商品”字段添加至“可视化”任务窗格中的“X轴”文本框，将“访客数/位”字段添加至“Y轴”文本框，如图4-2所示。

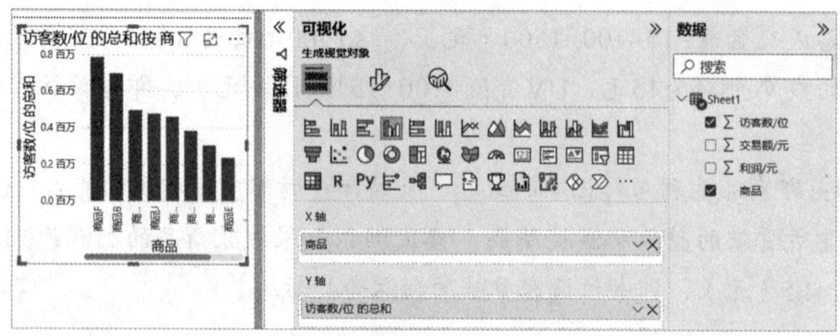

图4-2　创建簇状柱形图

步骤 04 单击图表右上角的“更多选项”按钮…，在弹出的列表中选择【排列 轴】/【商品】选项，再次单击该按钮，在弹出的列表中选择【排列 轴】/【以升序排序】选项，如图4-3所示。

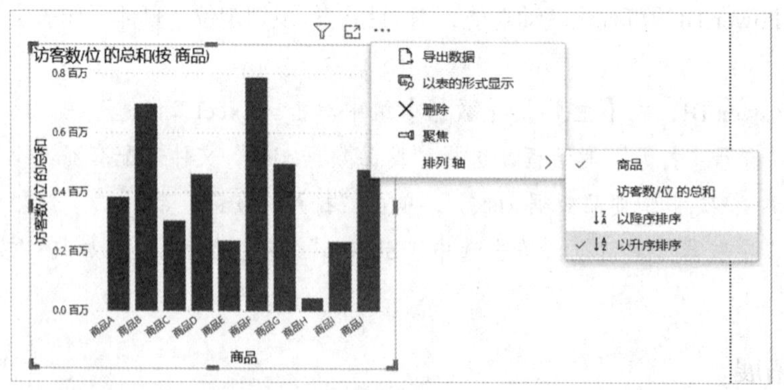

图4-3　调整数据排列顺序

步骤 05 选择图表，在“可视化”任务窗格中单击“设置视觉对象格式”按钮，单击“常规”选项卡，展开“标题”选项，将“文本”文本框中的原有内容修改为“各商品访客数对比”，在“字号”数值框中将数值修改为“16”，单击“加粗”按钮**B**，如图4-4所示。

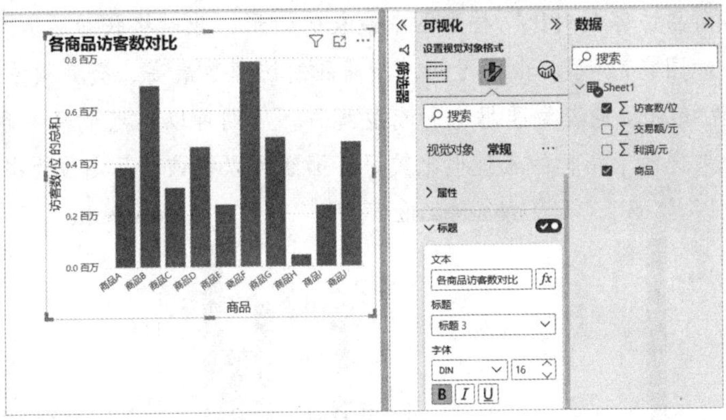

图4-4 设置图表标题

步骤 06 单击“视觉对象”选项卡，展开“Y轴”选项下的“值”选项，在“显示单位”下拉列表框中选择“无”选项，继续展开“标题”选项，在“标题文本”文本框中输入“访客数/位”，如图4-5所示。

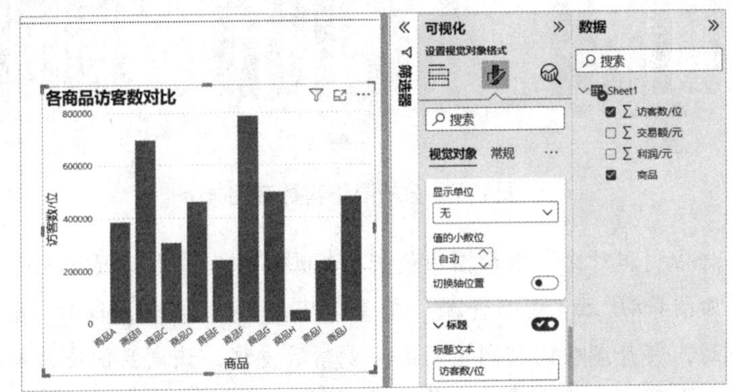

图4-5 设置Y轴显示单位和标题

步骤 07 调整图表尺寸，使其高度与报表区域的高度一致，宽度占报表宽度的1/3，并将图表移至报表区域的最左侧。

步骤 08 创建各商品的交易额柱形图和利润柱形图，按商品名称排列数据，并对图表标题、坐标轴和图表尺寸等进行相似设置，如图4-6所示。

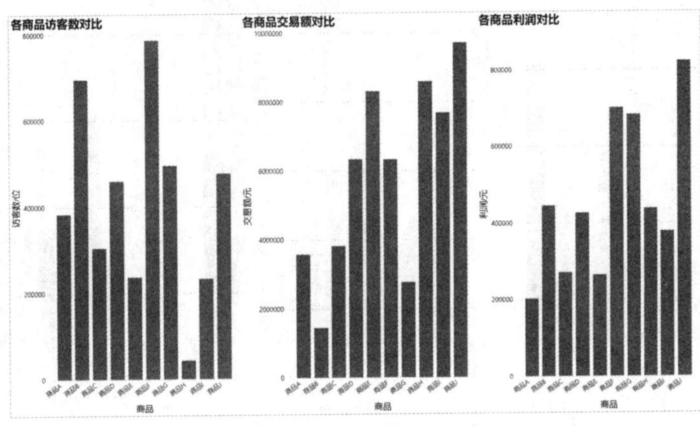

图4-6 创建其他柱形图

步骤09 单击“各商品访客数对比”柱形图中最长的矩形，此时将联动显示所选商品的交易额和利润，如图4-7所示。由图可知，该商品的访客数最高，交易额位列第5，利润位列第2，因而该商品是较为理想的引流型商品。后期可以重点观察该商品的点击率和跳失率，如果这两个指标的表现也比较好，那么可以将该商品定位为引流型商品。

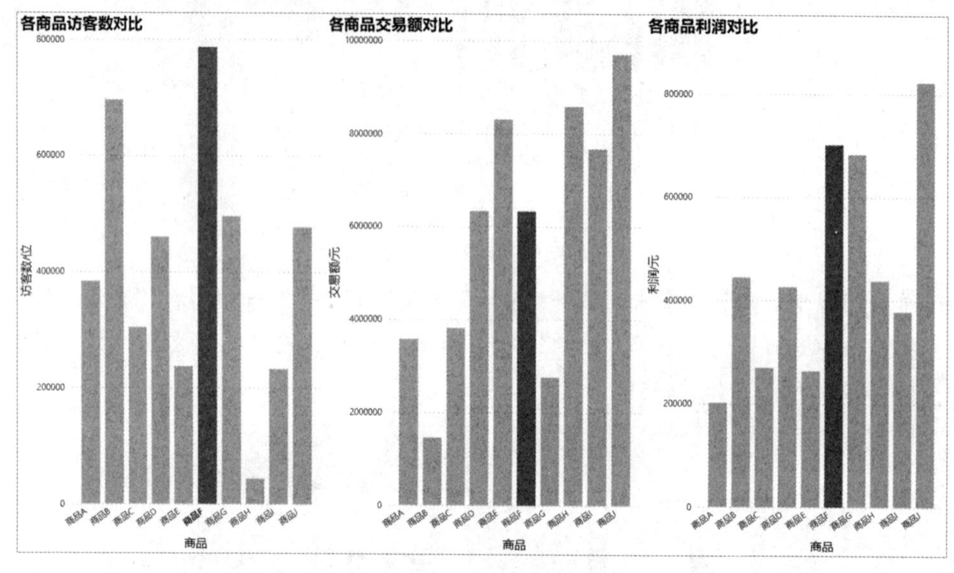

图4-7 分析高访客数商品

步骤10 单击“各商品利润对比”柱形图中最长的矩形，此时将联动显示所选商品的访客数和交易额，如图4-8所示（配套资源：\效果\项目四\商品数据.pbix）。由图可知，该商品的利润最高，其是潜在的利润型商品。观察后发现，该商品的交易额也是最高的，后期可以考虑在不增加推广成本的前提下，提升其流量，如使该商品与引流型商品进行关联推广和销售等，以更好地发挥其价值。

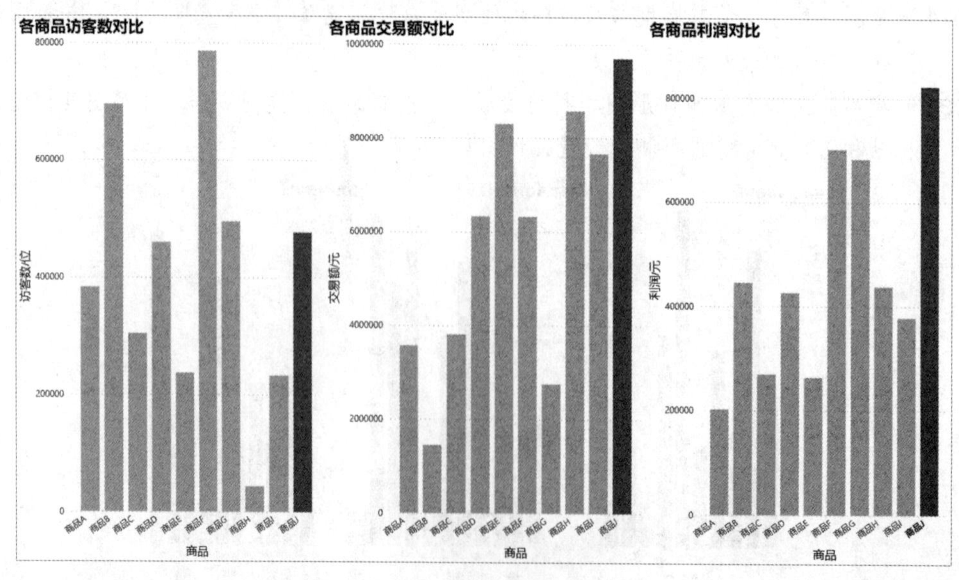

图4-8 分析高利润商品

【实战二】从多个维度分析商品测试效果

本次实战采集了店铺已经规划定位的商品在一定时期的数据，包括每位客户的成交额、毛利、访客数、点击量、销量、收藏量、加购量等，下面利用Excel计算点击率、转化率等各种指标，然后分析这些商品的测试效果，以便更好地完善商品定位。具体操作如下。

微课视频

从多个维度分析商品测试效果

岗课赛证链接

步骤01 打开“商品测试.xlsx”文件（配套资源：\素材\项目四\商品测试.xlsx），选择I2:I16单元格区域，在编辑栏中输入“=E2/D2”，按【Ctrl+Enter】组合键计算各商品的点击率，如图4-9所示。

I2 =E2/D2

测试商品	每位客户的成交额/元	毛利/元	访客数/位	点击量/次	销量/件	收藏量/次	加购量/次	点击率	转化率	收藏率	加购率	UV价值/元	UV利润/元
引流型1	1120	550	952	169	124	47	28	17.75%					
引流型2	1380	450	867	149	132	58	20	17.19%					
引流型3	690	300	867	133	132	48	24	15.34%					
引流型4	945	515	918	86	127	44	31	9.37%					
活动型1	880	400	986	112	133	46	34	11.36%					
活动型2	936	418	952	102	129	45	25	10.71%					
活动型3	1200	600	1445	160	126	39	30	11.07%					
活动型4	990	450	1547	112	133	30	28	7.24%					
利润型1	2380	980	1190	146	126	48	24	12.27%					
利润型2	1620	600	986	165	133	54	19	16.73%					
利润型3	2050	800	1224	134	122	41	21	10.95%					
利润型4	2880	1000	1615	158	123	49	30	9.78%					
形象型1	750	300	1173	128	127	38	25	10.91%					
形象型2	1250	550	1020	105	121	42	20	10.29%					
形象型3	1460	420	1530	125	132	54	28	8.17%					

图4-9 计算点击率

步骤02 选择J2:J16单元格区域，在编辑栏中输入“=F2/D2”，按【Ctrl+Enter】组合键计算各商品的转化率，如图4-10所示。

J2 =F2/D2

测试商品	每位客户的成交额/元	毛利/元	访客数/位	点击量/次	销量/件	收藏量/次	加购量/次	点击率	转化率	收藏率	加购率	UV价值/元	UV利润/元
引流型1	1120	550	952	169	124	47	28	17.75%	13.03%				
引流型2	1380	450	867	149	132	58	20	17.19%	15.22%				
引流型3	690	300	867	133	132	48	24	15.34%	15.22%				
引流型4	945	515	918	86	127	44	31	9.37%	13.83%				
活动型1	880	400	986	112	133	46	34	11.36%	13.49%				
活动型2	936	418	952	102	129	45	25	10.71%	13.55%				
活动型3	1200	600	1445	160	126	39	30	11.07%	8.72%				
活动型4	990	450	1547	112	133	30	28	7.24%	8.60%				
利润型1	2380	980	1190	146	126	48	24	12.27%	10.59%				
利润型2	1620	600	986	165	133	54	19	16.73%	13.49%				
利润型3	2050	800	1224	134	122	41	21	10.95%	9.97%				
利润型4	2880	1000	1615	158	123	49	30	9.78%	7.62%				
形象型1	750	300	1173	128	127	38	25	10.91%	10.83%				
形象型2	1250	550	1020	105	121	42	20	10.29%	11.86%				
形象型3	1460	420	1530	125	132	54	28	8.17%	8.63%				

图4-10 计算转化率

步骤03 选择K2:K16单元格区域，在编辑栏中输入“=G2/D2”，按【Ctrl+Enter】组合键计算各商品的收藏率，如图4-11所示。

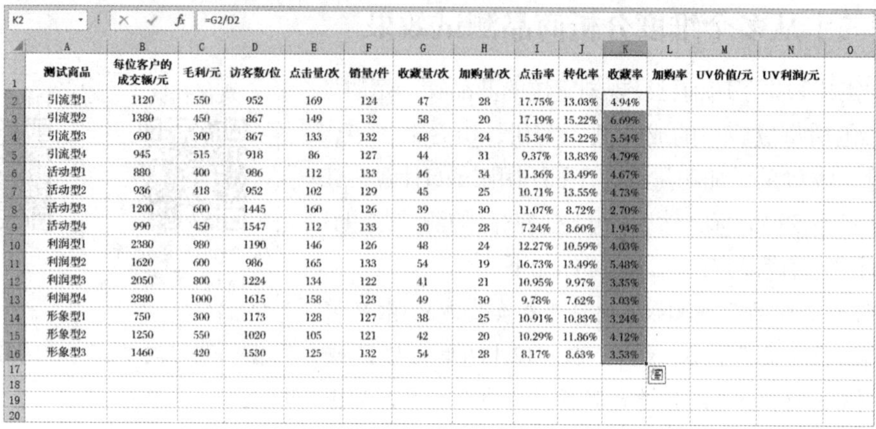

K2 =G2/D2

测试商品	每位客户的成交额/元	毛利/元	访客数/位	点击量/次	销量/件	收藏量/次	加购量/次	点击率	转化率	收藏率	加购率	UV价值/元	UV利润/元
引流型1	1120	550	952	169	124	47	28	17.75%	13.03%	4.94%			
引流型2	1380	450	867	149	132	58	20	17.19%	15.22%	6.69%			
引流型3	690	300	867	133	132	48	24	15.34%	15.22%	5.54%			
引流型4	945	515	918	86	127	44	31	9.37%	13.83%	4.79%			
活动型1	880	400	986	112	133	46	34	11.36%	13.49%	4.67%			
活动型2	936	418	952	102	129	45	25	10.71%	13.55%	4.73%			
活动型3	1200	600	1445	160	126	39	30	11.07%	8.72%	2.70%			
活动型4	990	450	1547	112	133	30	28	7.24%	8.60%	1.94%			
利润型1	2380	980	1190	146	126	48	24	12.27%	10.59%	4.03%			
利润型2	1620	600	986	165	133	54	19	16.73%	13.49%	5.48%			
利润型3	2050	800	1224	134	122	41	21	10.95%	9.97%	3.35%			
利润型4	2880	1000	1615	158	123	49	30	9.78%	7.62%	3.03%			
形象型1	750	300	1173	128	127	38	25	10.91%	10.83%	3.24%			
形象型2	1250	550	1020	105	121	42	20	10.29%	11.86%	4.12%			
形象型3	1460	420	1530	125	132	54	28	8.17%	8.63%	3.53%			

图4-11　计算收藏率

步骤 04 选择L2:L16单元格区域，在编辑栏中输入“=H2/D2”，按【Ctrl+Enter】组合键计算各商品的加购率，如图4-12所示。

L2 =H2/D2

测试商品	每位客户的成交额/元	毛利/元	访客数/位	点击量/次	销量/件	收藏量/次	加购量/次	点击率	转化率	收藏率	加购率	UV价值/元	UV利润/元
引流型1	1120	550	952	169	124	47	28	17.75%	13.03%	4.94%	2.94%		
引流型2	1380	450	867	149	132	58	20	17.19%	15.22%	6.69%	2.31%		
引流型3	690	300	867	133	132	48	24	15.34%	15.22%	5.54%	2.77%		
引流型4	945	515	918	86	127	44	31	9.37%	13.83%	4.79%	3.38%		
活动型1	880	400	986	112	133	46	34	11.36%	13.49%	4.67%	3.45%		
活动型2	936	418	952	102	129	45	25	10.71%	13.55%	4.73%	2.63%		
活动型3	1200	600	1445	160	126	39	30	11.07%	8.72%	2.70%	2.08%		
活动型4	990	450	1547	112	133	30	28	7.24%	8.60%	1.94%	1.81%		
利润型1	2380	980	1190	146	126	48	24	12.27%	10.59%	4.03%	2.02%		
利润型2	1620	600	986	165	133	54	19	16.73%	13.49%	5.48%	1.93%		
利润型3	2050	800	1224	134	122	41	21	10.95%	9.97%	3.35%	1.72%		
利润型4	2880	1000	1615	158	123	49	30	9.78%	7.62%	3.03%	1.86%		
形象型1	750	300	1173	128	127	38	25	10.91%	10.83%	3.24%	2.13%		
形象型2	1250	550	1020	105	121	42	20	10.29%	11.86%	4.12%	1.96%		
形象型3	1460	420	1530	125	132	54	28	8.17%	8.63%	3.53%	1.83%		

图4-12　计算加购率

步骤 05 选择M2:M16单元格区域，在编辑栏中输入“=B2*J2”，按【Ctrl+Enter】组合键计算各商品的UV价值，如图4-13所示。

M2 =B2*J2

测试商品	每位客户的成交额/元	毛利/元	访客数/位	点击量/次	销量/件	收藏量/次	加购量/次	点击率	转化率	收藏率	加购率	UV价值/元	UV利润/元
引流型1	1120	550	952	169	124	47	28	17.75%	13.03%	4.94%	2.94%	145.88	
引流型2	1380	450	867	149	132	58	20	17.19%	15.22%	6.69%	2.31%	210.10	
引流型3	690	300	867	133	132	48	24	15.34%	15.22%	5.54%	2.77%	105.05	
引流型4	945	515	918	86	127	44	31	9.37%	13.83%	4.79%	3.38%	130.74	
活动型1	880	400	986	112	133	46	34	11.36%	13.49%	4.67%	3.45%	118.70	
活动型2	936	418	952	102	129	45	25	10.71%	13.55%	4.73%	2.63%	126.83	
活动型3	1200	600	1445	160	126	39	30	11.07%	8.72%	2.70%	2.08%	104.64	
活动型4	990	450	1547	112	133	30	28	7.24%	8.60%	1.94%	1.81%	85.11	
利润型1	2380	980	1190	146	126	48	24	12.27%	10.59%	4.03%	2.02%	252.00	
利润型2	1620	600	986	165	133	54	19	16.73%	13.49%	5.48%	1.93%	218.52	
利润型3	2050	800	1224	134	122	41	21	10.95%	9.97%	3.35%	1.72%	204.33	
利润型4	2880	1000	1615	158	123	49	30	9.78%	7.62%	3.03%	1.86%	219.34	
形象型1	750	300	1173	128	127	38	25	10.91%	10.83%	3.24%	2.13%	81.20	
形象型2	1250	550	1020	105	121	42	20	10.29%	11.86%	4.12%	1.96%	148.28	
形象型3	1460	420	1530	125	132	54	28	8.17%	8.63%	3.53%	1.83%	125.96	

图4-13　计算UV价值

步骤06 选择N2:N16单元格区域，在编辑栏中输入“=C2*J2”，按【Ctrl+Enter】组合键计算各商品的UV利润，如图4-14所示。

测试商品	每位客户的成交额/元	毛利/元	访客数/位	点击量/次	销量/件	收藏量/次	加购量/次	点击率	转化率	收藏率	加购率	UV价值/元	UV利润/元
引流型1	1120	550	952	169	124	47	28	17.75%	13.03%	4.94%	2.94%	145.88	71.64
引流型2	1380	450	867	149	132	58	20	17.19%	15.22%	6.69%	2.31%	210.10	68.51
引流型3	690	300	867	133	132	48	24	15.34%	15.22%	5.54%	2.77%	105.05	45.67
引流型4	945	515	918	86	127	44	31	9.37%	13.83%	4.79%	3.38%	130.74	71.25
活动型1	880	400	986	112	133	46	34	11.36%	13.49%	4.67%	3.45%	118.70	53.96
活动型2	936	418	952	102	129	45	25	10.71%	13.55%	4.73%	2.63%	126.83	56.64
活动型3	1200	600	1445	160	126	39	30	11.07%	8.72%	2.70%	2.08%	104.64	52.32
活动型4	990	450	1547	112	133	30	28	7.24%	8.60%	1.94%	1.81%	85.11	38.69
利润型1	2380	980	1190	146	126	48	24	12.27%	10.59%	4.03%	2.02%	252.00	103.76
利润型2	1620	600	986	165	133	54	19	16.73%	13.49%	5.48%	1.93%	218.52	80.93
利润型3	2050	800	1224	134	122	41	21	10.95%	9.97%	3.35%	1.72%	204.33	79.74
利润型4	2880	1000	1615	158	123	49	30	9.78%	7.62%	3.03%	1.86%	219.34	76.16

图4-14 计算UV利润

步骤07 选择A1:A5单元格区域，按住【Ctrl】键的同时加选I2:L5单元格区域，在【插入】/【图表】组中单击“插入柱形图或条形图”按钮右侧的下拉按钮，在弹出的下拉列表中选择第1种图表类型。

步骤08 选择图表，在【图表工具 图表设计】/【数据】组中单击“切换行/列”按钮，交换横坐标轴和纵坐标轴的数据，如图4-15所示。

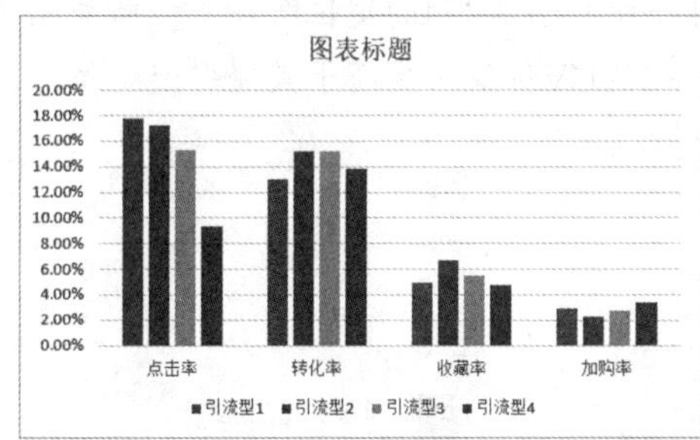

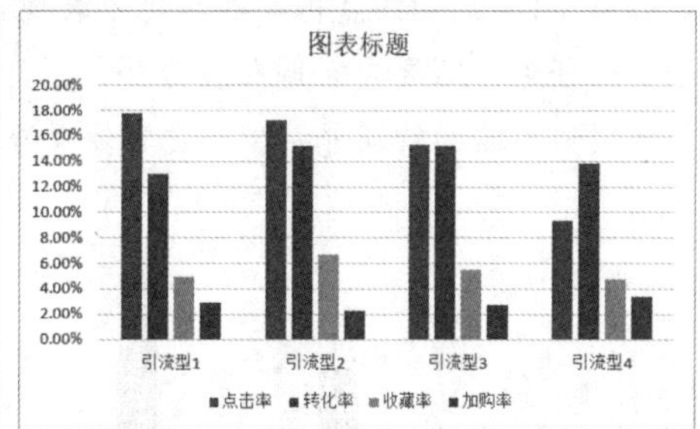

图4-15 切换行列数据前后对比效果

步骤09 在【图表工具 图表设计】/【图表布局】组中单击“快速布局”按钮下方的下拉按钮，在弹出的下拉列表中选择“布局7”选项，将图表的字体格式设置为“方正兰亭纤黑简体，10号”。

步骤10 将横坐标轴的标题修改为“测试商品”，将纵坐标轴的标题修改为“比率”，如图4-16所示。

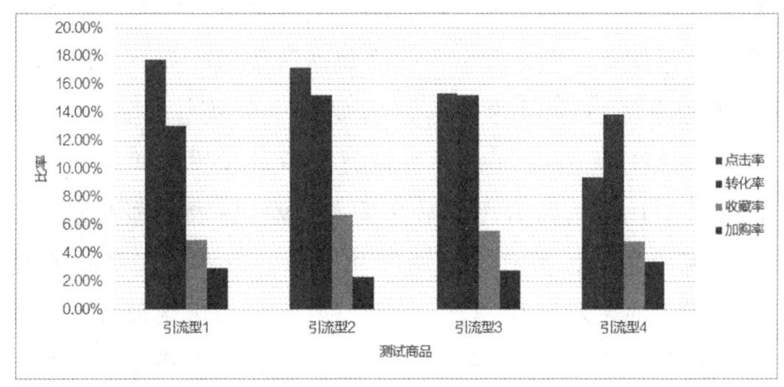

图4-16 设置坐标轴标题

步骤11 选择转化率对应的数据系列，在【图表工具 格式】/【形状样式】组的“样式”下拉列表框中选择第4行第2列的样式选项。按相同方法为收藏率对应的数据系列应用倒数第2行第2列的样式；为加购率对应的数据系列应用倒数第1行第2列的样式，效果如图4-17所示。

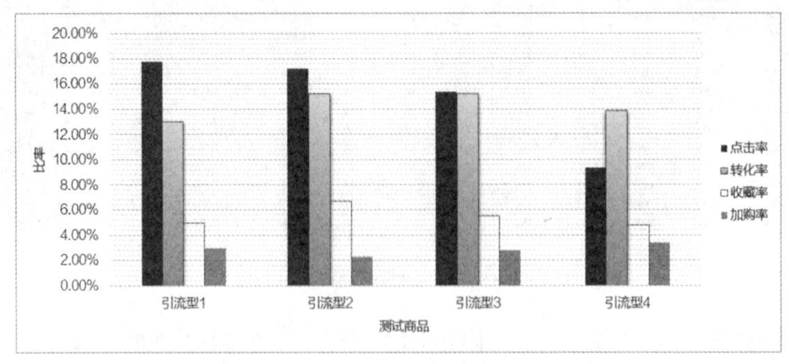

图4-17 设置数据系列格式

步骤12 选择A1:A5单元格区域，按住【Ctrl】键的同时加选M2:N5单元格区域，插入簇状柱形图，按相同方法设置图表布局和格式，效果如图4-18所示。由图4-17、图4-18可知，引流型1、2、3的点击率和转化率表现都不错；引流型4的定位有误，该商品无法承担引流任务，需要重新调整。另外，引流型2的UV价值明显高于其他引流型商品，可以按照该商品的特征进一步开发其他引流型商品。

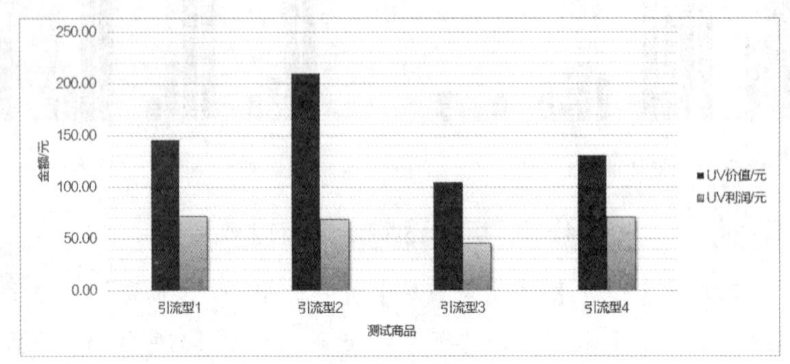

图4-18 创建引流型商品的UV数据柱形图

步骤13 拖曳行号选择第6～9行单元格区域，在所选行号上单击鼠标右键，在弹出的快捷菜单中选择“剪切”命令，在第2行行号上单击鼠标右键，在弹出的快捷菜单中选择“插入剪切的单元格”命令，将活动型商品的数据调整到表头下方，便于创建图表。

步骤14 按照创建引流型商品柱形图的方法，创建两个簇状柱形图，一个用来对比比率数据，一个用来对比UV数据，并对图表进行相似的设置和美化，效果如图4-19所示。由图可知，活动型1、2的点击率、转化率和UV价值表现都非常不错，这说明这两种商品既具备引流的作用，又有很好的转化效果，且单个访客的贡献价值也很高，因而它们是非常不错的活动型商品；活动型3的表现相比这两种商品要稍差一些，可以继续跟进测试；活动型4的定位有误，其综合指标表现都不太理想，不宜作为活动型商品。

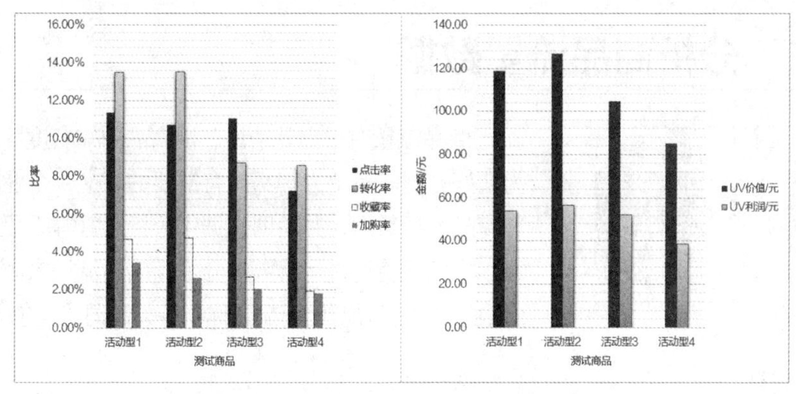

图4-19　创建活动型商品的柱形图

步骤15 创建利润型商品的柱形图，效果如图4-20所示。由图可知，利润型1的UV价值和UV利润最高，因而它是典型的利润型商品；利润型2的点击率表现不错，UV价值和UV利润也较高，综合表现较为出色，因而它是自带引流效果的利润型商品；利润型3和利润型4的表现也可圈可点，可以继续跟进测试。

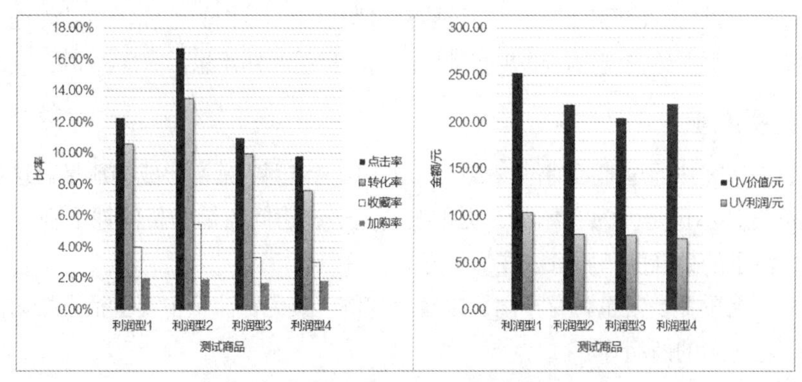

图4-20　创建利润型商品的柱形图

步骤16 创建形象型商品的柱形图，效果如图4-21所示（配套资源：\素材\项目四\商品测试.xlsx）。由图可知，形象型2和形象型3的UV价值较高，如果这两种商品品质高，且能体现店铺的风格，则可以作为形象型商品；形象型1在引流和转化方面的效果较好，但单个访客的贡献价值不高，定位可能存在错误。

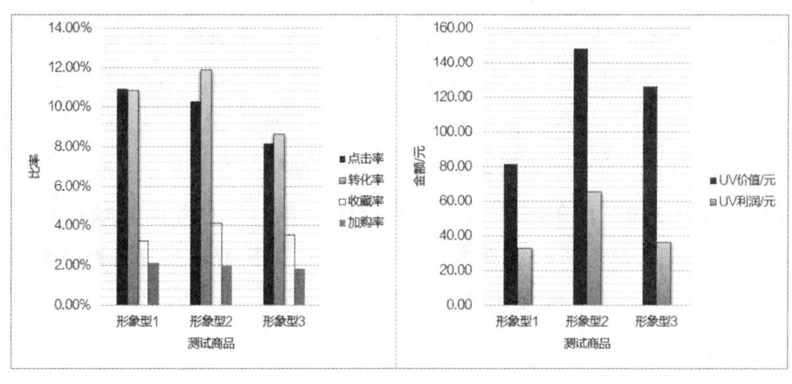

图4-21　创建形象型商品的柱形图

任务二 分析商品流量数据

动画

分析店铺流量

岗课赛证链接

商品流量对于提升销量、提高商品牌知名度、洞察客户行为偏好、提高竞争力等都具有重要的意义，企业应该积极管理商品流量数据，并借助数据化分析运营等手段优化商品流量。本任务将通过运营数据分析商品的流量来源、店铺页面的数据效果，并对比商品名称中各关键词的竞争力大小。

相关知识

一、流量来源的分类

流量来源是指客户访问和浏览店铺的渠道或途径。当客户访问店铺了解商品、获取信息或购物时，他们可能通过不同渠道或途径来到店铺，这些渠道或途径就构成了店铺的流量来源。也就是说，客户进入店铺的渠道或途径是多样的，这就使得流量来源有不同的种类。以某电商平台为例，客户可以自主访问，也可以通过店铺付费引流、站内其他途径和站外途径等访问，因此对应的流量来源为免费流量、付费流量、站内流量和站外流量。

（一）免费流量

免费流量是指客户通过非店铺付费推广渠道，自主访问店铺所形成的流量。这类流量是店铺最需要的流量，不仅是因为它免费，更重要的是客户访问店铺的目的性很强，购买意愿更高，因此免费流量的精准度和质量往往都更好。

不同电商平台的免费流量各有不同，以淘宝为例，其免费流量主要包括直接访问、商品收藏、购物车、已买到的商品等。

- **直接访问**：指客户在淘宝的搜索栏中搜索商品名称或店铺名称进入店铺访问的行为。例如，输入某商品的名称，在搜索结果中单击商品主图查看商品详情页。
- **商品收藏**：指客户对某款商品进行收藏的行为。商品收藏量越高，说明商品越被客户喜爱。就淘宝而言，商品的收藏人气是由商品收藏人数和关注热度综合决定的。收藏人气对于商品和店铺的综合评分是有影响的，收藏人气高不仅能提高商品的搜索排名，也能提升客户的购买意愿。
- **购物车**：客户将商品添加到购物车后，可以通过购物车快速访问商品和店铺，以及实现下单购买。这种行为表明客户对店铺的商品很感兴趣，并且具有较强的购买欲望，从而能形成较高的转化率。因此，一些店铺会采取一些优惠政策来鼓励客户收藏商品、店铺或将商品添加到购物车中，其目的就是提高商品的人气并促进转化率的提升。
- **已买到的商品**：指客户在某店铺已经购买的商品。客户可以直接通过“已买到的宝贝”超链接查看已经购买的所有商品，此行为往往表示客户对店铺的商品、客服、物流等各方面都感到满意，希望进行二次或多次购买。

（二）付费流量

付费流量是指店铺通过付出一定的推广费用而获得的一类流量。这类流量精准度高，转化的效果更明显，但需要店铺投入一定的推广成本。就淘宝而言，店铺可以通过淘宝联盟、直通车、引力魔方等付费工具获取流量。

- **淘宝联盟**：淘宝联盟是一个推广平台，商家可以在平台上发布商品的推广任务，平台上的其他组织或个人可以接受任务并进行推广，以获取商家支付的佣金。通过淘宝联盟，商家可以在平台上获得更多的曝光和销售机会，而接受任务的一方则可以通过合作推广获得一定的佣金。这为双方提供了一个互利共赢的平台，促进了电商生态系统中各方的发展。
- **直通车**：直通车是淘宝推出的一种广告投放商品，它可以在淘宝的搜索结果页面、商品详情页或其他特定位置展示商品或店铺，帮助商家更好地推广和销售商品。商家可以选择关键词，根据关键词的竞价排名来确定广告的展现位置。直通车以按点击付费的方式运作，只有在客户点击广告时，才会产生费用。通过直通车广告投放，商家可以提升商品的曝光度和点击量，吸引更多的客户进入店铺购买商品。图4-22中，商品右下角有“广告”字样的便是使用直通车推广的商品。
- **引力魔方**：引力魔方与直通车有所不同。直通车是以搜索关键词为主将商品精准展现给客户，而引力魔方则侧重于定向展示和推广，引力魔方会在淘宝的主要广告位展示商品，并能在一些定向位置专门展示商品给指定客户。引力魔方的引流更加精准，转化率也更高。另外，引力魔方按照流量竞价售卖广告位，按展现次数收费，其计费单位为CPM（每千次浏览单价），并按照出价从高到低进行展现。图4-23所示便是使用引力魔方推广商品或店铺后展现的广告位。

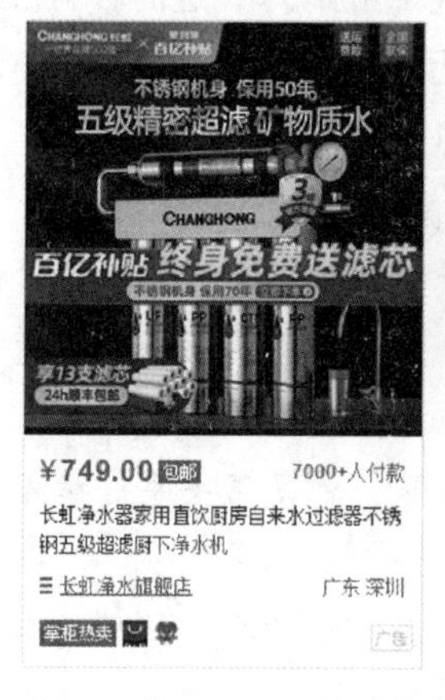

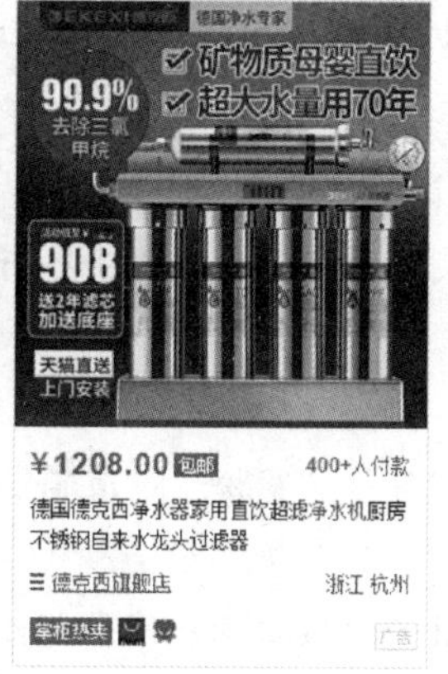

图4-22　商品搜索结果页面

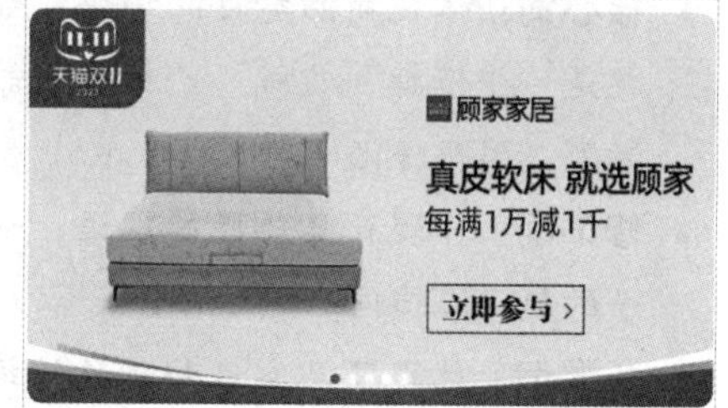

图4-23　淘宝首页

（三）站内流量

站内流量主要是指借助店铺所在电商平台获取的流量，如平台开展的各种促销推广活动。当店铺具备参与活动的资格后，便可申请加入活动，借助平台对活动的推广获取相应的流量，如“6·18”“双十一”“双十二”等，就是获取站内流量的优质活动。

（四）站外流量

站外流量是指通过店铺和电商平台以外的渠道获取的流量。商家可以在微博、短视频平台等第三方平台发布店铺或商品的推广链接，扩大推广范围，吸引客户点击相关链接访问店铺。由于目前许多第三方平台的用户非常活跃，因此充分借助这些平台也能为店铺带来可观的流量。

二、页面类型

电商平台的店铺是由多个页面组成的，店铺的页面设计应根据目标客户和销售策略进行优化，以提供良好的客户体验并促进购买转化。

店铺中不同的页面具有不同的功能和目的，常见的页面类型有首页、商品列表页、商品分类页、商品详情页等。

- **首页：**首页是店铺的入口，主要功能是展示店铺的主推商品、促销信息等，能够吸引客户的注意，并能提供导航到其他页面的链接。
- **商品列表页：**商品列表页列出了店铺的所有商品，且提供了按推荐、销量、价格等不同要素排序的功能，方便客户查看和挑选商品。该页面还会显示商品的缩略图、名称、价格以及其他关键信息。
- **商品分类页：**商品分类页显示的是店铺商品的分类信息。客户选择某个分类信息后，可以进入该类目下的商品列表页面，以便选择所需的商品。
- **商品详情页：**商品详情页展示的是商品的详细信息，包括商品描述、规格、图片、价格等。在该页面，客户可以更深入地了解商品，并做出购买决策。

三、关键词的作用与分类

关键词指的是商品标题中包含的关键内容，这直接影响商品被搜索到的概率，进而影响店铺和商品的流量和转化数据。以淘宝为例，该平台规定商品标题不能多于30字。要在字数限制内设计出具有竞争力的商品标题，就需要店铺分析关键词数据，提取热门的关键词并加以组合。

根据作用的不同，关键词可以分为核心词、修饰词、长尾词、品牌词等类别。

- **核心词：**体现商品类目的词语，如某店铺经营的是男士牛仔裤，则商品标题的核心词就是“牛仔裤”“裤”“裤子”等。核心词的搜索量很大，但由于其不够精准，竞争激烈，因而转化率较低。
- **修饰词：**体现商品属性的词语，如“男”“宽松”“直筒”等，都是男士牛仔裤或裤子的热门修饰词。
- **长尾词：**体现商品类目和属性的词语，由核心词和修饰词组成，如“牛仔裤男冬季加绒款”“直筒牛仔裤男”“牛仔短裤男宽松”等。长尾词的搜索量相对更少，目的性更强，转化率比核心词高很多。
- **品牌词：**体现所经营商品的品牌名称的词语。

任务实战

微课视频

寻找店铺的优质流量渠道

【实战一】寻找店铺的优质流量渠道

本次实战采集了店铺在一段时期内各流量渠道的访客数和下单买家数，下面利用Excel计算出各流量来源的转化率，然后分析不同流量类型的访客数占比，并通过组合图分析得出店铺的优质流量渠道。具体操作如下。

步骤01 打开“流量结构.xlsx”文件（配套资源：\素材\项目四\流量结构.xlsx），在E1单元格中输入“下单转化率”。选择E2:E21单元格区域，在编辑栏中输入“=D2/C2”，按【Ctrl+Enter】组合键计算各流量渠道的下单转化率，如图4-24所示。

E2 =D2/C2

	A	B	C	D	E	F
1	流量类型	流量来源	访客数/位	下单买家数/位	下单转化率	
2	淘内免费	手淘搜索	118,433	7803	6.59%	
3	付费流量	直通车	98,141	2052	2.09%	
4	淘内免费	淘内免费其他	92,803	6129	6.60%	
5	淘内免费	手淘首页	75,684	1917	2.53%	
6	自主访问	购物车	49,674	12825	25.82%	
7	淘内免费	手淘淘宝直播	45951	14596	31.76%	
8	淘内免费	手淘拍立淘	40,987	1701	4.15%	
9	自主访问	我的淘宝	40,222	4968	12.35%	
10	淘内免费	手淘问大家	10285	1998	19.43%	
11	淘内免费	手淘其他店铺商品详情	8755	1188	13.57%	
12	淘内免费	手淘找相似	4539	297	6.54%	
13	淘内免费	手淘旺信	4182	2268	54.23%	
14	淘内免费	手淘我的评价	3026	351	11.60%	

图4-24 计算下单转化率

步骤02 以表格中的所有数据为数据源，在新工作表中创建数据透视表，在“行”和“值”列表框中分别添加“流量类型”和“访客数/位”字段。

步骤03 在数据透视表的基础上创建数据透视图，类型为饼图，为其应用“布局4”样式，将图表的字体格式设置为“方正兰亭纤黑简体，10号”。

步骤04 将数据标签的内容设置为“类别名称、百分比、显示引导线”，数据类型设置为“百分比，2位小数”，并适当调整各标签的位置。

步骤05 适当调整图表尺寸，效果如图4-25所示。由图可知，该店铺的流量类型主要有3种，分别是“淘内免费”“付费流量”“自主访问”。店铺的访客主要来源于“淘内免费”，访客数占比高达68.26%，具体应当如何调整流量渠道的运营方案，还需要分析各流量来源后才能确定。

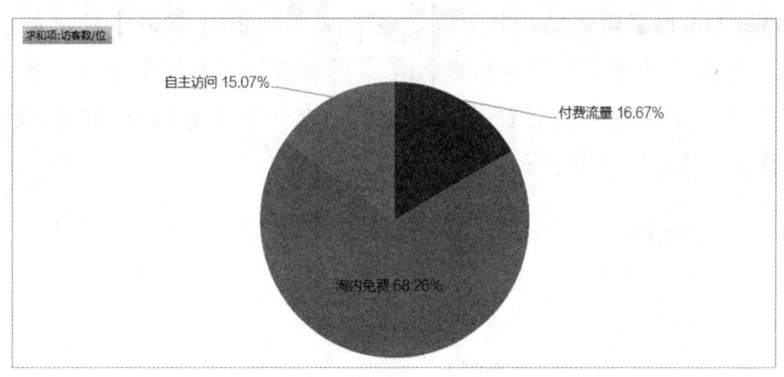

图4-25 分析不同流量类型的访客数占比

步骤06 单击“流量来源”工作表标签。切换工作表，以流量来源、访客数和下单转化率为数据源，创建组合图，类型为第2种图表样式。

步骤07 删除图表标题，添加主要横坐标轴标题、主要纵坐标轴标题和次要纵坐标轴标题，内容分别为“流量来源”“访客数/位”“下单转化率”。

步骤08 选择折线图，为其添加数据标签。将图表的字体格式设置为“方正兰亭纤黑简体，10

号”，调整图表尺寸，效果如图4-26所示（配套资源：\效果\项目四\流量结构.xlsx）。由图可知，手淘旺信和直接访问的下单转化率最高，但访客数却较低，店铺应当设法提高这两个优质渠道的引流效果，提高访客数。相反，手淘搜索、直通车、淘内免费其他和手淘首页的引流效果非常不错，但下单转化率却很低，店铺则应设法提升转化效果。另外，手淘淘宝直播的访客数和下单转化率均较高，店铺应当大力发展该渠道。

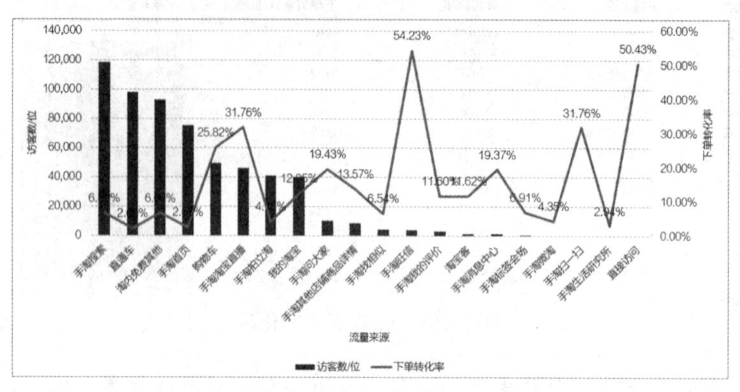

图4-26　分析各流量来源的质量

【实战二】分析店铺页面的流量数据

本次实战采集了某店铺主要页面的浏览量、访客数、浏览量为1的访客数、平均停留时间等流量数据，下面利用Power BI计算出跳失率，并分析各页面对客户的吸引力。具体操作如下。

步骤01 启动Power BI，导入“页面流量.xlsx”文件（配套资源：\素材\项目四\页面流量.xlsx），在“导航器”对话框中单击选中“页面流量明细”复选框，单击“转换数据”按钮。

步骤02 进入Power Query编辑器的操作页面，在【添加列】/【常规】组中单击“自定义列”按钮，打开“自定义列”对话框，在“新列名”文本框中输入“跳失率”，在“自定义列公式”文本框中设置计算公式为“=[#"浏览量为1的访客数/位"]/[#"访客数/位"]”，单击“确定”按钮，如图4-27所示。

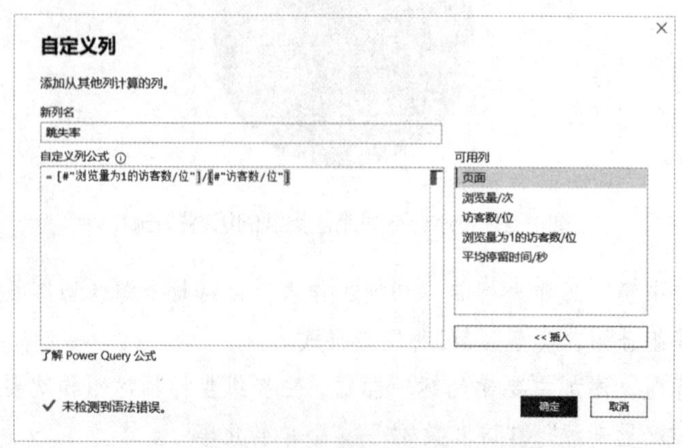

图4-27　计算跳失率

步骤03 在【主页】/【转换】组中将数据类型设置为“百分比”，如图4-28所示。

= Table.TransformColumnTypes(已添加自定义,{{"跳失率", Percentage.Type}})

	页面	浏览量/次	访客数/位	浏览量为1的访客数...	平均停留时间/秒	跳失率
1	首页	53800	37000	24500	8.29	66.22%
2	列表页	67800	31800	21400	10.18	67.30%
3	分类页	2900	2100	1400	9.41	66.67%
4	详情页1	217300	117300	79900	10.99	68.12%
5	详情页2	57000	49000	42500	7.18	86.73%
6	详情页3	16900	8800	6900	7.12	78.41%
7	详情页4	10600	7200	5500	4.15	76.39%
8	详情页5	7600	5400	4000	11.51	74.07%
9	详情页6	6800	4700	2900	11.32	61.70%
10	详情页7	4800	4100	2900	10.04	70.73%
11	详情页8	5300	3000	2100	7.87	70.00%
12	详情页9	1800	1500	1000	11.78	66.67%
13	详情页10	1100	800	500	10.64	62.50%
14	详情页11	600	500	400	15.5	80.00%

图4-28 设置数据类型

知识拓展

浏览量为1的访客数指的是仅访问1个页面的访客数；平均停留时间指的是客户访问页面时的平均耗时；跳失率指的是仅访问1个页面的访客数占该页面总访客数的比例。这些指标都能在一定程度上反映页面对客户的吸引力。

步骤04 在【关闭】组中单击“关闭并应用”按钮进入报表视图模式，单击左侧的“数据视图”按钮进入数据视图模式，选择“跳失率”列，在【列工具】/【格式化】组的“格式”下拉列表框中选择“百分比”选项，如图4-29所示。

页面	浏览量/次	访客数/位	浏览量为1的访客数/位	平均停留时间/秒	跳失率
首页	53800	37000	24500	8.29	66.22%
列表页	67800	31800	21400	10.18	67.30%
分类页	2900	2100	1400	9.41	66.67%
详情页1	217300	117300	79900	10.99	68.12%
详情页2	57000	49000	42500	7.18	86.73%
详情页3	16900	8800	6900	7.12	78.41%
详情页4	10600	7200	5500	4.15	76.39%
详情页5	7600	5400	4000	11.51	74.07%
详情页6	6800	4700	2900	11.32	61.70%
详情页7	4800	4100	2900	10.04	70.73%
详情页8	5300	3000	2100	7.87	70.00%
详情页9	1800	1500	1000	11.78	66.67%
详情页10	1100	800	500	10.64	62.50%
详情页11	600	500	400	15.5	80.00%

图4-29 设置跳失率数据格式

步骤05 单击左侧的“报表视图”按钮返回报表视图模式，在下方的报表页面标签上单击鼠标右键，在弹出的快捷菜单中选择“重命名页”命令，将报表页面名称修改为“浏览量”。

步骤06 使用“页面”字段和“浏览量/次”字段创建簇状柱形图，设置图表大小、图表标题和坐标轴标题，并显示数据标签，效果如图4-30所示。

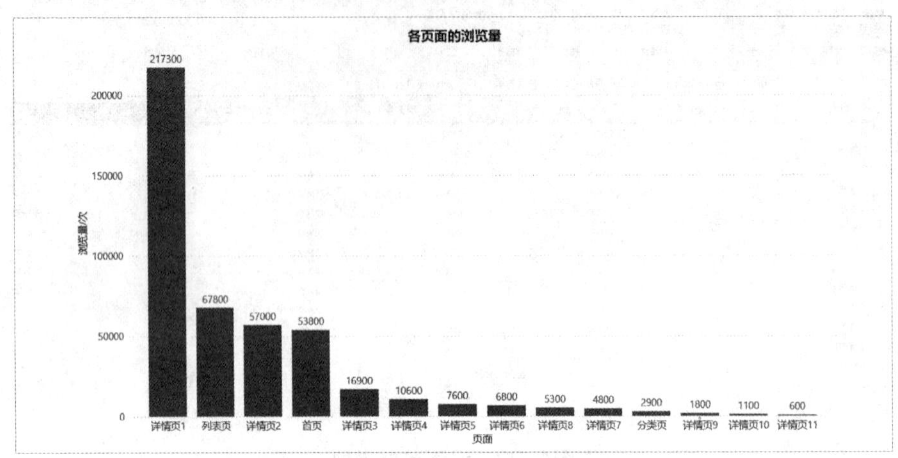

图4-30 对比各页面的浏览量

步骤07 单击报表页面标签右侧的“新建页”按钮➕，将页面重命名为“访客数”。使用“页面”字段和“访客数/位”字段创建簇状柱形图，对图表大小、图表标题和坐标轴标题进行设置，并显示数据标签，效果如图4-31所示。

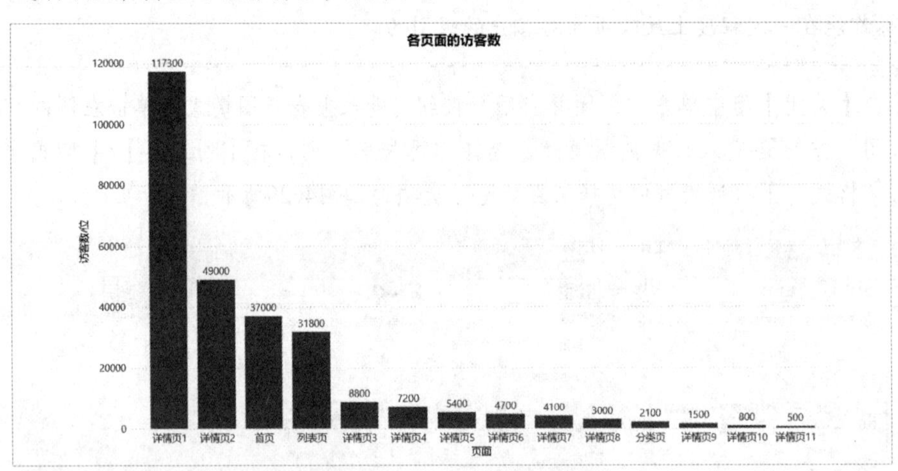

图4-31 对比各页面的访客数

步骤08 单击报表页面标签右侧的“新建页”按钮➕，将页面重命名为“跳失率”。使用“页面”字段和“跳失率”字段创建簇状柱形图，设置图表大小、图表标题和坐标轴标题，并显示数据标签，效果如图4-32所示（配套资源：\效果\项目四\流量结构.pbix）。综合这3张柱形图可知，店铺的所有页面中，详情页1浏览量和访客数最高，说明该详情页对应的商品是店铺的人气商品，店铺应当充分借助该页面的引流能力，在页面中建立其他商品的链接。相反，首页、列表页和分类页的流量数据表现不佳，应考虑重新设计页面，以提升引流效果。就跳失率而言，所有页面的跳失率都在60%以上，再次说明店铺的页面设计不够吸引客户，需要全面优化。

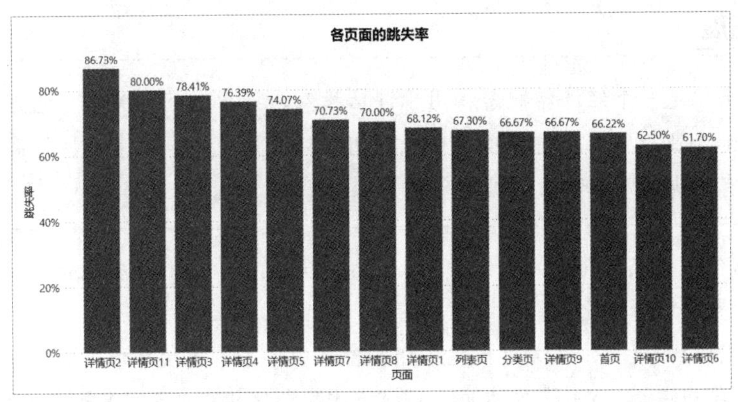

图4-32 对比各页面的跳失率

【实战三】分析关键词的推广效果

本次实战采集了某店铺常用关键词在一定时期的展现量、点击量、交易额、交易笔数、成本等数据，这些数据可以反映关键词的引流效果和投入成本，下面利用Power BI计算各关键词的点击率、点击转化率和投入产出比，然后通过条形图分析各关键词的推广效果。具体操作如下。

微课视频

分析关键词的推广效果

步骤01 启动Power BI，导入“关键词.xlsx”文件（配套资源：\素材\项目四\关键词.xlsx），单击选中“推广数据”复选框，在“导航器”对话框中单击“转换数据”按钮。

步骤02 进入Power Query编辑器的操作页面，在【添加列】/【常规】组中单击“自定义列”按钮，打开“自定义列”对话框，在“新列名”文本框中输入“点击率”，在“自定义列公式”文本框中设置计算公式为“=[#"点击量/次"]/[#"展现量/次"]”，单击“确定”按钮。然后在【主页】/【转换】组中将数据类型设置为“百分比”。

步骤03 新建“点击转化率”列，设置计算公式为“=[#"交易笔数/笔"]/[#"点击量/次"]”，并将数据类型设置为“百分比”。

步骤04 新建“投入产出比”列，设置计算公式为“=[#"交易额/元"]/[#"成本/元"]”，并将数据类型设置为“百分比”。最后在【关闭】组中单击“关闭并应用”按钮，完成3个自定义列的添加操作，效果如图4-33所示。

= Table.TransformColumnTypes(已添加自定义2,{{"投入产出比", Percentage.Type}, {"点击转化率", Percentage.Type}, {"点击率", Percentage.Type}})

	次	1.2 交易额/元	1.2 交易笔数/笔	1.2 成本/元	% 点击率	% 点击转化率	% 投入产出比
1	8420.9	40424.6	460.1	16556.752	4.49%	5.46%	244.16%
2	1037.9	3573.8	32.1	1953.392	0.96%	3.09%	182.95%
3	53.5	0	0	98.868	0.21%	0.00%	0.00%
4	2418.2	12529.7	128.4	4477.094	1.25%	5.31%	279.86%
5	2386.1	20169.5	203.3	4415.569	1.69%	8.52%	456.78%
6	5018.3	22876.6	267.5	9964.589	1.91%	5.33%	229.58%
7	2779	497	14	142	5.83%	0.50%	350.00%

图4-33 新建自定义列

知识拓展

投入产出比是一个经济学概念，用于评估投入与产出之间的关系。它可以应用在不同层面上，如企业、行业或特定项目中，以衡量经营效果。一般来说，较高的投入产出比意味着更有效地利用了资源来创造产出。

步骤05 在数据视图模式中将“点击率”列、“点击转化率”列和“投入产出比”列的数据格式均设置为“百分比”。

步骤06 返回报表视图模式，在“可视化”任务窗格中单击“簇状条形图”按钮，将“关键词”字段拖曳至“Y轴”文本框，将“点击率”字段拖曳至“X轴”文本框。

步骤07 拖曳条形图右下角的控制点，适当调整条形图的宽度和高度，使其在垂直方向上占据报表区域1/3的空间，宽度与报表宽度一致。

步骤08 将图表标题设置为“各关键词的点击率”，将字号设置为“16”，加粗并居中对齐。

步骤09 将X轴的标题文本修改为“点击率”，将X轴和Y轴的文本字号均设置为“12”，显示数据标签，同样将字号设置为“12”，效果如图4-34所示。

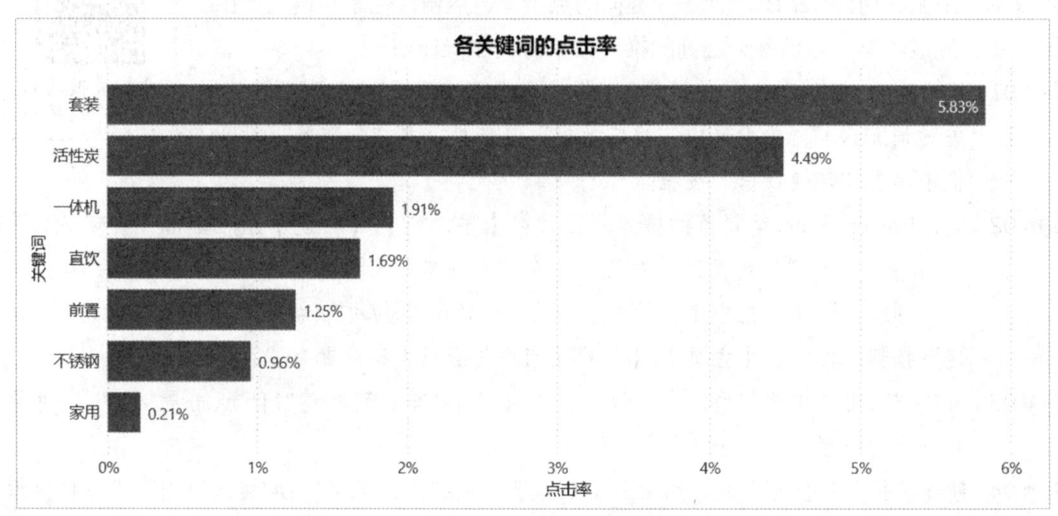

图4-34 创建条形图

步骤10 创建各关键词的点击转化率条形图，按相同方法设置图表。

步骤11 创建各关键词的投入产出比条形图，按相同方法设置图表，效果如图4-35所示（配套资源：\效果\项目四\关键词.pbix）。选择点击率最高的关键词“套装”，可见该关键词的点击转化率偏低，但投入产出比较高，如果能够提升点击转化率，则该关键词的竞争力将会非常强；选择投入产出比最高的关键词“直饮”，可见该关键词的点击转化率较高，但点击率较低，如果能进一步提升点击率，则该关键词的推广效果将会非常好。总体来说，“活性炭”“直饮”“前置”“套装”“一体机”等关键词目前的推广效果比较不错，“不锈钢”和“家用”则表现较差，店铺在设计商品标题时需要根据分析结果进行考虑。

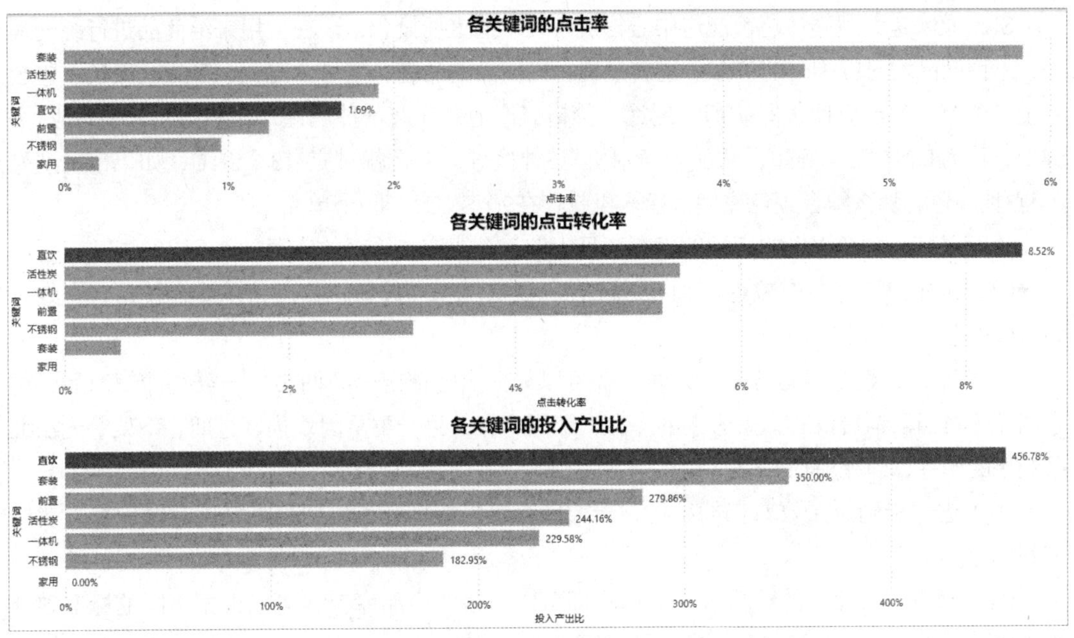

图4-35 分析各关键词的数据表现

素养提升

在互联网高度发达的时代，流量的重要性不言而喻。一些不法分子为获取高额收入，故意制造虚假的流量数据，但最终还是落入法网。我们应当明白，企业要想在市场中存活并壮大，只有恪守诚实守信、勤奋努力的原则，为客户提供真实、可靠的商品和服务，才能赢得市场和客户的信任；依赖欺骗和投机行为赚取非法利润，最终只会自食其果。

任务三 分析商品库存数据

商品库存数据对于企业有效实施库存管理和其他运营管理至关重要。通过分析库存数据，企业不仅可以预测销售数据，制订合理的生产计划和采购策略，避免库存积压或缺货的风险，也可以降低库存成本、降低资金占用率、提高利润等。本任务将重点从库存天数和库存周转率的角度分析库存数据，学习库存预警和分析库存表现的方法。

相关知识

一、库存体系

在电商领域，店铺可以利用“总量—结构—SKU（Stock Keeping Unit，库存单位）”库存体系，从宏观到微观层次逐步分解库存，以掌握库存的组成情况。

SKU原来是大型连锁超市配送中心物流管理中的重要概念，现在被用来给商品进行统一编码，每种商品均对应唯一的SKU。也就是说，当商品的品牌、型号、配置、等级、颜色、包装容量、单位、生产日期、保质期、用途、价格、产地等任何一种属性存在不同时，都对应1个SKU，称为1个单品。例如，某品牌净水机有3种型号，那么就对应有3个SKU，如果每种型号还有3种颜色，那么结合颜色属性，净水机就存在9个SKU，即9个单品。

下面以某经营净水机的店铺的库存商品为例，介绍库存体系的应用。

（1）确定总库存、有效库存和无效库存。盘点总库存数量，然后将总库存按是否有效分为有效库存和无效库存。

（2）确定无效库存的结构。无效库存可以根据实际情况分为两类，一类是滞销商品、过季商品等对当前销售没有太大影响的库存，即假库存；另一类是因残损、过期、下架等无法继续销售的库存，即死库存。

（3）进一步确定无效库存的结构。无效库存可以根据存放位置分为仓库存放库存、卖场陈列库存。

（4）确定有效库存的结构。有效库存即可以出售的商品库存，可以根据不同的标准划分为不同的结构。无论如何划分，目的是更好地了解库存结构，如将有效库存按商品类目结构划分为净水机、滤芯和五金件。

（5）进一步确定有效库存的结构。有效库存可以按生产日期的不同分为不同时期的库存，如2021年的库存、2022年的库存、2023年的库存。

（6）按SKU确定有效库存的结构。有效库存还可以按不同价位的SKU分为高价位SKU的库存、主价位SKU的库存、低价位SKU的库存；或按商品重要性的不同分为重要商品库存、次要商品库存、不重要商品库存；或按商品畅滞销情况分为滞销款库存、平销款库存、畅销款库存等，如图4-36所示。通过这样的库存体系，店铺就能够直观地了解库存的组成现状，从而快速制定运营调整策略。

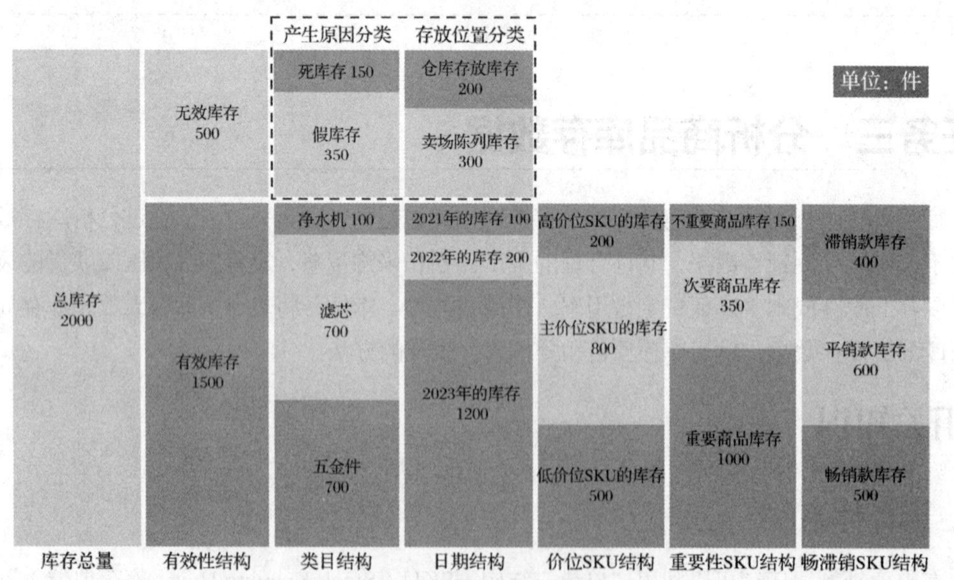

图4-36 库存体系示意图

二、安全库存数量、库存天数、库存周转率

库存体系可以帮助店铺了解库存的基本结构情况，要想进一步判断库存是否能够满足销售需求、各商品的库存数量是否合理等，可以借助库存天数和库存周转率等指标量化库存，以确认库存数量是否足够、合理或安全。这需要借助安全库存数量的概念。所谓安全库存数量，指的是库存数量处于安全状态的参考标准，服装、电器等行业习惯使用绝对数量或金额作为安全库存标准，其优点在于直观明了，能够直接与现有库存对比来发现差异。

- **库存天数**：库存天数可以有效衡量库存滚动变化的情况，是衡量库存在可持续销售期的追踪指标，其优势在于既考虑了销售变动对库存的影响，又可以将“总量—结构—SKU”体系的安全库存标准统一化管理。库存天数计算公式为：库存天数=期末库存数量÷（某销售期的销售数量÷该销售期的天数）。
- **库存周转率**：库存周转率可以从财务的角度监控库存安全。该指标一般以月、季度、半年或年为周期，计算公式为：库存周转率 = 销售数量÷[（期初库存数量+期末库存数量）÷2]。分析库存周转率时，店铺可以先利用公式计算各商品的库存天数和库存周转率，然后建立四象限图进行分析。图4-37所示为建立的库存周转率四象限图，其中横坐标轴代表库存天数，纵坐标轴代表库存周转率。假设标准库存天数为30天，标准季度库存周转率为3次，那么位于坐标轴交叉点附近的商品的库存都比较安全；位于左上角象限内的商品库存天数少、周转率高，容易出现断货风险，应及时补货；位于右下角象限内的商品库存天数多、周转率低，容易出现死库存，应特别重视。

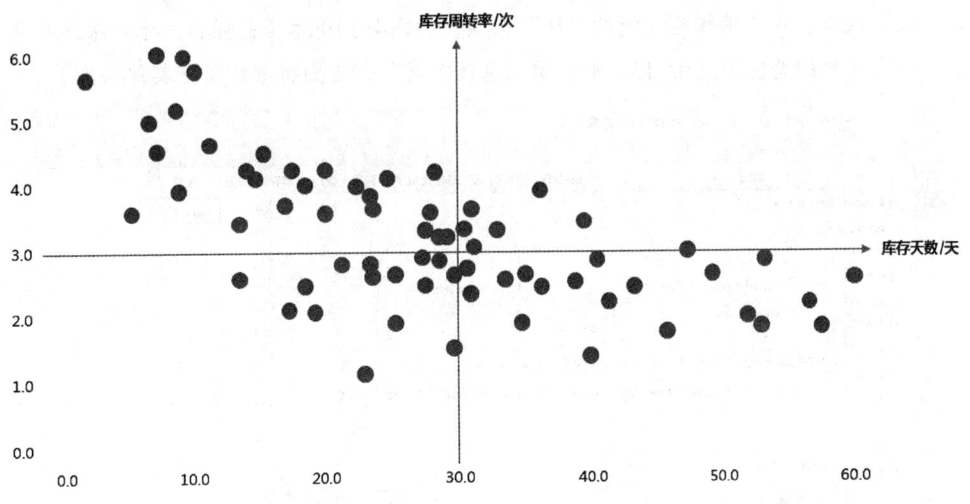

图4-37 库存周转率四象限图

任务实战

【实战一】分析商品的库存天数并实现预警

本次实战采集了某店铺某商品下各SKU近7天的销量、库存数量，并根据该店铺的实际情况录入了各SKU的标准天数。下面在Excel中计算各SKU

的库存天数，并对比库存天数与标准天数的差异，利用IF函数实现预警，最后建立数据透视图分析库存情况。具体操作如下。

步骤01 打开“库存天数.xlsx”文件（配套资源：\素材\项目四\库存天数.xlsx），选择F2:F21单元格区域，在编辑栏中输入“=D2/(B2/C2)”，按【Ctrl+Enter】组合键确认，如图4-38所示。

F2 =D2/(B2/C2)

	A	B	C	D	E	F	G	H
1	SKU	销量/件	销售期/天	库存数量/件	标准天数/天	库存天数/天	预警	
2	自来水前置过滤器自动反冲洗家用净水器 银色Q100型	14	7	112	60	56.0		
3	自来水前置过滤器自动反冲洗家用净水器 银色Q200型	4	7	36	60	63.0		
4	自来水前置过滤器自动反冲洗家用净水器 银色Q300型	2	7	19	60	66.5		
5	自来水前置过滤器自动反冲洗家用净水器 银色Q600型	8	7	94	60	82.3		
6	自来水前置过滤器自动反冲洗家用净水器 银色Q800型	6	7	66	60	77.0		
7	自来水前置过滤器自动反冲洗家用净水器 白色Q100型	11	7	96	60	61.1		

图4-38 计算库存天数

知识链接

IF函数

步骤02 选择G2单元格，单击编辑栏中的“插入函数”按钮 *fx*，打开“插入函数”对话框，在“或选择类别”下拉列表框中选择“常用”选项，在“选择函数”列表框中选择“IF”选项，单击“确定”按钮。

步骤03 打开“函数参数”对话框，在“Logical_test”文本框中输入“F2-E2<=-15”，在“Value_if_true”文本框中输入“急需补货”（单击其他文本框后输入的中文文本将自动添加“" "”号），单击“Value_if_false”文本框定位插入点，单击编辑栏左侧的“IF”选项，如图4-39所示（此操作表示如果库存天数与标准天数的差值不大于-15，则显示“急需补货”，否则将继续验证其他条件）。

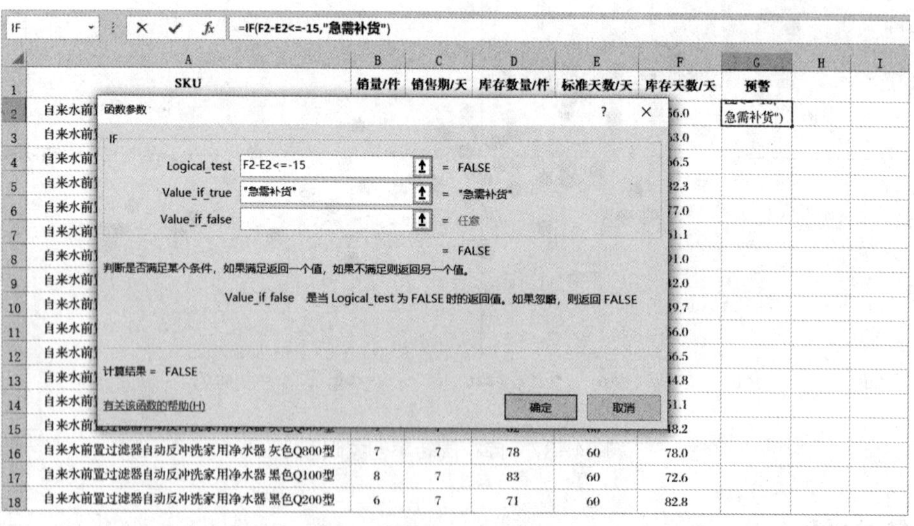

图4-39 设置条件

步骤04 打开嵌套IF函数的“函数参数”对话框，在“Logical_test”文本框中输入“F2-E2<=7”，在“Value_if_true”文本框中输入“有待补货”，单击“Value_if_false”文本框定位插入点，单击编辑栏左侧的“IF”选项，如图4-40所示（此操作表示如果不

满足库存天数与标准天数的差值不大于-15的条件，则判断它们的差值是否不大于-7，如果是，则显示“有待补货”，否则将继续验证其他条件）。

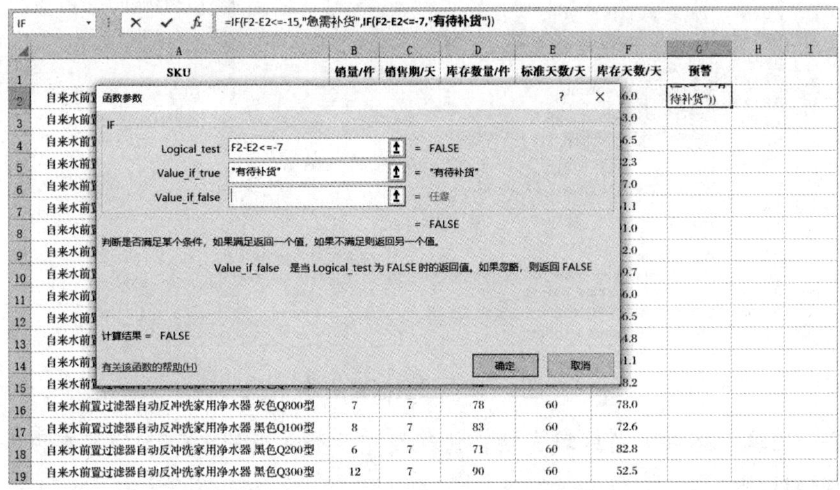

图4-40 设置嵌套函数

步骤 05 打开第3层嵌套IF函数的“函数参数”对话框，在“Logical_test”文本框中输入“F2-E2<=7”，在“Value_if_true”文本框中输入“正常”，单击“Value_if_false”文本框定位插入点，单击编辑栏左侧的“IF”选项，如图4-41所示（此操作表示如果不满足库存天数与标准天数的差值不大于-15以及不大于-7这两个条件，则判断它们的差值是否不大于7，如果是，则显示“正常”，否则将继续验证其他条件）。

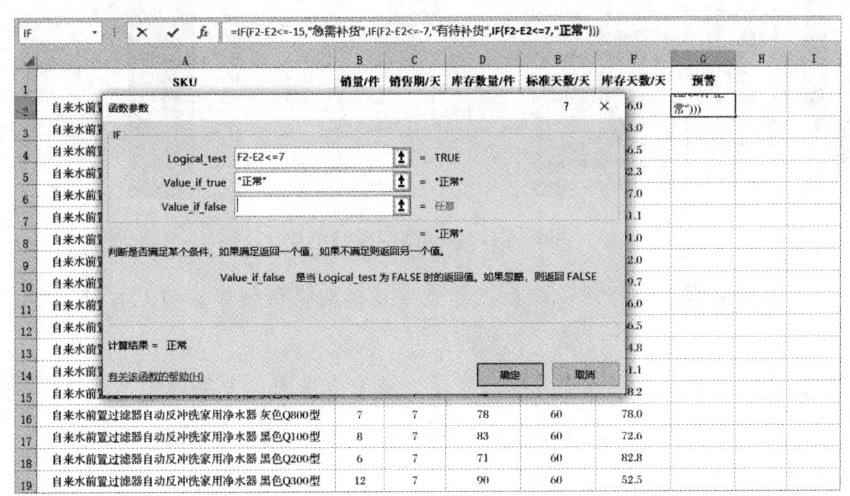

图4-41 设置嵌套函数

步骤 06 打开第4层嵌套IF函数的“函数参数”对话框，在“Logical_test”文本框中输入“F2-E2<15”，在“Value_if_true”文本框中输入“加速销售”，在“Value_if_false”文本框中输入“亟待销售”，单击“确定”按钮，如图4-42所示（此操作表示如果不满足前面设置的所有条件，判断库存天数与标准天数的差值是否小于15，如果是，则显示“加速销售”，否则显示“亟待销售”）。

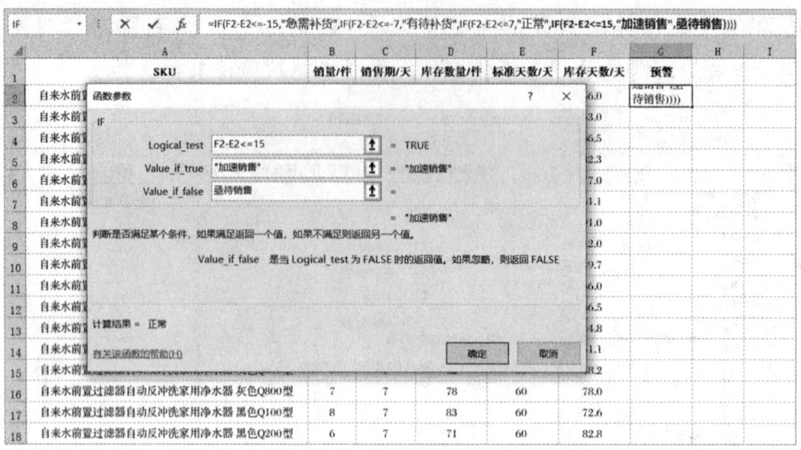

图4-42　设置嵌套函数

步骤 07 双击G2单元格右下角的填充柄，快速填充函数并返回各SKU的库存预警结果，如图4-43所示。

G2　=IF(F2-E2<=-15,"急需补货",IF(F2-E2<=-7,"有待补货",IF(F2-E2<=7,"正常",IF(F2-E2<=15,"加速销售","亟待销售"))))

	A	B	C	D	E	F	G
1	SKU	销量/件	销售期/天	库存数量/件	标准天数/天	库存天数/天	预警
2	自来水前置过滤器自动反冲洗家用净水器 银色Q100型	14	7	112	60	56.0	正常
3	自来水前置过滤器自动反冲洗家用净水器 银色Q200型	4	7	36	60	63.0	正常
4	自来水前置过滤器自动反冲洗家用净水器 银色Q300型	2	7	19	60	66.5	正常
5	自来水前置过滤器自动反冲洗家用净水器 银色Q600型	8	7	94	60	82.3	亟待销售
6	自来水前置过滤器自动反冲洗家用净水器 银色Q800型	6	7	66	60	77.0	亟待销售
7	自来水前置过滤器自动反冲洗家用净水器 白色Q100型	11	7	96	60	61.1	正常
8	自来水前置过滤器自动反冲洗家用净水器 白色Q200型	6	7	78	60	91.0	亟待销售
9	自来水前置过滤器自动反冲洗家用净水器 白色Q300型	9	7	54	60	42.0	急需补货
10	自来水前置过滤器自动反冲洗家用净水器 白色Q600型	9	7	51	60	39.7	急需补货
11	自来水前置过滤器自动反冲洗家用净水器 白色Q800型	12	7	96	60	56.0	正常
12	自来水前置过滤器自动反冲洗家用净水器 灰色Q100型	8	7	76	60	66.5	正常
13	自来水前置过滤器自动反冲洗家用净水器 灰色Q200型	10	7	64	60	44.8	急需补货
14	自来水前置过滤器自动反冲洗家用净水器 灰色Q300型	10	7	73	60	51.1	有待补货
15	自来水前置过滤器自动反冲洗家用净水器 灰色Q600型	9	7	62	60	48.2	有待补货
16	自来水前置过滤器自动反冲洗家用净水器 灰色Q800型	7	7	78	60	78.0	亟待销售
17	自来水前置过滤器自动反冲洗家用净水器 黑色Q100型	8	7	83	60	72.6	加速销售
18	自来水前置过滤器自动反冲洗家用净水器 黑色Q200型	6	7	71	60	82.8	亟待销售
19	自来水前置过滤器自动反冲洗家用净水器 黑色Q300型	12	7	90	60	52.5	有待补货

图4-43　返回库存预警结果

步骤 08 以所有表格数据为数据源，在新工作表中创建数据透视表，将“预警”和“SKU”字段分别添加到“行”和“值”列表框。

步骤 09 在数据透视表的基础上创建数据透视图，类型为饼图，为其应用“布局4”样式，将图表的字体格式设置为“方正兰亭纤黑简体，10号”。

步骤 10 适当调整图表尺寸，然后双击数据标签，在打开的任务窗格中单击选中“百分比”复选框，取消选中“值”复选框。展开“数字”栏，在“类别”下拉列表框中选择“百分比”选项。

步骤 11 在饼图上单击鼠标右键，在弹出的快捷菜单中选择【排序】/【降序】命令，效果如图4-44所示（配套资源：\效果\项目四\库存天数.xlsx）。由图可知，该商品各SKU的库存管理并不合理，除了30%的SKU处于正常的库存状态外，其他SKU要么需要补货，要么需要提升销售速度。店铺应当进一步分析该商品的销售数据，查看哪些型号和颜色的商品更符合客户的消费需求，可以考虑适当减少SKU的数量，重点销售更为畅销的商品。

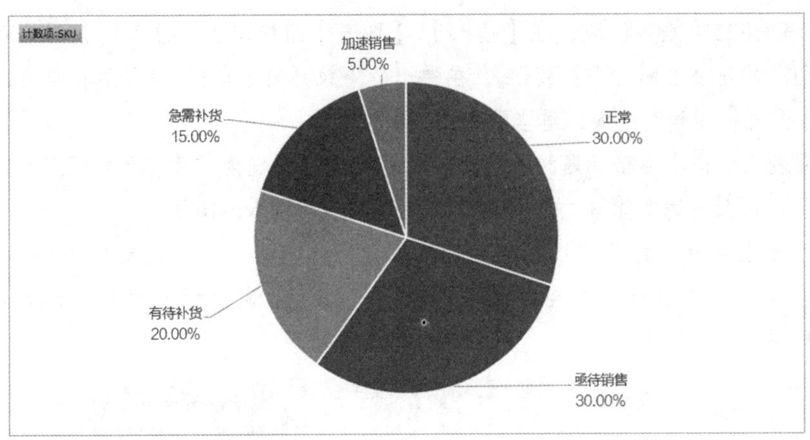

图4-44　创建数据透视图

知识拓展

每个行业的标准天数（即标准库存天数）都不同，运营能力、供应商供货能力等因素都会影响这些指标。大型超市的标准天数一般在30天左右，快消品渠道商的标准库存天数一般在45天左右，服装零售店铺的标准天数一般在60天左右。实际操作时，店铺可以通过研究历史库存数据、销售数据和竞争对手数据来建立合适的库存天数标准。

【实战二】利用库存周转率分析商品库存表现

本次实战采集了某店铺某商品下各SKU的销量、期初库存、期末库存、库存天数等数据，下面在Excel中计算各SKU的库存周转率，然后利用库存天数和库存周转率建立四象限图，分析各SKU的库存表现情况。具体操作如下。

微课视频

利用库存周转率分析商品库存表现

步骤01 打开“库存周转率.xlsx”文件（配套资源：\素材\项目四\库存周转率.xlsx），选择F2:F25单元格区域，在编辑栏中输入“=B2/((C2+D2)/2)”，按【Ctrl+Enter】组合键计算各SKU的库存周转率，如图4-45所示。

F2　=B2/((C2+D2)/2)

	A	B	C	D	E	F	G	H	I
1	SKU	销量/件	期初库存/件	期末库存/件	库存天数/天	库存周转率			
2	商品1	367	121	112	45	3.15			
3	商品2	319	104	36	70	4.56			
4	商品3	352	138	19	36	4.48			
5	商品4	331	158	94	48	2.63			
6	商品5	426	135	66	51	4.24			
7	商品6	361	130	85	67	3.36			
8	商品7	483	89	96	65	5.22			
9	商品8	215	150	78	36	1.89			
10	商品9	439	162	54	78	4.06			
11	商品10	499	122	51	32	5.77			
12	商品11	205	91	96	79	2.19			

图4-45　计算库存周转率

步骤02 选择E1:F25单元格区域，在【插入】/【图表】组中单击“插入散点图（X、Y）或气泡图”按钮右侧的下拉按钮，在弹出的下拉列表中选择第1种图表类型。

步骤03 删除图表标题和网格线，适当调整图表尺寸。

步骤04 为图表添加横坐标轴标题和纵坐标轴标题，内容分别为“库存天数/天”和“库存周转率”，将图表的字体格式设置为“方正兰亭纤黑简体，10号”。

步骤05 双击横坐标轴，打开“设置坐标轴格式”任务窗格，在“纵坐标轴交叉”栏中选中“坐标轴值”单选项，在数值框中输入“45”（表示标准库存天数为45天），如图4-46所示。

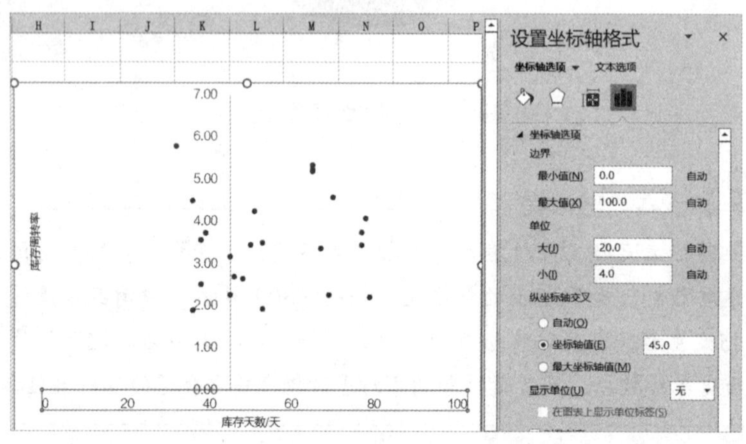

图4-46 设置纵坐标轴的交叉位置

步骤06 选择纵坐标轴，在“横坐标轴交叉”栏中选中“坐标轴值”单选项，在数值框中输入“3”（表示库存周转率为3次），如图4-47所示。

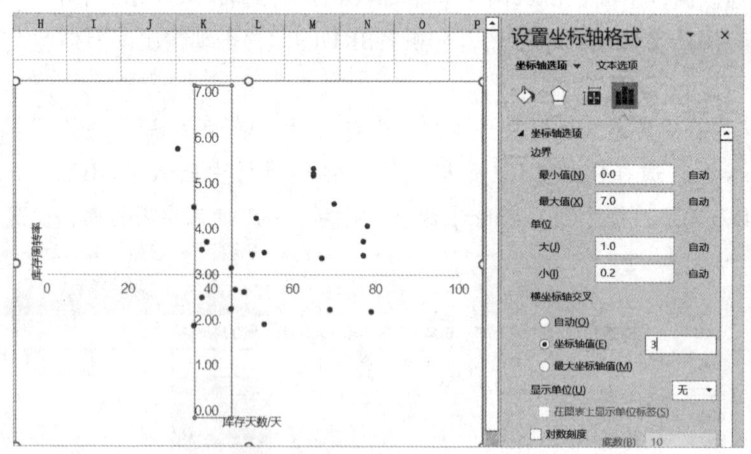

图4-47 设置横坐标轴的交叉位置

步骤07 添加数据标签，在“设置数据标签格式”任务窗格中单击“标签选项”按钮，在“标签包括”栏中单击选中“单元格中的值”复选框，打开“数据标签区域”对话框，选择A2:A25单元格区域，引用该单元格区域的地址，单击“确定”按钮，如图4-48所示（此操作是为了显示数据标签对应的商品名称）。

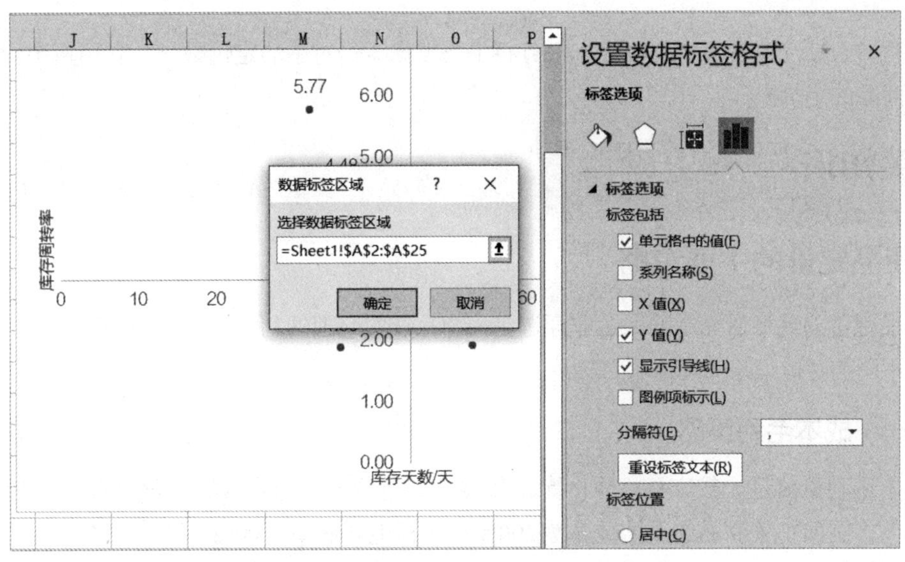

图4-48　设置数据标签

步骤 08 在“设置数据标签格式”任务窗格的“标签包括”栏中取消选中“Y值”复选框，依次拖曳每个数据标签的位置，使其更好地显示在图表中，效果如图4-49所示（配套资源：\效果\项目四\库存周转率.xlsx）。由图可知，在标准库存天数为30天、标准周转次数为3次的情况下，商品1的库存控制得最好；商品10容易出现断货风险，应及时补货；商品11和18则容易出现死库存。总体而言，店铺的大部分商品都位于四象限图的右上方区域，该区域的商品库存天数多、周转率高，库存管理的压力不大，整体管理效果较好。

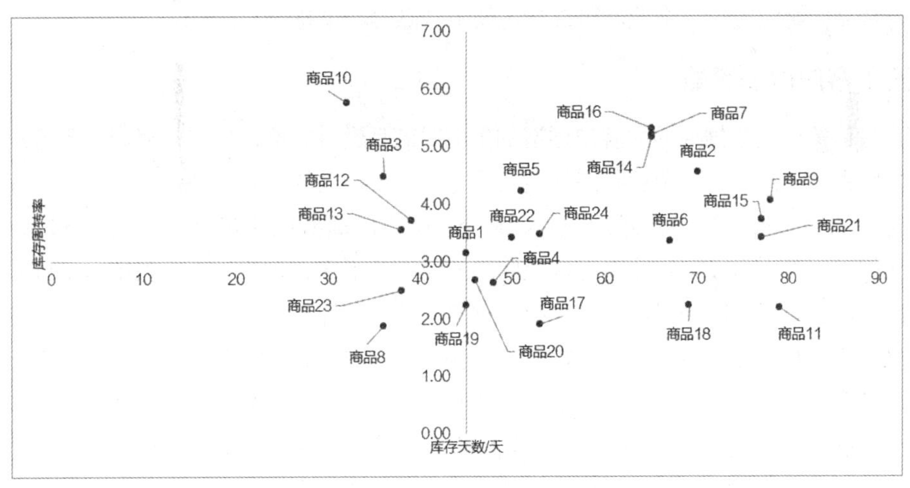

图4-49　调整数据标签位置

任务四　分析商品定价数据

商品定价是企业获取收入和利润的重要手段之一。通过合理定价，企业可以确保销售的商品或服务覆盖生产成本，并获得合理的利润。合理的定价能够提高商品的竞争力，吸引更多的客户，有助于提升销售额和利润。本任务将主要根据竞争对手的定价数据，利用黄金价格点法完成对商品的定价操作。

相关知识

一、商品定价的主要策略

商品定价的最终目标是确保企业通过销售商品获取合理的利润，基于这一基本点，企业可以采取不同的定价策略实现这个目标。

（一）成本毛利策略

成本毛利策略是比较容易操作的定价策略，其定价公式为：目标定价=成本×（1+目标毛利润率）。例如，某商品的采购成本为200元，目标毛利润率为40%，那么在不考虑人工、宣传、推广等其他费用时，粗略的目标定价为：200×(1+40%)=280（元）。

实际情况下，企业需要准确掌握与净利润相关的各项成本和费用情况，如销货成本、销售费用、折旧、管理费用、利息、税金等，并按照一定的规则将其分摊给各商品，然后确定目标净利润率，这样才能得到更加精确的目标定价。

（二）竞品参考策略

竞品参考策略主要是参考竞品的价格来为本商品定价，这种策略的运用需要建立在成本毛利策略的基础上，否则一味压低价格，可能会导致企业遭受损失。在这一前提下，当商品提供的价值与竞品完全相同时，企业就可以考虑使用竞品参考策略。

（三）客户价值策略

客户价值策略是根据商品为客户创造的价值对商品进行定价，最终价格取决于客户对商品价值的感知程度。例如，某企业制造的商品是客户某个商品的核心零部件，该核心零部件可以使客户每年的销售额增加1000万元（或者某企业提供的商品能使客户每年在运营过程中降低1000万元的成本）。假设某企业制造这款商品的成本并不高，按照成本毛利策略定价无法体现商品价值，那么其就可以按照客户价值策略对商品进行定价。

在实际工作中，上述3种策略都是综合使用的。例如，某客户需要采购一批冬季套装用于团建，其负责人要求套装的单价不能超过400元。那么本企业首先需要计算套装的成本，假设为150元。同时本企业也需要了解市场上竞品的价格范围。另外，本企业与客户深入沟通后，得知自身的商品能够更好地满足客户需求，那么本企业这款套装的定价就可以高于市场上竞品的平均价格，这个定价的过程就综合使用了3种商品定价策略。

素养提升

企业在日常运营过程中，应把好质量关，将为大众提供高质量的商品作为企业经营的基本要求，必须杜绝价格欺诈行为，自觉维护市场秩序，保护人民的利益。

二、商品定价的方法与技巧

商品价格不仅影响企业的利润，还决定了企业的目标客户群体，以及商品在市场竞争中所处的位置。掌握基本的定价方法与技巧，可以有效提高商品的竞争力。

- **黄金价格点法**：使用黄金价格点法确定商品价格，实际采用的是竞品参考策略。所谓黄金价格点法，指的是采集若干主要竞争商品的价格，利用其中的最低价和最高价，结合黄金分割点“0.618”来计算商品的参考定价，其计算公式为：商品参考定价=竞品最低价+(竞品最高价-竞品最低价)× 0.618。
- **非整数定价法**：这种方法可以使客户感到企业定价的认真、准确，从而相信该价格的合理性。例如，客户到超市购买洗衣液，发现了符合其购买标准的同一规格的两款洗衣液，一款洗衣液的价格是29.97元，另一款洗衣液的价格是30元，虽然只相差3分钱，但是，由于前一款洗衣液的价格低于30元，这会使客户产生“前一款洗衣液很便宜”的感觉，最终该客户购买了价格为29.97元的洗衣液。因此，企业在为商品定价时，即使是相近的价格，如果非整数小于整数，那么非整数定价往往比整数定价更容易被客户接受认可。对于价格高的商品而言，这种方法可以演变为非整十或非整百定价法，如图4-50所示。

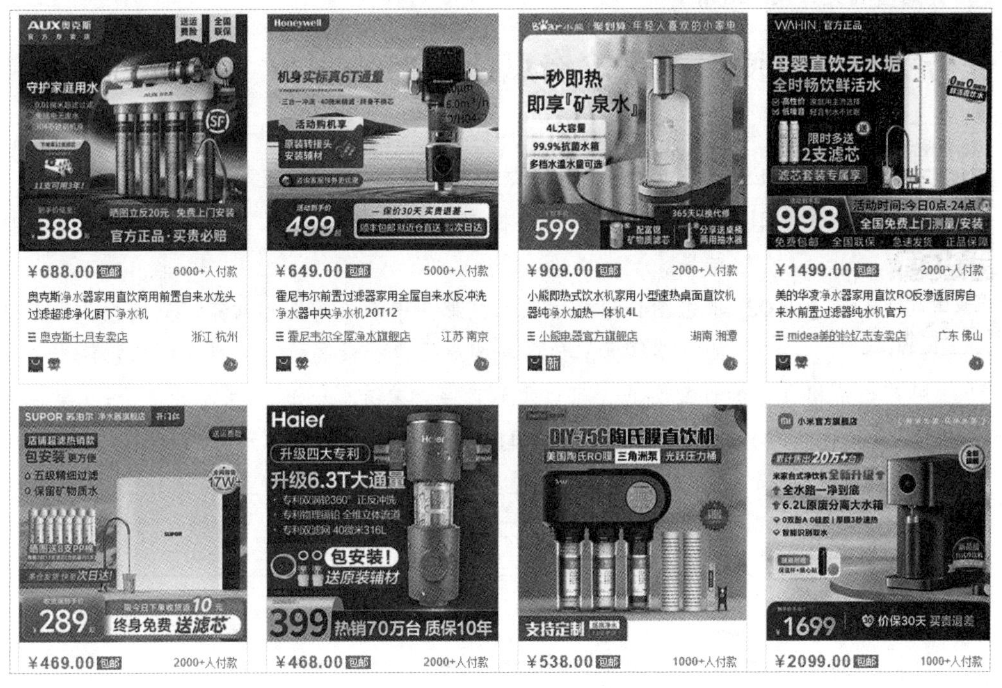

图4-50 非整十或非整百定价法

- **尾数定价法**：对于不适合采用非整数定价法定价的商品，可以采用以“8”“9”结尾的方法来定价。例如199元和200元虽然只相差1元，但是在客户心里，一个是100多元的商品，一个是200元的商品，给人的感觉大不一样。企业在采用尾数定价法时经常会用“8”或“9”来结尾，这对企业的影响不算太大，但会使客户感觉便宜了很多。
- **商品分割法**：商品分割法可以减少客户在购买商品时的支付压力，从而促进销量的增长。假设一盒饼干有20块，每块都是独立包装，售价为40元。如果按每块饼干来定价，单价为2元，总售价保持不变。这种定价方法能够给客户一种直观感受，即商品价格不高。然而，实际购买时很少有人只买一块饼干，大多数客户通常会批量购买10块、20块，甚至50块。当然，这种方法的局限性较大，其比较适合零食、糖果等商品。

- **心理账户法：**心理账户是指客户面对损失和收益时的态度。例如，某人某天手机摔坏后维修花费300元；又或者，某人某天手机摔坏后维修花费400元，但下班回家随手买彩票中了100元。两种不同场景，相同的损失金额，后一种的体验往往比前一种更好，这正是由于客户不自觉地为收益和损失设置不同的心理账户，就会用不同的维度来看待它们。再比如，不同店铺销售相同的商品和服务，甲的定价为“笔记本电脑4000元、耳机50元、鼠标50元、1年上门维修保证99元”，乙的定价为“4199元，送耳机、送鼠标、送免费1年上门维修服务”。很明显，大部分客户的心理更倾向于买乙的商品，即免费得到多种商品或服务的定价模式，而实际上这两个店铺的销售价格并没有差异。除此以外，“满减”的定价模式也属于心理账户法的典型应用，如一件标价1000元的商品打8折和满1000元减200元时，客户付出的成本是一样的，但是大部分客户的心理更倾向于后者。

任务实战——使用黄金价格点法为商品定价

微课视频
使用黄金价格点法为商品定价

本次实战需要在淘宝中采集价格范围数据和主要竞争商品的数据，然后在Excel中利用黄金价格点法为商品定价。具体操作如下。

步骤01 进入淘宝，在搜索栏中输入“净水机”，按【Enter】键显示搜索结果。

步骤02 单击图4-51所示底部柱形图中最长的图形对象，查询最受客户欢迎的价格区间。该区间的最低价和最高价显示在左侧的数值框中，利用黄金价格点法的计算公式，可以得到商品参考定价，即：竞品最低价+（竞品最高价-竞品最低价）× 0.618=415+(2979-415)×0.618=1999.552（元）。

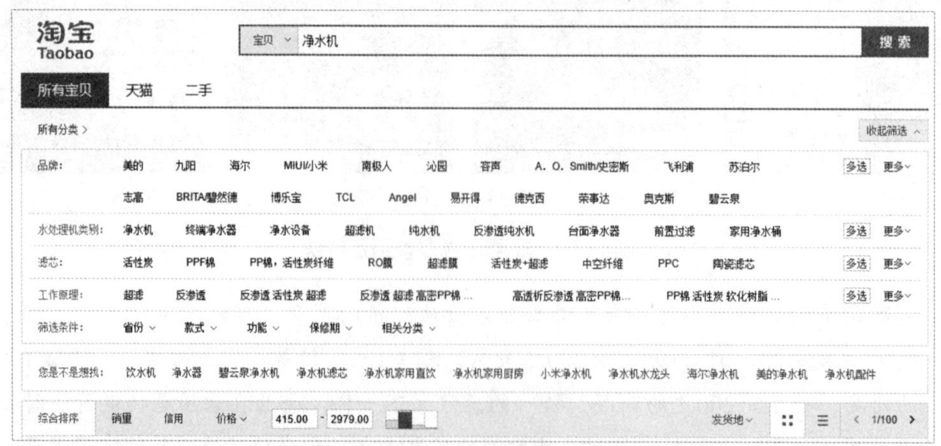

图4-51 计算商品参考定价

步骤03 在搜索结果中挑选与本商品具有竞争关系的其他商品，采集其发布价和促销价，并整理到Excel中，如图4-52所示（配套资源：\素材\项目四\商品定价.xlsx）。

P21

	A	B	C	D	E	F	G	H	I
1	序号	发布价/元	促销价/元						
2	1	1106	740						
3	2	1798	662						
4	3	662	625						
5	4	2285	1632						
6	5	2438	588						
7	6	1798	585						
8	7	2586	1106						
9	8	1095	542						
10	9	514	477						
11	10	962	770						
12	11	2105	884						
13	12	2438	585						
14	13	884	622						
15	14	2066	1585						
16	15	1006	659						
17	16	1661	1476						
18	17	2057	1029						

图4-52　采集价格数据

步骤04 选择D1单元格，输入“折扣率”。选择D2单元格，利用“促销价之和除以发布价之和”的公式计算折扣率，即在编辑栏中输入“=SUM(C2:C51)/SUM(B2:B51)”，按【Enter】键返回计算结果，如图4-53所示。

D2　=SUM(C2:C51)/SUM(B2:B51)

	A	B	C	D	E	F	G	H	I
1	序号	发布价/元	促销价/元	折扣率					
2	1	1106	740	0.623					
3	2	1798	662						
4	3	662	625						
5	4	2285	1632						
6	5	2438	588						
7	6	1798	585						
8	7	2586	1106						
9	8	1095	542						
10	9	514	477						
11	10	962	770						
12	11	2105	884						
13	12	2438	585						
14	13	884	622						
15	14	2066	1585						
16	15	1006	659						
17	16	1661	1476						
18	17	2057	1029						
19	18	551	514						
20	19	733	514						

图4-53　计算折扣率

步骤05 选择E1单元格，输入“参考定价/元”。选择E2单元格，输入利用黄金价格点法计算出的商品参考定价“1999.552”。

步骤06 选择F1单元格，输入“促销定价/元”。选择F2单元格，在编辑栏中输入“=E2*D2”，按【Enter】键返回计算结果，如图4-54所示（配套资源：\效果\项目四\商品定价.xlsx）。如果计算出来的价格处于成本毛利策略的定价范围内，且能够让企业获得合理的利润，则可以在此基础上利用非整数定价法和尾数定价法将该商品的参考定价和促销定价设为1999元和1239元。

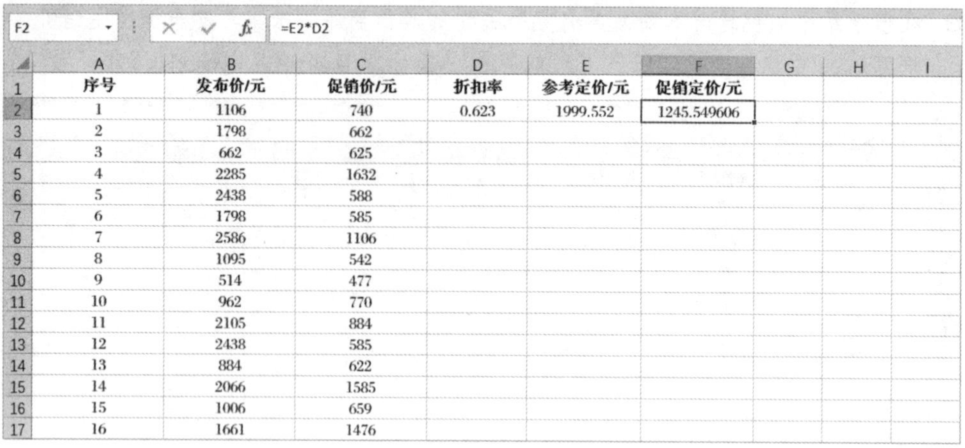

	A	B	C	D	E	F	G	H	I
1	序号	发布价/元	促销价/元	折扣率	参考定价/元	促销定价/元			
2	1	1106	740	0.623	1999.552	1245.549606			
3	2	1798	662						
4	3	662	625						
5	4	2285	1632						
6	5	2438	588						
7	6	1798	585						
8	7	2586	1106						
9	8	1095	542						
10	9	514	477						
11	10	962	770						
12	11	2105	884						
13	12	2438	585						
14	13	884	622						
15	14	2066	1585						
16	15	1006	659						
17	16	1661	1476						

F2 =E2*D2

图4-54 计算促销定价

项目小结

本项目主要介绍了商品数据的分析，通过4个任务分别对商品规划、商品流量、商品库存和商品定价的相关数据进行了分析。学习本项目后，学生不仅可以掌握通过商品数据规划商品、分析商品测试效果、寻找优质流量渠道、分析店铺页面流量、分析关键词推广效果、分析库存天数并预警、分析库存周转率、使用黄金价格点法为商品定价等操作，还可以了解商品定位、商品测试指标、流量来源分类、页面类型、关键词类型、库存体系、库存指标、定价策略、定价方法与技巧等知识点。

商品关乎民生，涉及人民群众的根本利益，商品数据运营对于一个国家的经济发展和市场监管具有重要意义。在运营过程中，企业应当秉承诚实守信、公平竞争等原则，不能为了获取利益而采取虚假宣传、价格欺诈等不正当行为。这也与党的二十大报告中提倡的“实现好、维护好、发展好最广大人民根本利益，紧紧抓住人民最关心最直接最现实的利益问题”不谋而合。

综合实训

实训一　通过分析商品数据为商品定位

本次实训采集了某店铺主要商品在一定时期内的成交额、毛利、访客数、点击量、销量、收藏量、加购量等数据，现需要利用这些数据，分析各商品的引流和转化等表现，为店铺的商品定位提供参考。

实训目标

先利用现有数据计算相应指标，然后使用柱形图和折线图展示各商品的数据，并分析各商品的表现。

实训描述

在Power BI中导入“商品定位.xlsx”文件（配套资源：\素材\项目四\综合实训\商品定位.xlsx），新建列计算各商品的点击率、转化率、收藏率、加购率、UV价值和UV利润；然后创建柱形图展示各商品的点击率、转化率、收藏率和加购率，创建折线图展示各商品的UV价值和UV利润，如图4-55所示（配套资源：\效果\项目四\综合实训\商品定位.pbix）。

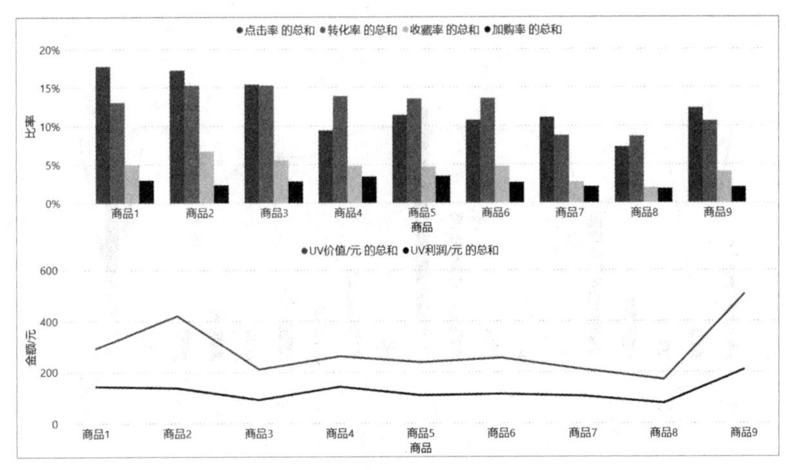

图4-55 各商品的流量、转化等数据

实训结果

根据综合实训的操作，将分析结果填写到下表中。

问题	结果
哪些商品可以定位为引流型商品？为什么？	
哪些商品可以定位为活动型商品？为什么？	
哪些商品可以定位为利润型商品？为什么？	

实训二 分析各流量渠道的转化效果

本次实训采集了某店铺各常用流量渠道在一定时期的访客数、下单买家数、支付买家数等数据，现需要利用这些数据分析哪些流量渠道的转化效果更好，为店铺调整和布局流量渠道提供数据参考。

实训目标

先利用现有数据计算下单转化率和支付转化率，然后使用组合图展示各流量渠道的数据，并分析各流量渠道的转化效果。

实训描述

在Excel中打开“流量渠道.xlsx”文件（配套资源：\素材\项目四\综合实训\流量渠道.xlsx），计算各商品的下单转化率和支付转化率（下单转化率为下单买家数与访客数的比值，支付转化率为支付买家数与下单买家数的比值）。创建组合图展示各流量渠道的下单转化率与支付转化率，其中支付转化率为次坐标轴，如图4-56所示（配套资源：\效果\项目四\综合实训\流量渠道.xlsx）。

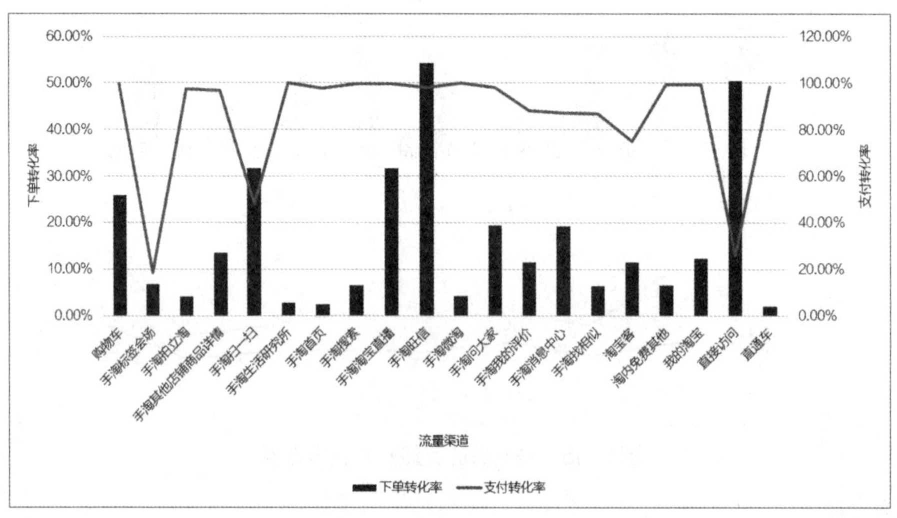

图4-56 各流量渠道的转化数据

实训结果

根据综合实训的操作，将分析结果填写到下表中。

问题	结果
哪些流量渠道的转化效果比较好？	
如何在运营中解决某些流量渠道的支付转化率过低的问题？	

实训三 分析关键词的引流与转化能力

本次实训采集了某店铺主要关键词在一定时期内的展现量、点击量和成交量等数据，现需要利用这些数据，分析各关键词的引流和转化能力。

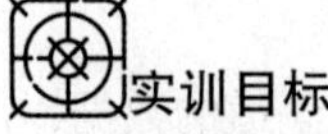

实训目标

利用现有数据分析各关键词的引流和转化表现。

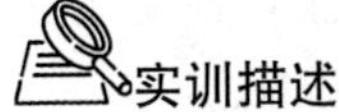实训描述

在Excel中打开“关键词.xlsx”文件（配套资源：\素材\项目四\综合实训\关键词.xlsx），计算各关键词的点击率和支付转化率。创建折线图展示各关键词的引流和转化数据，如图4-57所示（配套资源：\效果\项目四\综合实训\关键词.xlsx）。

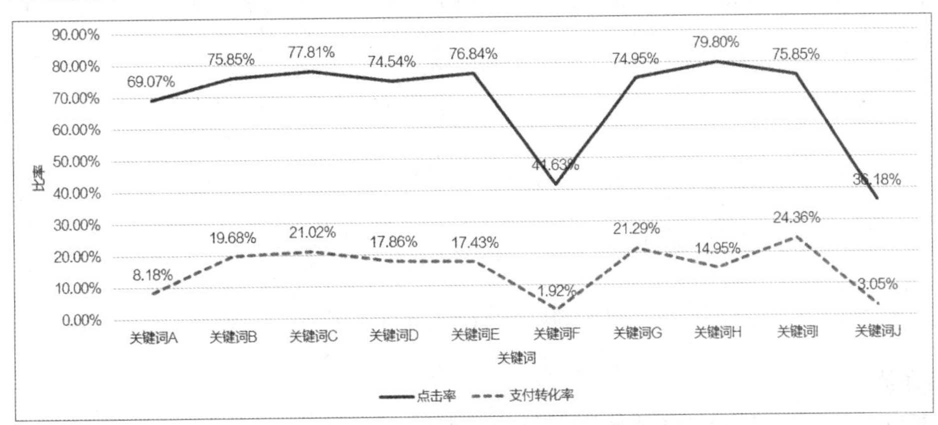

图4-57　各关键词的点击率与支付转化率

实训结果

根据综合实训的操作，将分析结果填写到下表中。

问题	结果
哪些关键词属于优质关键词？	
哪些关键词需要改善？	

实训四　分析商品库存管理效果

本次实训采集了某店铺主要商品的销量、期初库存、期末库存、库存天数和库存周转率等数据，现需要利用这些数据分析各商品的库存情况。

实训目标

利用现有数据计算库存周转率并创建散点图，通过库存天数和库存周转率分析各商品的库存情况。

实训描述

在Excel中打开“库存管理.xlsx”文件（配套资源：\素材\项目四\综合实训\库存管理.

xlsx），计算库存周转率，然后利用库存天数和库存周转率创建散点图，调整坐标轴交叉位置，制作四象限图，如图4-58所示（配套资源：\效果\项目四\综合实训\库存管理.xlsx）。

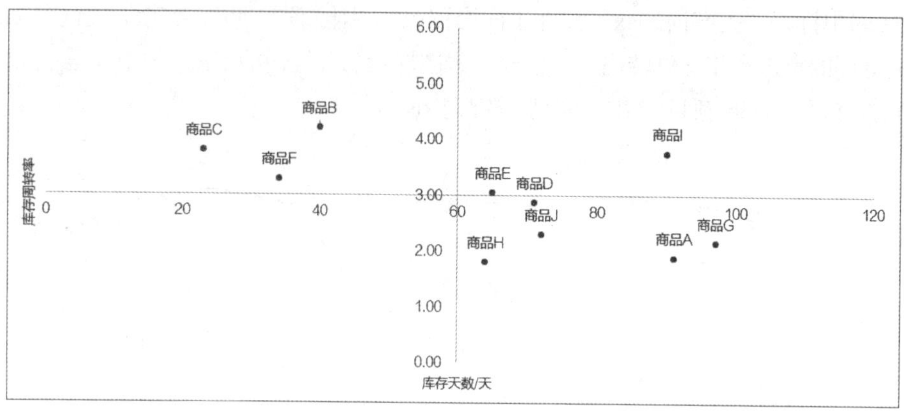

图4-58　各商品的库存情况

实训结果

根据综合实训的操作，将分析结果填写到下表中。

问题	结果
哪些商品的库存管理较为合理？	
哪些商品的库存需要管控？如何管控？	

分析销售数据

销售数据可以反映企业销售活动的相关情况，包括各种与销售有关的数据和指标，如销售额、销量、转化率、客单价、利润、利润率等。企业分析销售数据可以从多个维度入手，找到有价值的市场洞察和业务决策依据，从而提高销售能力和市场竞争力。

知识目标

- 熟悉转化漏斗模型
- 认识转化率并了解其提升方法
- 认识客单价，了解其影响因素和提升方法
- 了解利润和利润率的含义
- 了解线性预测的相关内容

技能目标

- 能够分析不同商品的转化表现
- 能够找到商品在特定时期的客单价变化趋势
- 能够对比分析不同推广活动的效果
- 能够分析商品的利润和利润率
- 能够有效预测利润数据

素养目标

- 培养使用数据模型开展数据分析的思维
- 进一步提高数据分析和运营能力

任务一　分析交易数据

交易数据能够反映企业的销售业绩，在流量数据较为稳定的条件下，交易数据的表现与转化率和客单价紧密相关。本任务将详细分析商品的转化率和客单价，并介绍在运营过程中提升转化率和客单价的方法。

相关知识

一、转化漏斗模型

转化漏斗模型将客户访问店铺到最终成交的过程划分为若干重要环节，通过一层层过滤转化人数分析各环节的转化效果，从而找到转化率过低的原因。在电商领域，转化漏斗模型可以按照在电商平台选购商品到完成支付这个流程建立。转化漏斗模型并无统一标准，只要求能够体现客户从访问店铺到购买商品、完成支付所涉及的各个环节即可。图5-1所示便为按照从访问店铺、选购商品、添加购物车到下单支付的流程建立的转化漏斗模型。

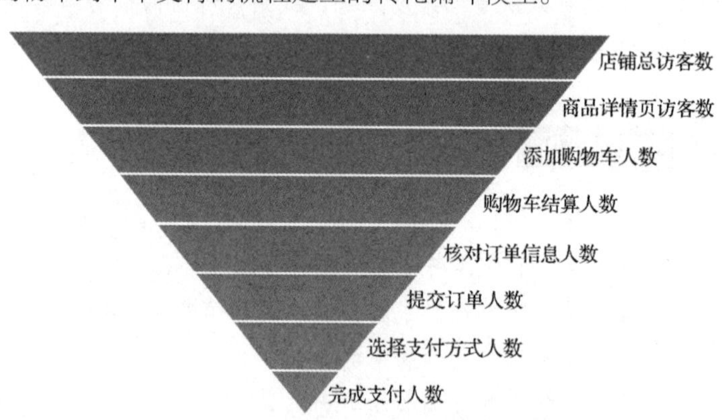

图5-1　转化漏斗模型

二、转化率及其提升方法

转化率是指在特定行为过程中，实际完成目标行为的人数与总人数之间的比例。它可以用来衡量营销活动、销售策略、用户体验等方面的效果和效率。就网上店铺转化率的提升而言，店铺可以从商品主图、商品价格、店铺首页、商品详情页和客户评价等直观因素入手。

（一）商品主图

商品主图通常是客户在搜索结果页或商品详情页最先看到的图片，其作用在于吸引客户注意并激发其购买兴趣。好的商品主图可以增加商品的曝光度，提高商品的点击率，甚至促进商品销量的增长。图5-2所示为商品主图显示效果。

要想提高商品主图的质量，可以参考以下5个方面的建议。

- **清晰**：商品主图应该具备清晰、分辨率高的特点，以确保客户清晰地看到商品的外观和细节。

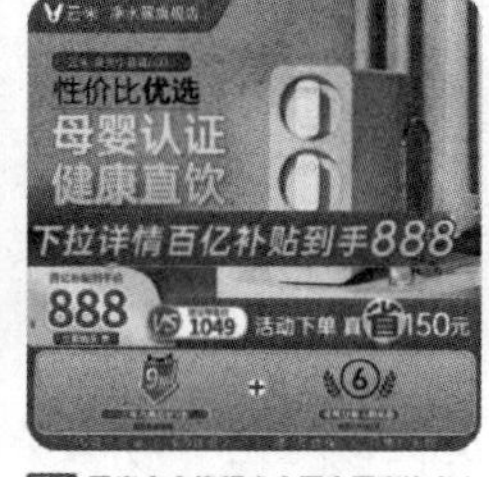

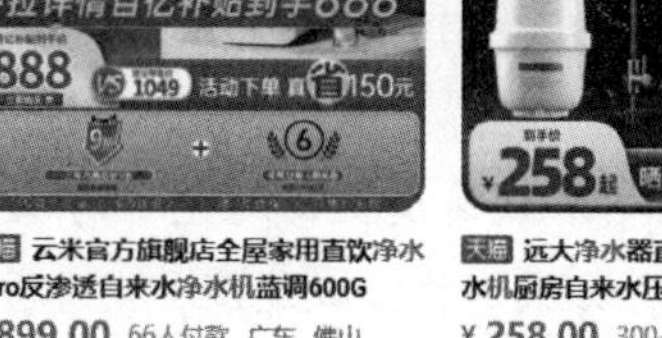

图5-2 商品主图

- **体现商品特点：**商品主图应该突出商品的特点，能够直观地传达商品的外观、功能、材质等信息。
- **吸引力强：**商品主图需要具备吸引客户点击并继续查看的作用，美观的布局、精心的背景设计、生动的场景等都可以提高商品主图的吸引力。
- **简洁明了：**商品主图应该简洁明了，避免使用过于花哨和复杂的元素，要让客户一目了然。
- **多角度：**商品主图应当从多个角度展示商品，以便客户可以全面了解商品的外观和细节。

（二）商品价格

商品价格对提升转化率有非常直接的影响，电商平台中有众多的竞争店铺和竞争商品，价格上极小的差距都有可能对转化率造成巨大的影响。确定商品价格时应当综合考虑市场需求、商品特点，以及目标客户的心理和购买行为。

要想通过商品价格提升转化率，首先应当确保商品质量，再考虑通过打折促销、捆绑销售、提升附加值等运营策略使商品价格具有更强的竞争力，这样才能确保店铺和商品在市场中占据一定的份额。

（三）店铺首页

店铺首页可以吸引客户的注意力、增强客户的购买意愿，从而提升转化率。想要提升店铺首页的效果，可以参考以下建议。

- **清晰的导航和布局：**确保店铺首页的导航栏清晰易懂，以便客户可以轻松找到所需商品或内容。同时，还要确保店铺首页布局合理，既展示商品，又突出重要内容，避免信息过载，这样才能让客户快速获取关键信息，如图5-3所示。
- **强调独特卖点：**店铺首页应当突出显示商品的独特卖点，如通过有吸引力的标题、醒目的图片、精美的设计等方式，向客户传达商品的独特价值和优势，从而吸引客户进一步了解和购买商品。
- **反馈与证明：**在店铺首页展示其他客户的正面反馈或相关认证标志，可以很好地提升客户对商品的信任度。

- **专题推荐：**在店铺首页设置专题推荐，将相关商品分类并按专题展示，如设置热销商品、折扣活动、新品发布等各种专题，吸引客户的注意。
- **个性化内容：**根据客户的喜好、历史购买数据等，对店铺首页进行个性化内容设置。通过智能推荐算法，展示与客户兴趣相关的商品或推荐搭配，可以很好地提高客户的购买兴趣和转化率。
- **加快加载速度：**确保店铺首页的加载速度快，避免长时间等待导致客户流失。例如，通过优化图片大小、压缩代码等方式加快加载速度，向客户提供更好的体验。
- **清晰的购买流程：**通过店铺首页引导客户购买，使购买流程简单明了，并提供方便的付款选项和快速的结账流程，使客户能够轻松完成购买操作。
- **积极的客户服务：**在店铺首页突出展示联系方式、在线客服等与客户沟通的渠道，及时回复客户的疑问，提供良好的售后服务，以提升客户的满意度和忠诚度。

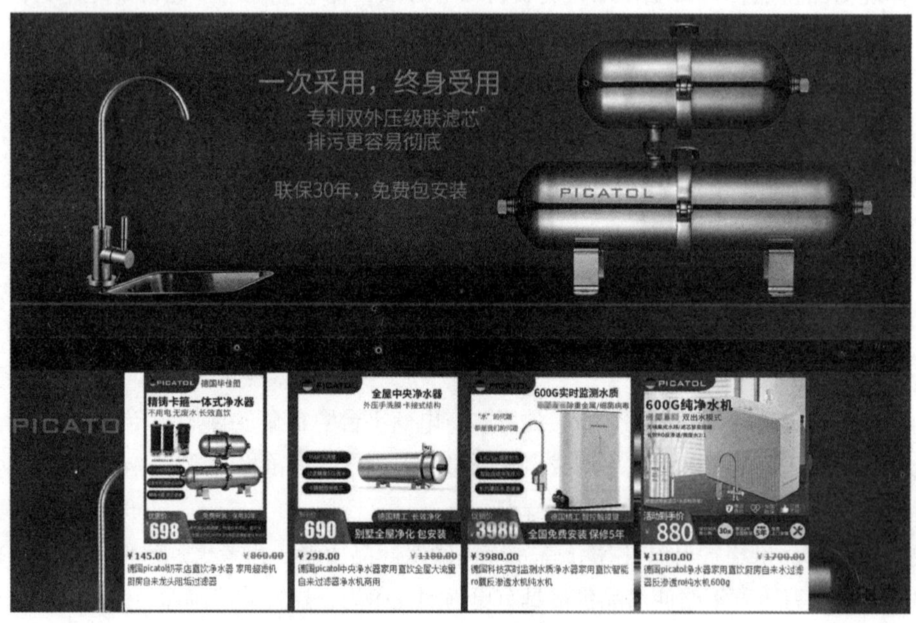

图5-3　某店铺首页效果

（四）商品详情页

商品详情页可以完整地展示商品的特点和优势，商品详情页质量的高低，可直接影响转化率的高低。在实际运营过程中，店铺可以参考以下建议优化商品详情页。

- **高质量的商品图片：**在商品详情页上展示清晰且美观全面的商品图片，多角度展示商品，使客户能够更好地了解商品。
- **清晰的视频演示：**在商品详情页上添加商品的演示视频，清晰地展示商品的功能和用途，以增强用户的购买信心。
- **详细的商品描述：**提供详细的商品描述内容，包括商品特性、规格、材料、尺寸等信息。一方面应确保描述准确、易于理解，且突出商品的独特卖点和优势；另一方面应尽可能提高文案质量，如针对不同的客户群体使用不同的文案风格。

- **权威的证明：**详细提供商品所获得的认证或奖项，以增强商品描述的真实性和可靠性，提升客户的购买信心。
- **优惠和促销活动：**在商品详情页突出显示优惠和促销活动，可以激发客户的购买欲望，如图5-4所示。

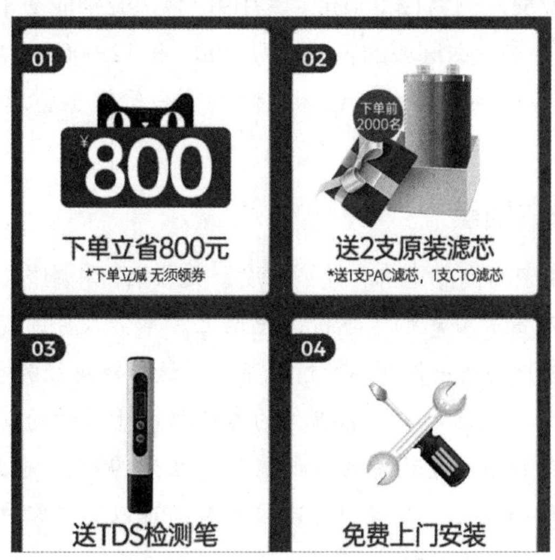

图5-4　显示优惠和促销活动

- **关联销售：**在商品详情页展示与本商品相关联的商品，如提供类似商品的链接、推荐配套的其他商品等，可以引导客户进一步浏览和购买其他商品。

（五）客户评价

客户评价是客户购买商品后的真实感受。商品越符合客户的购买预期，好评的数量一般会越多，大量的好评可以很好地提升客户的购买信心。店铺可以参考以下建议，通过客户评价提升转化率。

- **突出正面评价：**选取一些具有代表性的或正面积极的评价，将其放置在页面中显眼的位置，以吸引客户的注意。
- **消除负面评价：**耐心与给出负面评价的客户沟通，争取让客户删除负面评价。
- **及时回复评价：**无论是正面还是负面的评价，都应当及时回复，以彰显店铺良好的服务态度。
- **鼓励UGC（User Generated Content，客户生成内容）：**通过各种优惠政策鼓励客户将购买的商品和使用感受展示出来，以提升其他客户的购买信心，如图5-5所示。

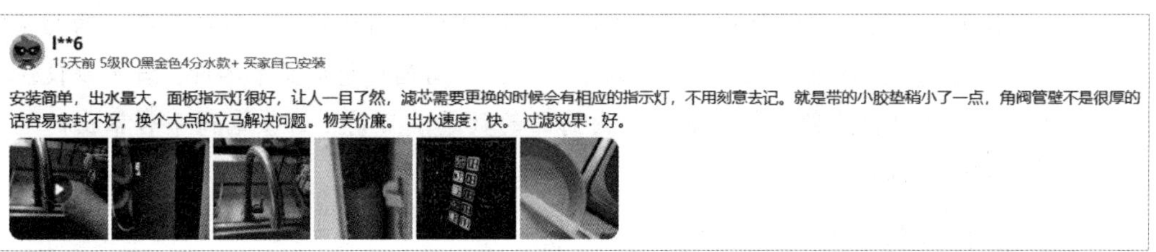

图5-5　评论区中的UGC

三、客单价的影响因素与提升方法

客单价是指每位客户平均支付的金额，是用销售总额除以总客户数得出的平均值，主要用来衡量每位客户在购物过程中的消费水平。例如，在上午11点至12点的时间段，共有10位客户在某店铺进行了消费，成交总额为12 000元。其中9位客户分别成交了1笔订单，1位客户成交了3笔订单。那么，该店铺在此时间段的客单价为1200（即12 000÷10）元。较高的客单价通常表示客户愿意花更多的钱购买商品，这意味着他们更有价值、更忠诚，对店铺利润的贡献更大。

（一）影响客单价的因素

影响客单价的因素主要有商品定价、促销力度、关联销售和购物数量等。

- **商品定价：**商品定价直接影响客单价，理论上客单价只会围绕商品定价在一定范围内上下浮动（一位客户购买一件商品的情况下），这与市场经济学中的价值规律类似。
- **促销力度：**在大型促销活动中，客单价的高低取决于活动的促销力度。例如，“双十一”活动中，某店铺设置免运费的最低消费标准为199元，也就是说客户消费满199元才能免运费。这样的设定，在促销力度较大时，可以促使客户凑单购买多件商品，这时客单价往往会比平时高不少。
- **关联销售：**关联销售是一个间接影响因素。以淘宝为例，店铺一般会在商品详情页中加入其他商品的链接。这种关联销售也是相互引流的一种方式。目前基于大数据技术的应用，大多数店铺在首页、搜索结果页、商品详情页、购物车页、订单提交页等各种页面中都会设置关联商品，如图5-6所示。

图5-6 关联销售

- **购物数量：**购物数量往往由商品类目的属性决定。例如，客户想要买一瓶矿泉水，那么可以选择就近购买。如果客户选择去大型超市，那么他预期购买的商品往往不仅是一瓶水，他可能还会顺便购买其他商品。换句话说，对于定价不同的商品，购物花费的时间成本与操作成本也会不同。基于这一点，店铺要想提高客单价，就可以设法增加单个客户购物的种类与单笔订单内商品的数量。目前，许多电商平台推出的“凑单”销售模式的原理就是如此。

（二）提升客单价的方法

提升客单价，可以从提升商品的价格和客户购买的数量入手，但由于商品价格一般不会频繁变动，因此店铺可以从提升客户购买数量的方向来考虑。

- **提供附加价值：**即设置消费额达到某个值后客户可以享受的服务，如对于一些需要安装的商品，可以策划“满××元免费上门安装”的活动。
- **价格吸引：**这种方法的常见应用就是“买一送一”“买二送三”“第二件半价”等优惠活动。其利用“买得多就赚得多”的购物心理，可以增强客户的购买欲，提升客单价。这种运营手段适合商品种类繁多、款式不一的店铺。
- **套餐：**这种运营手段适合零食等类目的商品，店铺可以根据客户属性设计不同的套餐。图5-7所示为某零食品牌设计的多种套餐，这样可以大大提高人均购买数量，从而提高客单价。

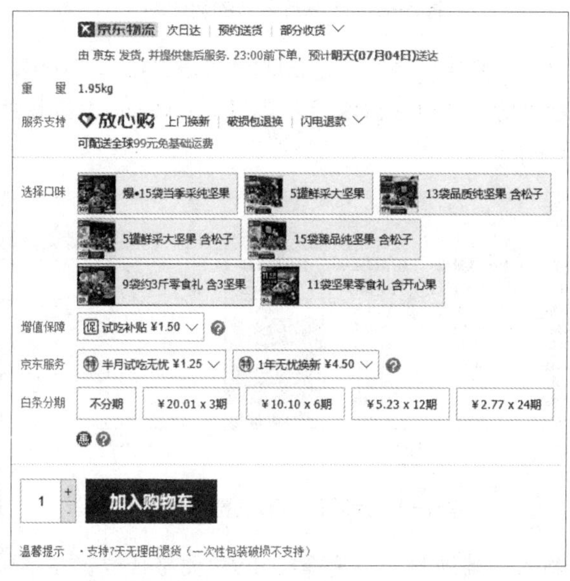

图5-7 套餐销售

- **详情页关联：**这种运营手段适合将互补的商品搭配起来销售。例如，经营女装的店铺，可以将衣服和裤子或裙子搭配好，客户在购买其中任意一种商品时，就会看到模特身穿的关联商品，这能增加客户购买其他商品的可能。
- **客服推荐：**优秀的客服人员可以赢得客户的信任，因此其推荐的商品也相当于有了一定的保证，这使得客户有更强的购买信心。

任务实战

【实战一】分析店铺各环节的整体转化率

微课视频

分析店铺各环节的整体转化率

本次实战采集了某店铺各购买环节的客户数量，下面利用Excel计算各环节的转化率和整体转化率，然后创建显示各环节整体转化率的漏斗图。具体操作如下。

步骤01 打开“转化漏斗.xlsx”文件（配套资源：\素材\项目五\转化漏斗.xlsx），在C1单元格中输入“环节转化率”，在C2单元格中输入

"100%"。选择C3:C9单元格区域，在编辑栏中输入"=B3/B2"，按【Ctrl+Enter】组合键计算各环节的转化率，如图5-8所示。

C3 =B3/B2

所处环节	客户数量/位	环节转化率
访问店铺	46792	100.00%
访问商品详情页	26979	57.66%
添加购物车	14569	54.00%
购物车结算	5726	39.30%
核对订单信息	3694	64.51%
提交订单	2604	70.49%
选择支付方式	2204	84.64%
完成支付	2004	90.93%

图5-8 计算各环节的转化率

步骤02 在D1单元格中输入"整体转化率"，在D2单元格中输入"100%"。选择D3:D9单元格区域，在编辑栏中输入"=B3/$B$2"，按【Ctrl+Enter】组合键计算各环节的整体转化率，如图5-9所示。

D3 =B3/$B$2

所处环节	客户数量/位	环节转化率	整体转化率
访问店铺	46792	100.00%	100.00%
访问商品详情页	26979	57.66%	57.66%
添加购物车	14569	54.00%	31.14%
购物车结算	5726	39.30%	12.24%
核对订单信息	3694	64.51%	7.89%
提交订单	2604	70.49%	5.57%
选择支付方式	2204	84.64%	4.71%
完成支付	2004	90.93%	4.28%

图5-9 计算各环节的整体转化率

步骤03 在E1单元格中输入"辅助列"，选择E2:E9单元格区域，在编辑栏中输入"=(100%-D2)/2"，按【Ctrl+Enter】组合键进行计算，如图5-10所示（辅助列的作用在于创建堆积条形图时能够隐藏数据系列，最终使得条形图以漏斗的形式显示出来）。

所处环节	客户数量/位	环节转化率	整体转化率	辅助列
访问店铺	46792	100.00%	100.00%	0.00%
访问商品详情页	26979	57.66%	57.66%	21.17%
添加购物车	14569	54.00%	31.14%	34.43%
购物车结算	5726	39.30%	12.24%	43.88%
核对订单信息	3694	64.51%	7.89%	46.05%
提交订单	2604	70.49%	5.57%	47.22%
选择支付方式	2204	84.64%	4.71%	47.64%
完成支付	2004	90.93%	4.28%	47.86%

图5-10 建立辅助列

步骤04 按住【Ctrl】键的同时加选A1:A9、D1:D9和E1:E9单元格区域，在【插入】/【图表】组中单击"插入柱形图或条形图"按钮右侧的下拉按钮，在弹出的下拉列表中选择"二维条形图"下的第2种图表类型。

步骤05 选择图表，在【图表工具 图表设计】/【数据】组中单击"选择数据"按钮，打开"选择数据源"对话框，在"图例项（系列）"列表框中选择"辅助列"选项，单击"上移"按钮，然后单击"确定"按钮，如图5-11所示。

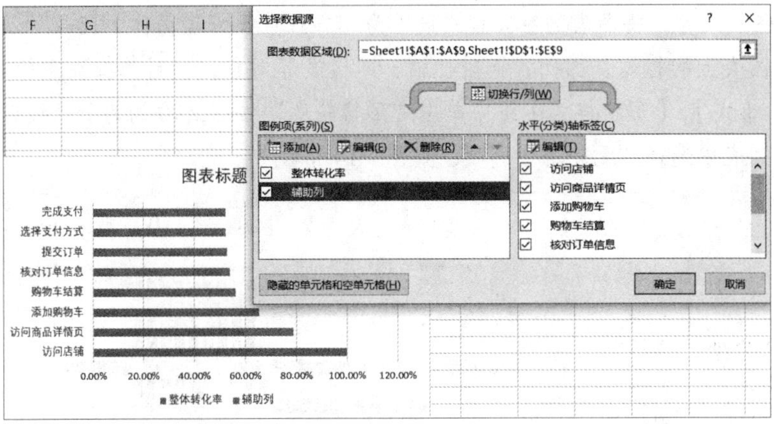

图5-11 调整图例项

步骤06 双击纵坐标轴上的文本对象，在打开的“设置坐标轴格式”任务窗格中单击选中“逆序类别”复选框，如图5-12所示。

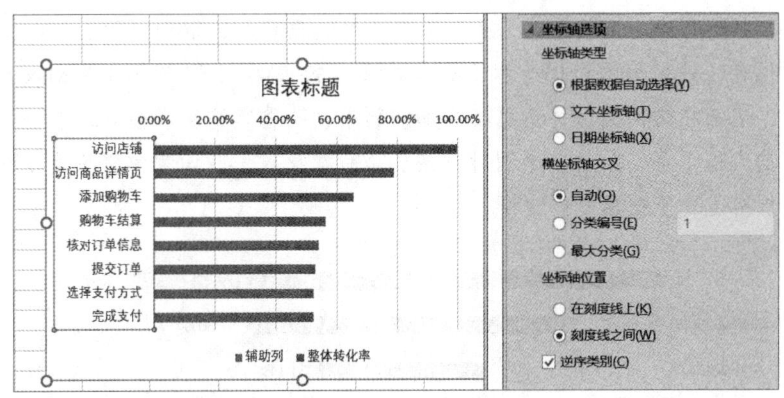

图5-12 调整显示顺序

步骤07 选中辅助列对应的数据系列，在【图表工具 格式】/【形状样式】组中单击“形状填充”按钮右侧的下拉按钮，在弹出的下拉列表中选择“无填充”选项，如图5-13所示。

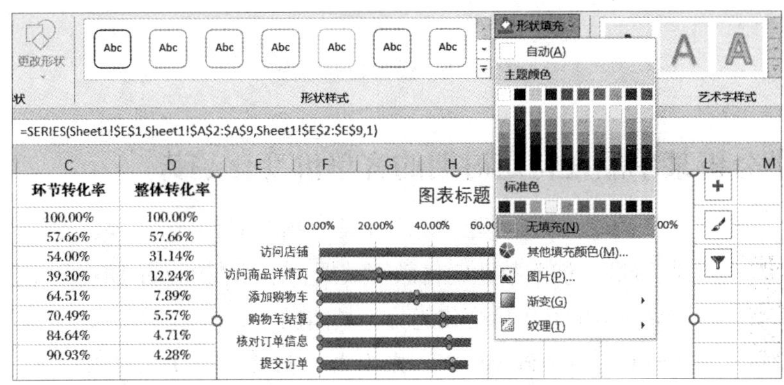

图5-13 设置无填充效果

步骤08 调整图表尺寸，将图表的字体格式设置为“方正兰亭纤黑简体，10号”。

步骤09 删除图表上的标题、图例、横坐标轴、网格线等对象，然后选择纵坐标轴，在【图表工具 格式】/【形状样式】组中单击“形状轮廓”按钮右侧的下拉按钮，在弹出的下拉列表中选择“无轮廓”选项，如图5-14所示。

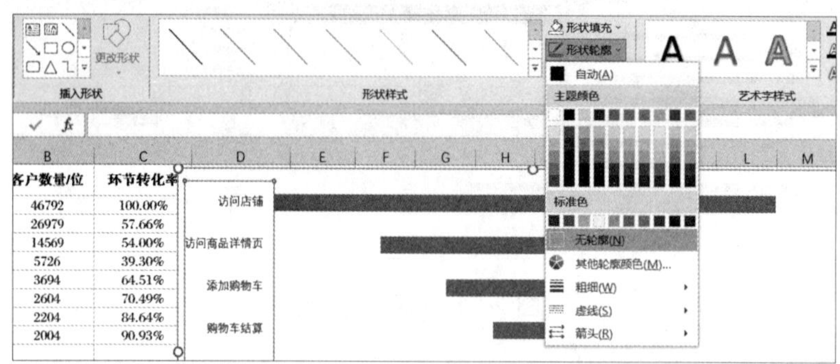

图5-14　设置无轮廓效果

步骤10 选择整体转化率对应的数据系列，为其添加数据标签，取消显示引导线，然后调整标签的位置，效果如图5-15所示（配套资源：\效果\项目五\转化漏斗.xlsx）。由图5-15可知，店铺在访问商品详情页、添加购物车、购物车结算、核对订单信息等环节的转化率均大幅下降，分析其原因时应该从商品本身入手，如考虑商品是否没有竞争力、商品价格是否不被客户接受等。

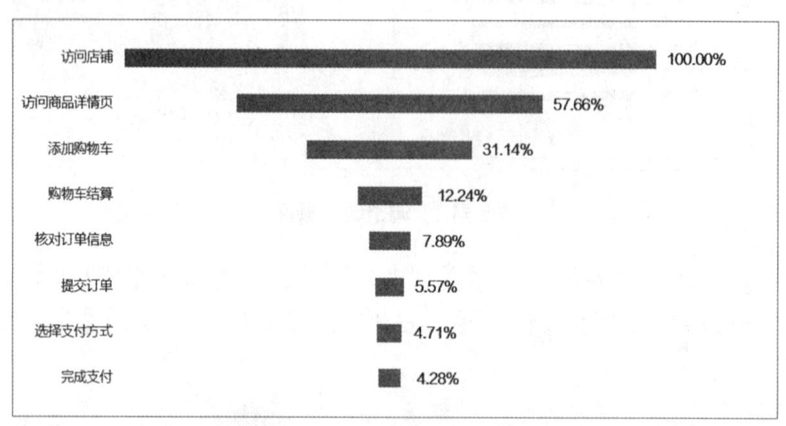

图5-15　设置数据标签

【实战二】分析某单品在特定时期的客单价变化趋势

分析某单品在特定时期的客单价变化趋势

本次实战采集了某店铺某单品在6月的访客数、支付人数、销量、收藏数、加购数、销售额等数据，下面在Power BI中利用折线图分析该单品6月的客单价变化趋势。具体操作如下。

步骤01 启动Power BI，在【主页】/【数据】组中单击“Excel工作簿”按钮，打开“打开”对话框，选择“客单价.xlsx”文件（配套资源：\素材\项目五\客单价.xlsx），然后单击“打开”按钮。打开“导航器”对话框，单击选中“Sheet1”复选框，然后单击“转换数据”按钮。

步骤02 进入Power Query编辑器的操作页面，在【添加列】/【常规】组中单击“自定义列”按钮，打开“自定义列”对话框，在“新列名”文本框中输入“客单价/元”，在“自定义列公式”栏中将计算公式设置为“= [#"销售额/元"]/[#"支付人数/位"]”，单击“确定”按钮，如图5-16所示。

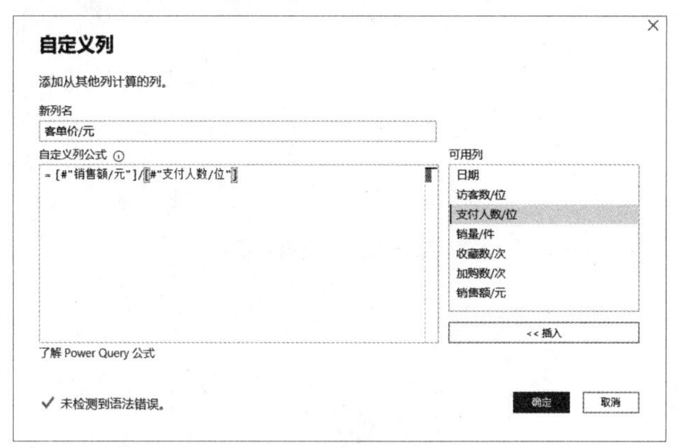

图5-16　自定义列

步骤03 在【主页】/【转换】组中将数据类型设置为“整数”，在【关闭】组中单击“关闭并应用”按钮，在“可视化”任务窗格中单击“折线图”按钮，在“数据”任务窗格中展开“Sheet1”表格选项，展开【日期】/【日期层次结构】选项，将“日”字段添加至“可视化”任务窗格中的“X轴”文本框，将“客单价/元”字段添加至“Y轴”文本框，如图5-17所示。

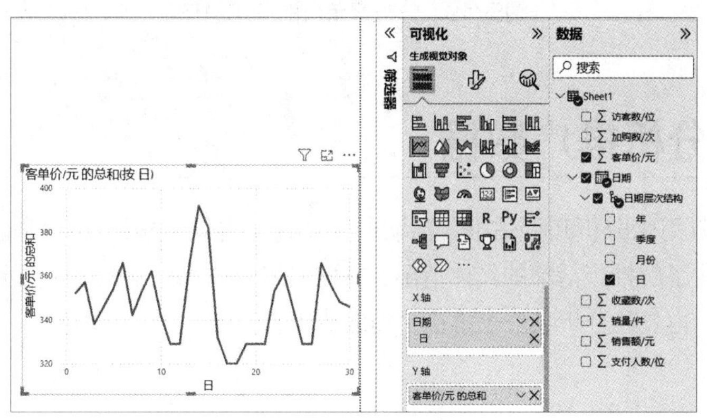

图5-17　创建折线图

步骤04 隐藏图表标题，将*X*轴和*Y*轴的标题分别修改为“日期”和“客单价/元”，将*Y*轴的最小值和最大值分别设置为“0”和“600”，如图5-18所示。

步骤05 适当调整图表尺寸，效果如图5-19所示（配套资源：\效果\项目五\客单价.pbix）。由图可知，6月该单品的客单价比较稳定，在300～400元的范围内波动。其中，14日和15日的客单价最高，可以进一步分析这两天的销售数据，分析客户的购物行为，从中找到提升客单价的方法。

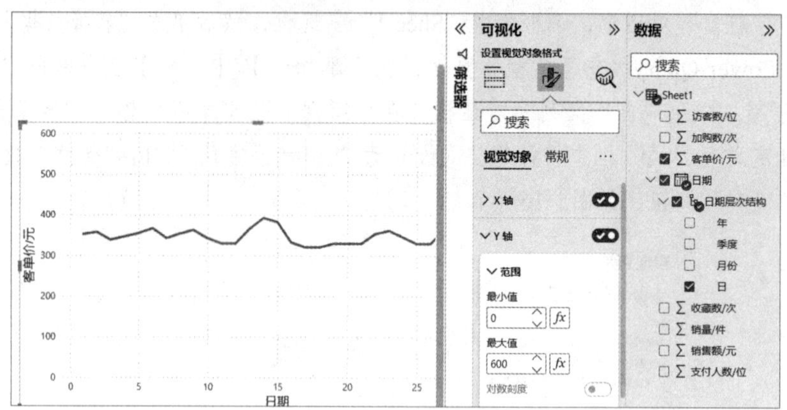

图5-18 设置图表

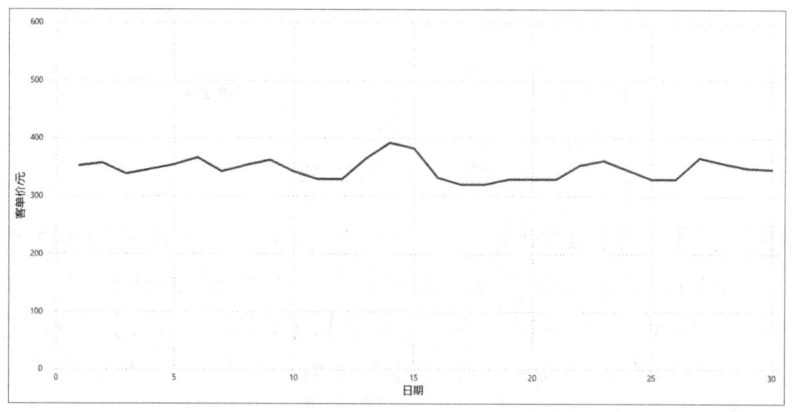

图5-19 分析客单价的变化趋势

任务二 分析推广数据

推广数据可以用来分析和评估推广活动的表现，它提供了关于推广活动效果和效益的信息，可以帮助企业了解推广活动的具体情况，并做出相应的优化决策。本任务将对比多个推广活动的效果，然后再具体分析某一个推广活动的效果。

相关知识

一、分析推广数据的意义

微课视频

电商企业的成本构成

企业进行营销推广的目的是让商品、服务或品牌具有更强的竞争力，尤其希望能够借助营销推广在短时间内有针对性地提高知名度和销量。基于此，分析推广数据的意义主要体现在以下3个方面。

- **提升价值**：衡量营销推广的效果是否符合企业的预期，深度挖掘营销推广数据的潜在价值，找到更有效的营销推广渠道和方法。

- **吸引客户**：能够有针对性地优化推广内容，并通过数据分析找准客户的喜好，让营销推广活动更受客户青睐，达到吸引客户和提升客户活跃度的目的。
- **增加转化**：找到推广过程中出现问题的环节，并及时调整和优化，从而提升营销推广效果。

二、活动推广的效果体现

分析活动推广效果时，应重点关注活动的流量、转化、拉新和留存等核心维度。

- **流量**：分析活动的流量情况，如访客数、点击量、点击率、跳失率。
- **转化**：分析活动的转化情况，如收藏数、加购数、成交订单数、收藏转化率、加购转化率、支付转化率等。
- **拉新**：分析活动的客户增长情况，如新访客数、新访客数占比、新收藏数等。
- **留存**：分析活动结束后客户的留存情况，如会员数、交易次数等。

任务实战

【实战一】对比店铺各推广活动的效果

本次实战采集了推广活动的相关数据，包括访客数、新访客数、收藏数、新收藏数、加购数、新加购数、成交订单数等，下面利用Power BI分析活动的转化和拉新效果。具体操作如下。

微课视频

对比店铺各推广活动的效果

步骤01 启动Power BI，在【主页】/【数据】组中单击“Excel工作簿”按钮，打开“打开”对话框，选择“推广活动.xlsx”文件（配套资源：\素材\项目五\推广活动.xlsx），然后单击“打开”按钮。打开“导航器”对话框，单击选中“Sheet1”复选框，然后单击“转换数据”按钮。

步骤02 进入Power Query编辑器的操作页面，在【添加列】/【常规】组中单击“自定义列”按钮，打开“自定义列”对话框，在“新列名”文本框中输入“新访客占比”，在“自定义列公式”栏中将计算公式设置为“= [#"新访客数/位"]/[#"访客数/位"]”，单击“确定”按钮。

步骤03 在【主页】/【转换】组中单击“数据类型：任意”按钮右侧的下拉按钮，在弹出的下拉列表中选择“百分比”选项，如图5-20所示。

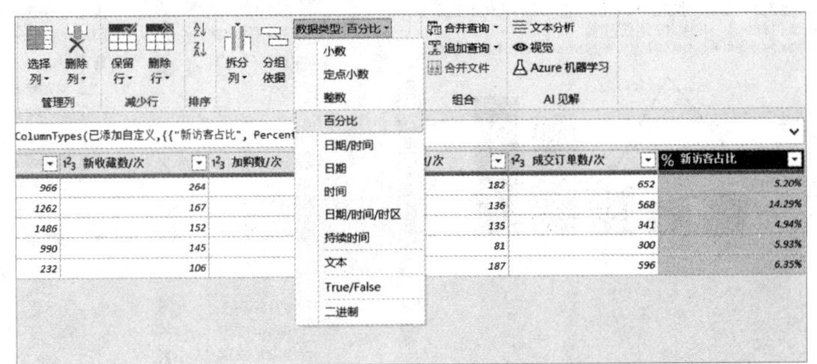

图5-20 设置数据类型

步骤04 按相同方法新建“收藏转化率（收藏数/访客数）”“新收藏占比（新收藏数/收藏数）”“加购转化率（加购数/访客数）”“新加购占比（新加购数/加购数）”“支付转化率（成交订单数/访客数）”列，并将数据类型设置为“百分比”，效果如图5-21所示。

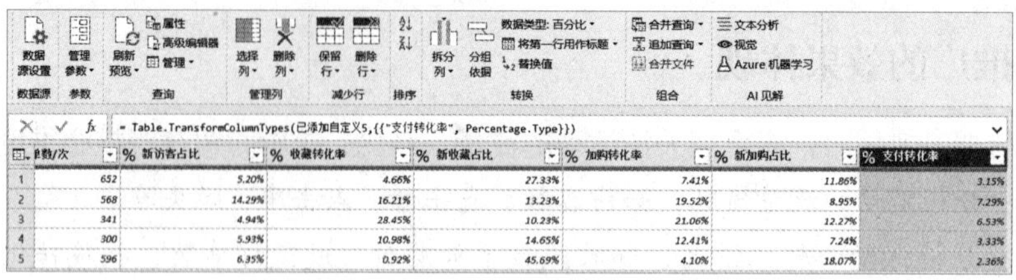

= Table.TransformColumnTypes(已添加自定义5,{{"支付转化率", Percentage.Type}})

	单数/次	新访客占比	收藏转化率	新收藏占比	加购转化率	新加购占比	支付转化率
1	652	5.20%	4.66%	27.33%	7.41%	11.86%	3.15%
2	568	14.29%	16.21%	13.23%	19.52%	8.95%	7.29%
3	341	4.94%	28.45%	10.23%	21.06%	12.27%	6.53%
4	300	5.93%	10.98%	14.65%	12.41%	7.24%	3.33%
5	596	6.35%	0.92%	45.69%	4.10%	18.07%	2.36%

图5-21　新建列并设置数据类型

步骤05 在【关闭】组中单击“关闭并应用”按钮，在报表视图模式下单击左侧的“数据视图”按钮进入数据视图模式，将所有新建列的数据格式均设置为“百分比”，效果如图5-22所示。

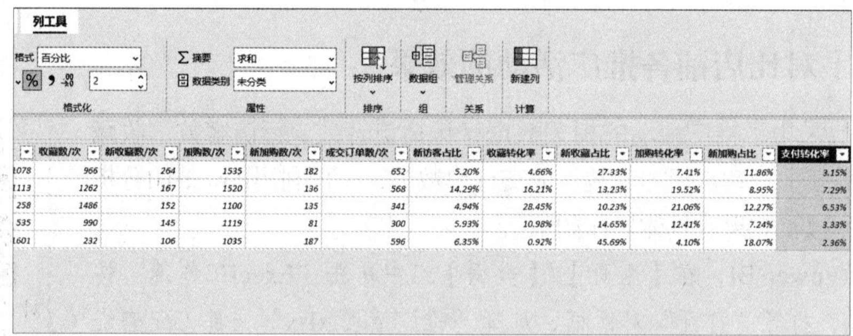

	收藏数/次	新收藏数/次	加购数/次	新加购数/次	成交订单数/次	新访客占比	收藏转化率	新收藏占比	加购转化率	新加购占比	支付转化率
1078	966	264	1535	182	652	5.20%	4.66%	27.33%	7.41%	11.86%	3.15%
1113	1262	167	1520	136	568	14.29%	16.21%	13.23%	19.52%	8.95%	7.29%
258	1486	152	1100	135	341	4.94%	28.45%	10.23%	21.06%	12.27%	6.53%
535	990	145	1119	81	300	5.93%	10.98%	14.65%	12.41%	7.24%	3.33%
1601	232	106	1035	187	596	6.35%	0.92%	45.69%	4.10%	18.07%	2.36%

图5-22　调整数据格式

步骤06 单击左侧的“报表视图”按钮返回报表视图模式，在“可视化”任务窗格中单击“折线和簇状柱形图”按钮，将“活动名称”字段拖曳至“X轴”文本框，将“访客数/位”字段拖曳至“列y轴”文本框，将“收藏转化率”“加购转化率”“支付转化率”字段拖曳至“行y轴”文本框，如图5-23所示。

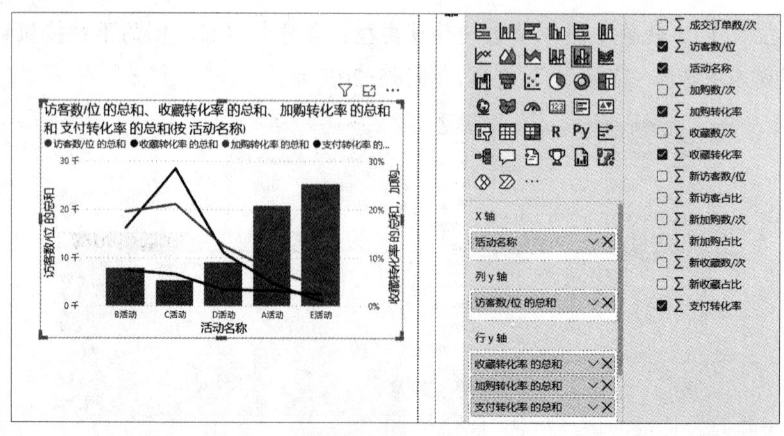

图5-23　创建组合图

步骤07 单击图表右上角的“更多选项”按钮⋯，在弹出的列表中选择【排列 轴】/【活动名称】选项，再次单击该按钮，在弹出的列表中选择【排列 轴】/【以升序排序】选项，然后调整图表尺寸，效果如图5-24所示。

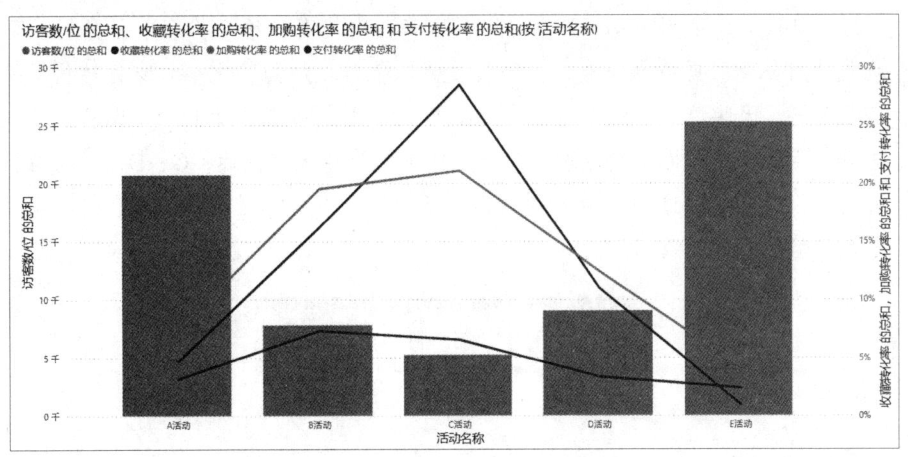

图5-24 调整图表数据排列顺序和图表尺寸

步骤08 隐藏图表标题，将*Y*轴标题修改为“访客数/位”，值的单位设置为“无”；将辅助*Y*轴标题修改为“比率”；将*X*轴、*Y*轴和辅助*Y*轴的字体大小均设置为“14”。

步骤09 将图例位置设置为“靠上居中”，字号设置为“14”，并加粗显示。在“视觉对象”选项卡中展开【行】/【颜色】选项，重新调整各转化率对应的折线颜色，使其更容易区分，效果如图5-25所示。由图可知，C活动的收藏转化率和加购转化率都是最高的，支付转化率位列第2，这说明该活动的推广效果非常不错。但碍于访客数过少，因此C活动无法取得较好的销售成绩，店铺应想办法增加其流量和曝光度，提升访客数。与之相反的是E活动，虽然其访客数最高，但收藏转化率、加购转化率和支付转化率都是最低的，推广效果最差，店铺应当调整推广策略。B活动、D活动也有较大的潜力，店铺同样应考虑提升其访客数。A活动的销售效果一般，但由于访客体量较大，因此店铺可以考虑如何提升其转化率。

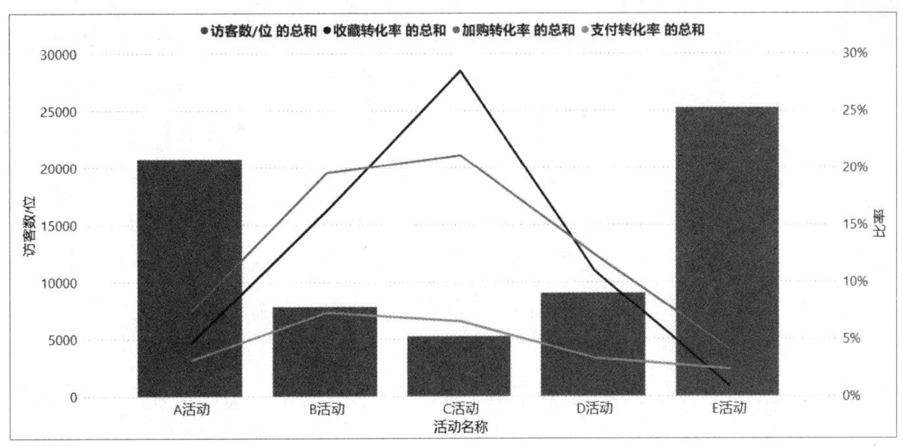

图5-25 美化图表

步骤10 单击“新建页”按钮 + 新建报表页面，创建折线图，将“活动名称”字段添加至“X轴”文本框，将“新访客占比”“新收藏占比”“新加购占比”字段添加至“Y轴”文本框，并按同样的方法美化图表，效果如图5-26所示（配套资源：\效果\项目五\推广活动pbix）。由图可知，B活动的新访客占比较高，结合推广效果分析，可知该活动在后期会吸引更多的流量，由于其收藏转化率、加购转化率和支付转化率等指标的表现较好，因此该活动的潜力较大；A、E活动的新收藏占比和新加购占比较高，说明这两个活动能吸引更多的流量，店铺应侧重改善转化率指标；C、D活动的拉新效果不太理想，但考虑到这两个活动的转化率指标表现不差，因此店铺应当想办法提高其曝光率，强化引流效果。

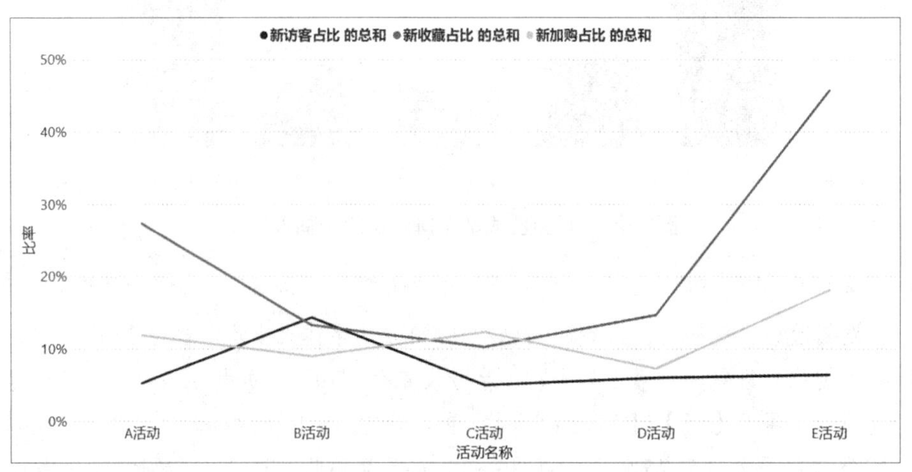

图5-26 创建并设置折线图

【实战二】分析单一推广活动的效果

本次实战采集了某店铺在推广活动期间每日的访客数和支付转化率，下面在Excel中分析活动的整体推广效果以及访客数和支付转化率的相关性。具体操作如下。

步骤01 打开“活动数据.xlsx”文件（配套资源：\素材\项目五\活动数据.xlsx），单击Excel的“文件”选项卡，选择左侧列表中的“选项”选项，打开“Excel选项”对话框，选择左侧列表中的“加载项”选项。然后单击下方的“转到”按钮，打开“加载项”对话框，单击选中“分析工具库”复选框，单击“确定”按钮，如图5-27所示。

步骤02 此时“数据”选项卡中将出现“分析”组，其中便加载了“数据分析”按钮。选择表格中的所有数据，创建组合图中的第2种图表类型，其中折线图对应的支付转化率数据系列为次坐标轴。

步骤03 删除图表标题，调整图表尺寸，将图表的字体格式设置为“方正兰亭纤黑简体，10号”。添加主要横坐标轴、主要纵坐标轴和次要纵坐标轴的标题，内容分别为“日期”“访客数/位”“支付转化率”，效果如图5-28所示。

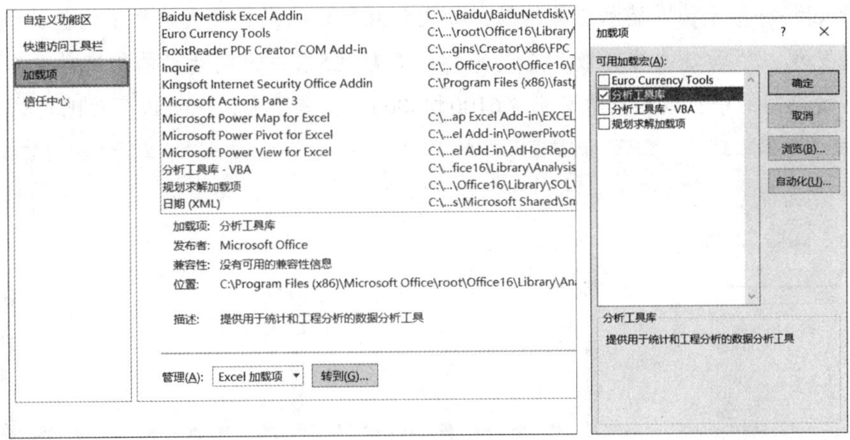

图5-27 加载分析工具库

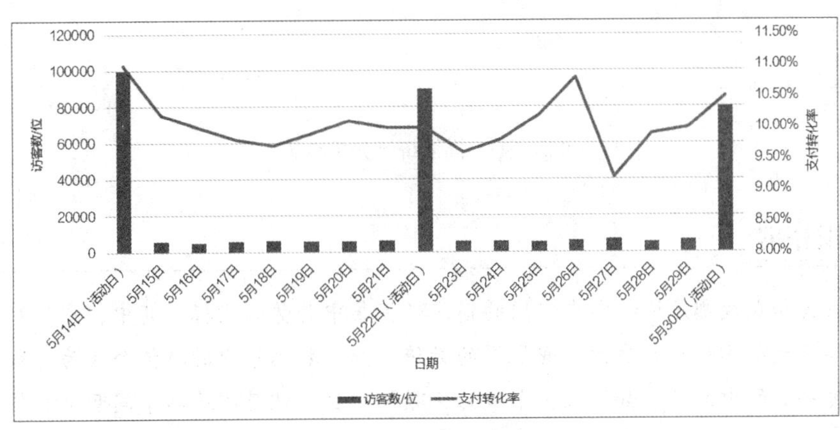

图5-28 调整组合图布局

步骤04 单击【数据】/【分析】组中的“数据分析”按钮，打开“数据分析”对话框，在“分析工具”列表框中选择“描述统计”选项，单击“确定”按钮。打开“描述统计”对话框，将输入区域设置为B2:B18单元格区域，选中“输出区域”单选项，将输出区域指定为A21单元格，然后单击选中对话框下方的4个复选框，最后单击“确定”按钮，如图5-29所示。

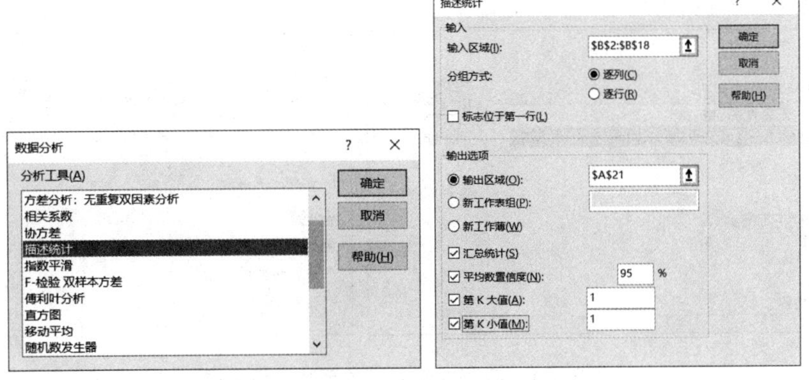

图5-29 应用并设置描述统计分析工具

步骤05 Excel将在指定位置显示统计结果，如图5-30所示。通过最大值和平均值的统计结果可以发现，活动日的访客数几乎是平均访客数的5倍，说明活动的推广效果较好。整个活动期间的中位数和众数分别为6100和6000，相差不大，说明访客数比较稳定。

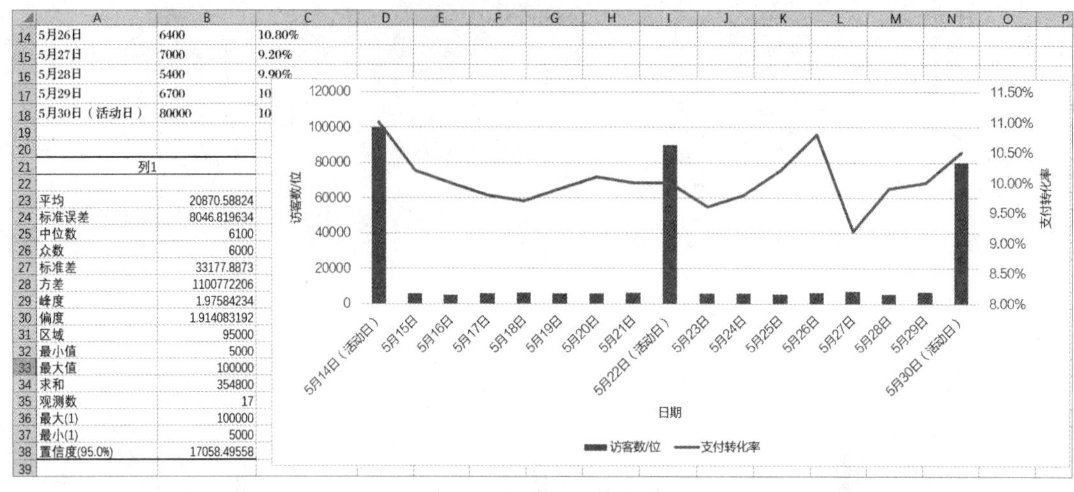

图5-30 描述统计分析结果

 知识拓展

中位数和众数都是统计学中常用的描述数据集中趋势的指标。其中，中位数指的是将数值按照大小排序后，位于中间位置的数值。如果数据集中的数值个数为奇数，中位数就是排序后的中间值；如果数值个数为偶数，中位数就是排序后中间两个数值的平均值。众数指的是数据集中出现频率最高的数值，一个数据集可能有一个或多个众数，也可能没有众数。

步骤06 单击【数据】/【分析】组中的“数据分析”按钮，打开“数据分析”对话框，在“分析工具”列表框中选择“相关系数”选项，单击“确定”按钮。打开“相关系数”对话框，将输入区域设置为B1:C18单元格区域，单击选中“标志位于第一行”复选框，然后选中“输出区域”单选项，将输出区域指定为E1单元格，最后单击“确定”按钮，如图5-31所示。

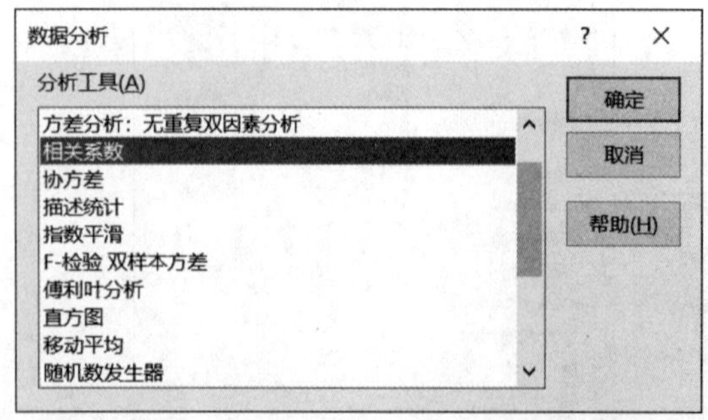

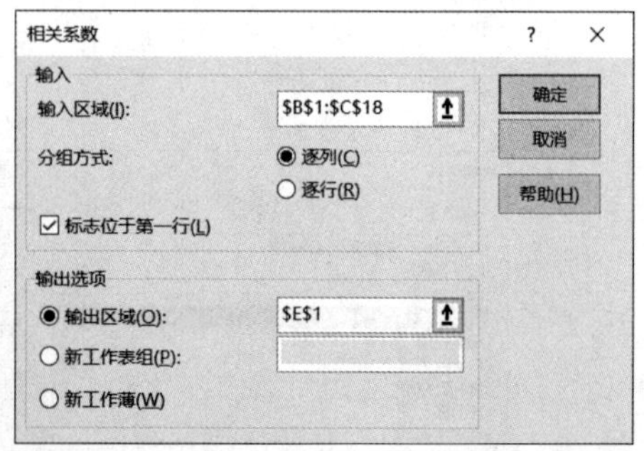

图5-31 应用并设置相关系数分析工具

步骤07 调整E～G列的宽度，在组合图的折线上单击鼠标右键，在弹出的快捷菜单中选择“添加趋势线”命令，在图表上添加趋势线，效果如图5-32所示（配套资源：\效果\项目五\活动数据.xlsx）。由于受到活动日的影响，图表中访客数柱形图和支付转化率折线图两者之间未清晰呈现较为明显的关系。但根据表格中相关性分析结果可知，访客数和支付转化率的相关系数约为0.53，说明两者的相关性较强：访客数增加，支付转化率会增加；访客数下降，支付转化率会下降。

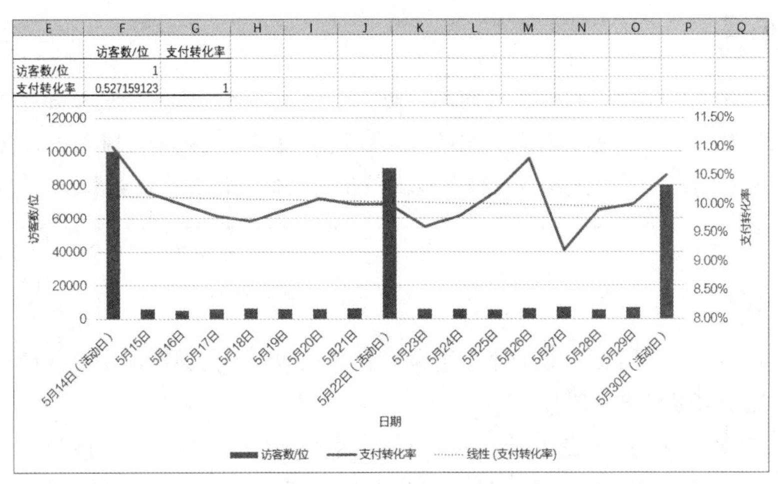

图5-32 相关性分析结果

任务三 分析利润数据

利润在企业运营中具有多重意义，它不仅是衡量经济效益的指标，还能对制定决策、推动创新等产生积极影响。本任务将简单分析利润数据，完成对店铺不同商品类目的利润和利润率的分析工作，并预测店铺下半年的利润数据。

动画

影响店铺盈利的因素

相关知识

一、利润与利润率

在会计学中，利润指的是企业在一定会计期间内所取得的经营成果，利润率则是用来比较不同商品的利润水平、确定增量销售的价值、指引定价和制定促销策略的指标。对于商务数据分析，特别是电商领域的商务数据分析而言，我们可以结合图5-33简单理解这两个指标的含义。

- **利润**：指店铺收入与成本的差额，其计算公式为：利润=成交金额-总成本。
- **利润率**：包括销售利润率、成本利润率等，用于衡量销售、成本等项目的价值转化情况。图5-33中的利润率为销售利润率，其计算公式为：销售利润率=利润÷成交金额×100%。如果需要计算成本利润率，其计算公式为：成本利润率=利润÷总成本×100%。

月份	成交量/件	平均成交价格/元	成交金额/元	总成本/元	利润/元	利润率
1月	856	154.70	132423.20	82574.00	49849.20	37.64%
2月	1005	156.40	157182.00	90630.00	66552.00	42.34%
3月	695	134.30	93338.50	64448.00	28890.50	30.95%

图5-33　店铺利润数据

知识拓展

销售利润率是一定时期内销售利润总额与销售收入总额的比率，它表明单位销售收入获得的利润，侧重反映销售收入和利润的关系；成本利润率则是一定时期内销售利润总额与销售成本总额的比率，它表明单位销售成本获得的利润，侧重反映成本和利润的关系。

二、线性预测

通过预测和分析利润数据，企业不仅可以有针对性地开展营销活动来提高销量，还能科学地降低成本，做到开源节流两不误。

预测数据较常用的方法是线性预测法，该方法是指通过一个变量来预测另一个变量的变化趋势。例如，店铺根据设定的成交量目标，预测可能发生的成本费用数据。

在Excel中可以利用TREND函数进行线性预测，该函数的语法格式为：TREND(known_y's, [known_x's], [new_x's], [const])。各参数的作用分别如下。

- known_y's：表示关系表达式 $y = mx + b$ 中已知的 y 值集合。
- known_x's：表示关系表达式 $y = mx + b$ 中已知的可选 x 值集合。
- new_x's：表示使函数 TREND 返回对应 y 值的新 x 值。
- const：表示是否将常量 b 强制设为 0，此参数是非必要参数，可以省略。

任务实战

【实战一】分析不同商品类目的利润与利润率

微课视频

分析不同商品类目的利润与利润率

本次实战采集并整理了各个商品类目在特定时期的销售和成本数据，下面利用Excel分析各商品类目的利润与利润率情况。具体操作如下。

步骤01 打开“利润数据.xlsx”文件（配套资源：\素材\项目五\利润数据.xlsx），在F1单元格中输入“利润/元”，选择F2:F5单元格区域，在编辑栏中输入“=B2-C2-D2-E2”，按【Ctrl+Enter】组合键计算各商品类目的利润。

步骤02 在G1单元格中输入“销售利润率”，选择G2:G5单元格区域，在编辑栏中输入“=F2/B2”，按【Ctrl+Enter】组合键计算各商品类目的销售利润率。

步骤03 在H1单元格中输入“成本利润率”，选择H2:H5单元格区域，在编辑栏中输入“=F2/SUM(C2:E2)”，按【Ctrl+Enter】组合键计算各商品类目的成本利润率，如图5-34所示。

H2 =F2/SUM(C2:E2)

	A	B	C	D	E	F	G	H
1	类目	销售总额/元	进货成本/元	推广成本/元	其他成本/元	利润/元	销售利润率	成本利润率
2	软水机	389033.6	245765	42050	12040	89178.6	22.9%	29.7%
3	净饮机	82154.8	60460	5200	3645	12849.8	15.6%	18.5%
4	超滤机	73832.2	45020	3890	1200	23722.2	32.1%	47.3%
5	滤芯及耗材	34883.2	22650	2640	4500	5093.2	14.6%	17.1%
6								

图5-34 计算成本利润率

知识拓展

Excel中出现的“警告”标志代表软件判断出可能的操作错误。将鼠标指针移至该标志上，单击出现的下拉按钮，弹出的下拉列表中的第1个选项就介绍了可能的错误，如果确认操作无误，可选择“忽略错误”选项取消显示该标志。

步骤04 以所有数据为数据源创建数据透视表，将“类目”字段添加到“行”列表框，将“利润/元”“销售利润率”“成本利润率”字段添加到“值”列表框。

步骤05 在数据透视表的基础上创建数据透视图，类型为组合图，其中利润数据系列为“簇状柱形图”，销售利润率和成本利润率数据系列均设置为次坐标轴的“折线图”。

步骤06 为图表应用“布局7”样式，添加次要纵坐标轴标题，然后将主要横坐标轴、主要纵坐标轴和次要纵坐标轴的标题分别修改为“类目”“利润/元”“利润率”。

步骤07 将图例位置调整到图表下方，将次要纵坐标轴的数据类型设置为“百分比”，将整个图表的字体格式设置为“方正兰亭纤黑简体、10号”，将两条折线设置为不同的格式以便区分，最后调整图表尺寸，效果如图5-35所示（配套资源：\效果\项目五\利润数据.xlsx）。由图可知，该店铺的利润主要来源于软水机，这是店铺运营的主力商品类目。从利润率来看，超滤机的销售利润率与成本利润率都是最高的，说明该商品类目的成本控制得较好，盈利能力较强，该商品类目是有较大利润空间的类目。净饮机和滤芯及耗材这两个类目，无论是利润还是利润率的表现都不太理想。店铺应当重点运营软水机类目，加强超滤机类目的推广、引流和销售等工作，并想办法控制净饮机和滤芯及耗材的运营成本。

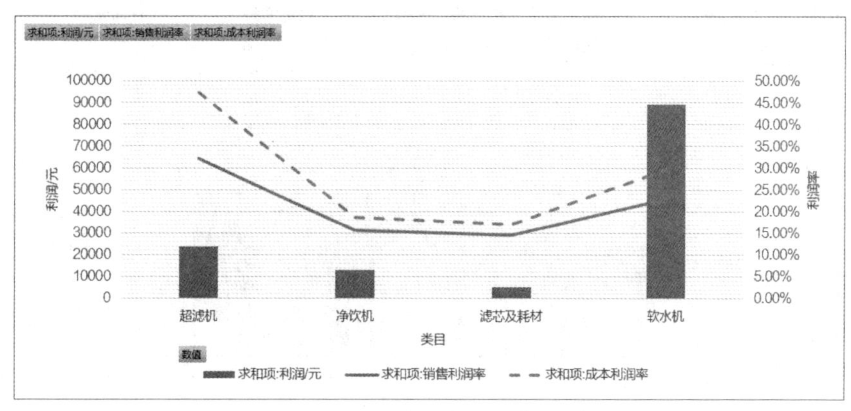

图5-35 创建并设置数据透视图

【实战二】预测店铺下半年的利润数据

本次实战整理了某店铺上半年的销售和成本数据，以及下半年每月的销售目标，下面在Excel中利用预测功能预测下半年各月的成本和利润。具体操作如下。

步骤01 打开“数据预测.xlsx”文件（配套资源：\素材\项目五\数据预测.xlsx），选择C8单元格，单击编辑栏中的“插入函数”按钮f_x，打开“插入函数”对话框，在“或选择类别”下拉列表框中选择“统计”选项，在下方的列表框中选择“TREND”选项，单击“确定”按钮。

步骤02 打开“函数参数”对话框，将C2:C7单元格区域的地址引用到“Known_y's”文本框，将B2:B7单元格区域的地址引用到“Known_x's”文本框，将B8:B13单元格区域的地址引用到“New_x's”文本框，单击“确定”按钮，如图5-36所示。

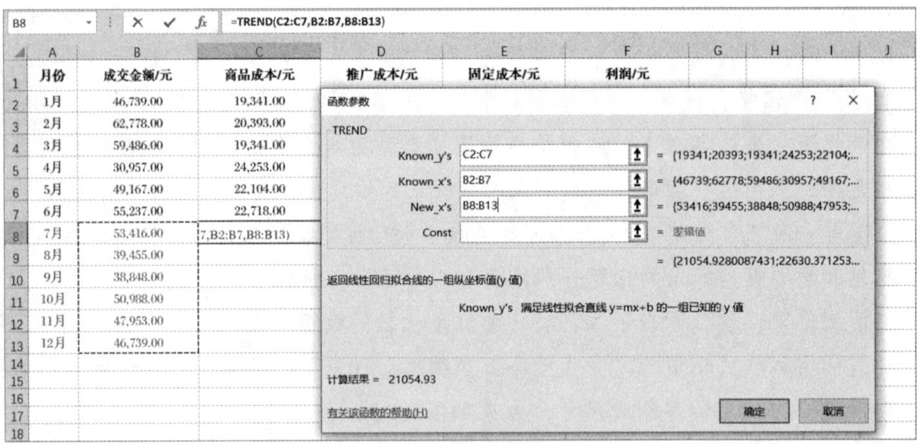

图5-36 设置函数参数

步骤03 向右拖曳C8单元格右下角的填充柄至E8单元格，然后继续向下拖曳填充柄至E13单元格，快速得到下半年各月的预测数据，如图5-37所示。

C8 =TREND(C2:C7,B2:B7,B8:B13)

月份	成交金额/元	商品成本/元	推广成本/元	固定成本/元	利润/元
1月	46,739.00	19,341.00	8,881.00	6,313.00	
2月	62,778.00	20,393.00	9,341.00	9,630.00	
3月	59,486.00	19,341.00	7,323.00	5,457.00	
4月	30,957.00	24,253.00	5,481.00	6,313.00	
5月	49,167.00	22,104.00	8,551.00	10,058.00	
6月	55,237.00	22,718.00	7,806.00	8,560.00	
7月	53,416.00	21054.93	8032.41	7827.23	
8月	39,455.00	23286.95	7044.16	7216.83	
9月	38,848.00	23380.81	6979.60	7149.08	
10月	50,988.00	22161.09	7843.58	8422.99	
11月	47,953.00	22441.79	7714.28	8213.47	
12月	46,739.00	22588.57	7533.20	7856.90	

图5-37 填充函数

步骤 04 选择F2:F13单元格区域，在编辑栏中输入“=B2-SUM(C2:E2)”，按【Ctrl+Enter】组合键计算每月的利润，如图5-38所示。

F2 =B2-SUM(C2:E2)

月份	成交金额/元	商品成本/元	推广成本/元	固定成本/元	利润/元
1月	46,739.00	19,341.00	8,881.00	6,313.00	12,204.00
2月	62,778.00	20,393.00	9,341.00	9,630.00	23,414.00
3月	59,486.00	19,341.00	7,323.00	5,457.00	27,365.00
4月	30,957.00	24,253.00	5,481.00	6,313.00	-5,090.00
5月	49,167.00	22,104.00	8,551.00	10,058.00	8,454.00
6月	55,237.00	22,718.00	7,806.00	8,560.00	16,153.00
7月	53,416.00	21054.93	8032.41	7827.23	16501.43
8月	39,455.00	23286.95	7044.16	7216.83	1907.06
9月	38,848.00	23380.81	6979.60	7149.08	1338.51
10月	50,988.00	22161.09	7843.58	8422.99	12560.34
11月	47,953.00	22441.79	7714.28	8213.47	9583.46
12月	46,739.00	22588.57	7533.20	7856.90	8760.34

图5-38 计算利润

步骤 05 以月份和利润为数据源创建折线图，为其应用“布局7”样式，删除图例，将横坐标轴和纵坐标轴的标题分别修改为“月份”和“利润/元”，将图表的字体格式设置为“方正兰亭纤黑简体，10号”，调整图表尺寸，效果如图5-39所示（配套资源：\效果\项目五\数据预测.xlsx）。由图可知，下半年的预测利润数据呈下滑趋势，这与制定的目标成交金额相关，同时店铺需要控制相应成本，并力求完成每月的目标成交金额，避免利润数据表现不佳。

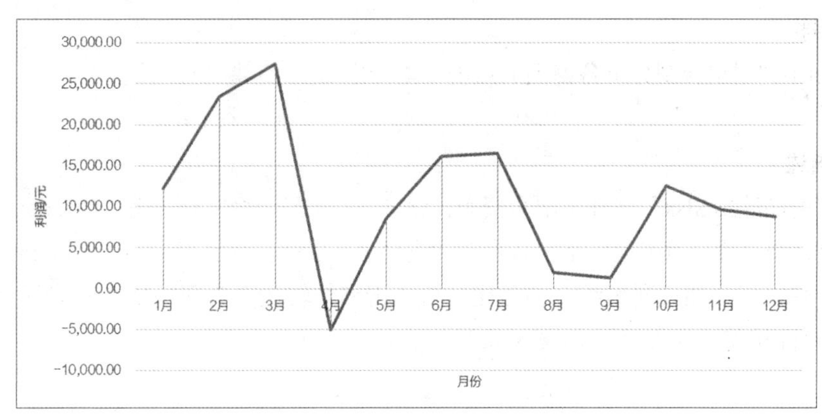

图5-39 创建并设置折线图

素养提升

数据虽然具有回顾历史、总结现在、预测未来的作用，但并不是万能的。特别是对于数据预测而言，由于未来具有不确定性，预测的结果并不是完全准确的。就商业运营而言，企业采取的策略、投入的成本、计划的完成度等，都会影响数据的预测结果。我们可以借助数据进行分析和预测，但不能迷信数据，认为数据分析和预测的结果是完全准确的。

项目小结

本项目主要介绍了分析销售数据的内容，通过3个任务分别对交易数据、推广数据、利润数据进行了分析。通过学习本项目，学生不仅可以掌握分析转化率、客单价变化趋势、推广活动效果、商品类目的利润与利润率、预测利润数据等操作，还可以了解转化漏斗模型、转化率及其提升方法、客单价的影响因素与提升方法、分析推广数据的意义、推广活动的效果体现、利润与利润率、线性预测等知识点。

销售数据非常重要，企业通过它可以了解商品表现、评估销售业绩、指导市场决策、规划销售目标等。在分析销售数据时，企业应注意数据的准确性、完整性、一致性和时效性，同时遵守隐私和合规要求，这样才能更好地利用销售数据做出有价值的运营决策。

综合实训

实训一　分析商品的点击率与转化率表现

本次实训采集了某店铺主要商品的访客数、浏览量、点击量、下单客户数、支付客户数等数据，现需要利用这些数据，分析各商品的点击率和转化率情况，为店铺运营和商品布局提供参考。

实训目标

在Excel中利用组合图分析各商品的点击率与转化率。

实训描述

打开“商品数据.xlsx”文件（配套资源：\素材\项目五\综合实训\商品数据.xlsx），根据其中的访客数、浏览量、点击量、下单客户数和支付客户数等数据计算各商品的点击率、下单转化率和支付转化率，然后利用组合图对比分析点击率与转化率表现，如图5-40所示（配套资源：\效果\项目五\综合实训\商品数据.xlsx）。

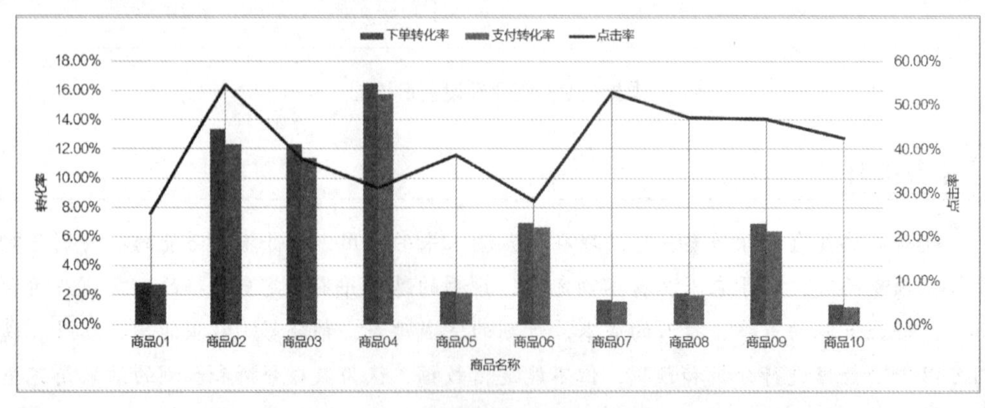

图5-40　各商品的点击率与转化率表现

实训结果

根据综合实训的操作，将分析结果填写到下表中。

问题	结果
该店铺哪些商品的引流效果较好？	
该店铺哪些商品的转化效果较好？	

实训二　分析商品交易数据

本次实训采集了某店铺某商品在6月每日的销量、销售额、访客数、交易客户数等数据，现需要利用这些数据分析该商品的交易表现，为店铺后期上新和活动推广提供有价值的信息。

实训目标

在Power BI中分析该商品的客单价和交易转化率情况。

实训描述

导入“交易数据.xlsx”文件（配套资源：\素材\项目五\综合实训\交易数据.xlsx），建立“交易转化率”和“客单价/元”列，利用公式计算相应数据。创建组合图展示该商品每日的客单价和交易转化率情况，如图5-41所示（配套资源：\效果\项目五\综合实训\交易数据.pbix）。

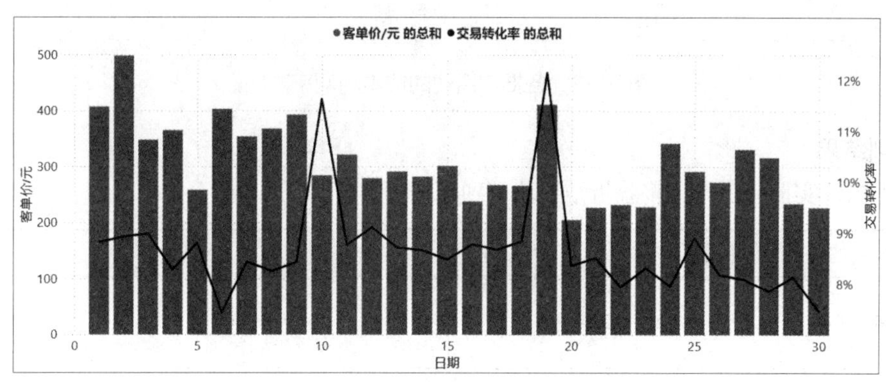

图5-41　商品6月每日的客单价和交易转化率

实训结果

根据综合实训的操作，将分析结果填写到下表中。

问题	结果
该商品在6月的客单价是否稳定？	
该商品的客单价与交易转化率是否有密切关系？	

实训三　分析推广活动的成本利润率

本次实训采集了某店铺在特定时期内参与的主要推广活动的成本和成交额数据，现需要利用这些数据分析各推广活动的成本利润率。

实训目标

通过分析成本利润率找到适合店铺的推广活动。

实训描述

打开“推广成本.xlsx”文件（配套资源：\素材\项目五\综合实训\推广成本.xlsx），计算各推广活动的利润和成本利润率，然后建立成本利润率柱形图并进行分析，如图5-42所示（配套资源：\效果\项目五\综合实训\推广成本.xlsx）。

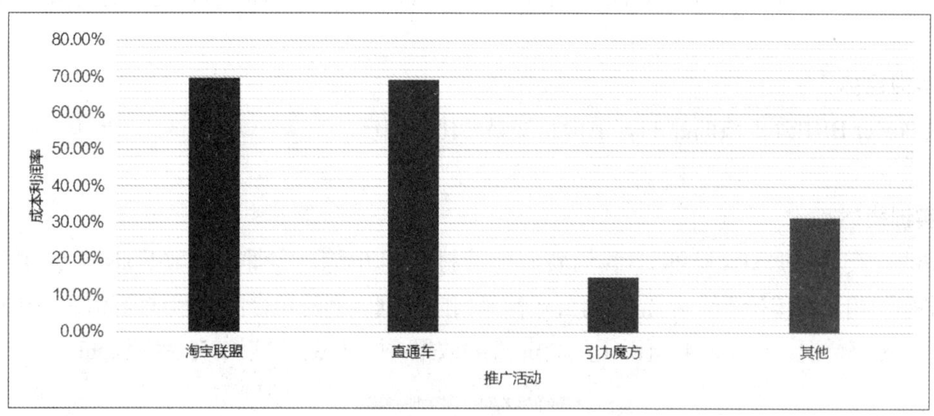

图5-42　各推广活动的成本利润率对比

实训结果

根据综合实训的操作，将分析结果填写到下表中。

问题	结果
成本利润率如何计算？能够反映什么问题？	
从成本利润率来看，该店铺适合开展哪个或哪些推广活动？	

分析DSR评分与客服数据

在电商领域，DSR（Detail Seller Rating，详细的卖家评级）评分系统是一种店铺评级系统。在不同的电商平台，评级系统的规则不尽相同，它能够反映店铺的商品、服务等的质量。DSR评分与客服数据分析是店铺数据化运营的重要组成部分，DSR评分和客服效率越高，店铺运营的状态就越好。

知识目标

- 了解DSR评分的构成及其对店铺的影响
- 熟悉提升DSR评分的方法
- 了解KPI考核系统
- 熟悉常见的客服指标

技能目标

- 能够通过计算DSR评分推算店铺所需5分好评的数量
- 能够建立客服KPI考核系统
- 能够分析客服人员的工作表现

素养目标

- 培养有效沟通的意识，锻炼沟通技巧
- 认识服务的重要性，树立正确的服务态度

任务一 分析DSR评分

DSR评分不仅可以反映店铺各方面的服务质量，还能体现店铺的信用程度。管理好DSR评分，店铺可以提升竞争力，使自身在发展、竞争的过程中处于更有利的地位。本任务以淘宝DSR评分为例，介绍DSR评分的构成情况、DSR评分对店铺的影响、DSR评分的计算方法，以及DSR评分的提升方法等。

岗课赛证链接

相关知识

一、DSR评分的构成情况

当前，淘宝的DSR评分系统主要指的是动态评分系统，其以半年为评分周期，涉及“宝贝描述”“卖家服务”“物流服务”3个指标，三者分别对应的是“宝贝与描述相符”“卖家的服务态度”“物流服务的质量”这三大项目。当指标评分等于或高于同行业平均水平时，数据将呈红色显示；当指标评分低于同行业平均水平时，数据则将呈绿色显示，如图6-1所示。

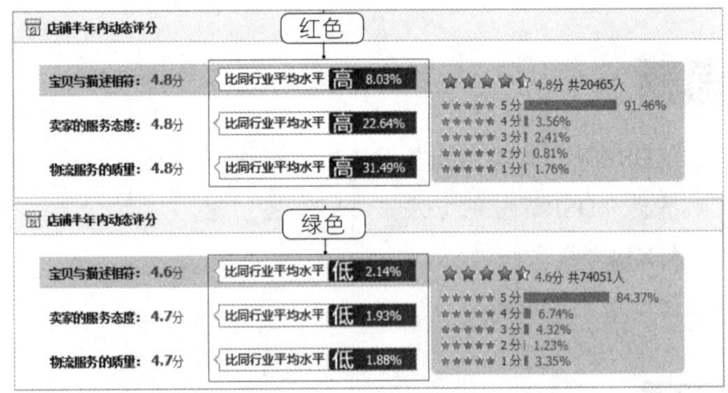

图6-1　不同店铺的DSR评分显示状态

二、DSR评分对店铺的影响

DSR评分对店铺来说非常重要，较高的DSR评分可以提升店铺的曝光率和商品排名、影响客户的决策和消费行为、提升店铺的信誉度、降低退货率和纠纷率、影响店铺的官方活动参与资格等。

（一）对曝光率和商品排名的影响

电商平台通常会根据DSR评分来确定店铺的曝光率和商品排名，较高的DSR评分可以提高店铺在搜索结果中的曝光率和商品排名，使更多的潜在客户能够看到店铺的商品。以淘宝为例，当店铺上架新的商品时，每个商品都会有一个基础权重，其主要由店铺权重与商品权重构成。DSR评分则在店铺权重中占据着非常重要的位置，DSR评分越高，店铺权重越高，商品在搜索结果中的排名也就越靠前。

（二）对客户决策和消费行为的影响

店铺的DSR评分越高，客户越有可能选择购买该店铺的商品，因为他们相信该店铺提供的商品质量应该比较好。相反，如果店铺的DSR评分较低，客户可能会降低对该店铺的信任度。因此，DSR评分的高低与商品的成交量往往有非常直接的联系。例如，某店铺为了提高DSR评分，特意制订了主动回访客户的计划，对客户进行一对一电话回访，由于其服务真诚细致，许多没有评价的客户纷纷给出好评，使DSR评分由“绿”转“红”，最终使得该店铺的访问量、成交量日益攀升。由此可见，在电商运营环境下，信用能够给客户带来安全感，而DSR评分能够充分体现店铺的信用情况。

（三）对店铺信誉度的影响

DSR评分是客户对店铺商品质量和服务质量的评价，它可以直接反映店铺的信誉。较高的DSR评分可以使店铺建立良好的信誉，提升客户对店铺的信任度；店铺拥有足够高的信誉度后，会吸引越来越多的客户前来购买商品。对商家和客户而言，这样就产生了双赢的效果。

（四）对退货率和纠纷率的影响

DSR评分还会影响店铺的退货率和纠纷率。如果店铺的DSR评分较低，说明大多数客户对店铺的商品和服务质量不满意，这就可能会使退货率和纠纷率上升，导致额外的成本和运营困扰。

（五）对官方活动参与资格的影响

淘宝几乎所有的官方活动都会对店铺的DSR评分有明确要求。如果店铺的DSR评分在活动规定的标准以下，那么即便商品再好，店铺也不能参加官方活动。例如，图6-2所示为淘宝某活动对店铺的要求，其就对店铺的DSR评分做出了明确规定，如果不符合要求，店铺就无法参加活动。

活动规则　店铺要求

规则分类	规则内容
近半年店铺 3 项DSR评分均值	近半年店铺DSR评分 3 项指标均值不得低于4.7（开店不足半年的自开店之日起算）,主营一级类目为保险的店铺除外
近半年店铺物流服务DSR	近半年店铺DSR评分 3 项指标分别不得低于4.6（开店不足半年的自开店之日起算），主营一级类目为保险、特价酒店/特色客栈/公寓旅馆的店铺除外。
近半年宝贝描述相符DSR	近半年店铺DSR评分 3 项指标分别不得低于4.6（开店不足半年的自开店之日起算），主营一级类目为保险、特价酒店/特色客栈/公寓旅馆的店铺除外。
近半年商家服务态度DSR	近半年店铺DSR评分 3 项指标分别不得低于4.6（开店不足半年的自开店之日起算），主营一级类目为保险、特价酒店/特色客栈/公寓旅馆的店铺除外。
大促虚假交易	报名店铺在近30天的营销平台活动大促中不得存在虚假交易行为

图6-2　淘宝某活动对店铺的要求

三、DSR评分的计算方法

DSR评分的计算方法为：将连续6个月内客户给予店铺的评分总和与该时期内的评分次数相除，得到最终的结果。例如，“宝贝与描述相符”项目近半年内共有100位客户参与评分，每位客户只参与了1次。其中，评5分的有92位，评4分的有5位，评3分的有1位，评2分的有1位，评1分的有1位。因此该项目的平均分=（92×5+5×4+1×3+1×2+1×1）÷100=4.86分，那么该项目的最终得分就显示为4.8分。按照同样的计算方法，可以计算“卖家的服务态度”和“物流服务的质量”这两个项目的评分。

四、提升DSR评分的方法

店铺要想提升DSR评分，可以直接从提升DSR评分的三大项目的评分入手。

（一）提升“宝贝与描述相符”的评分

“宝贝与描述相符”主要从客户对购物后得到的商品体验角度出发，反映商品与店铺描述相符的程度。该项目可以避免店铺以欺骗性的手段来销售商品，提高店铺的信用程度，增加客户网购的安全感。店铺要想提升“宝贝与描述相符”的评分，应该重点从商品质量、图片内容以及商品大小等方面来考虑。

- **商品质量：**商品质量最终决定店铺的竞争力。高品质的商品在交易后，基本上都能得到客户的一致好评；相反，劣质的商品无论价格如何低廉、店铺装修如何精美，客户最终都会有受到欺骗的感觉，这会严重损害客户的购物体验，导致店铺得到差评的概率上升。
- **图片内容：**店铺的商品主图、详情页的商品细节图等与商品相关的图片，都是客户了解和观察商品的直接渠道，如果图片内容与商品的实际情况相符，客户一般会给予好评；如果实物与图片的反差极大，客户大概率会给予差评或较低的评分。店铺除了要保证图片精美，能够较好地体现商品的特点外，更重要的是保证图片如实反映商品情况，不具有欺骗性，这样才能让客户有“物有所值”或“物超所值”的感受，才能提升“宝贝与描述相符”的评分。
- **商品大小：**商品大小同样会影响客户的购物体验，也是“宝贝与描述相符”项目的重要参考指标，店铺应该予以足够的重视。商品大小很容易造成客户的心理误差，即便店铺描述的是真实尺寸，但一些客户由于没有心理预期，就会在收到实物后主观感觉商品过大或过小。特别是有较多尺寸参数的商品，除了有真实的数据呈现外，最好还能有直观的对比效果，这样才能让客户了解商品的实际大小。对于一些无法确保尺寸完全正确的商品，店铺可以在尺码图中附上“因测量方法和工具有异，可能会存在1～3cm的误差”等提醒，让客户知道商品尺寸可能存在一定的误差。

（二）提升“卖家的服务态度”的评分

提供优质的服务是店铺提高DSR评分的关键。越来越多的店铺开始重视客服环节，严格考核客服人员的态度、客服人员的响应时间、客服人员的专业程度等，就是为了通过提升服务水平来赢得好口碑，以吸引新客户、留住老客户，最终提高DSR评分。

客户在购物时，经常会与客服人员沟通。在这个过程中，客户往往能对客服人员的服务态度有直接了解。在咨询客服人员时，客服人员的响应时间、态度、建议、专业程度等，都会影响客户的购物体验。店铺可以通过建立客服KPI考核系统来对客服人员进行管理，具体内容在本项目的任务二中会进行介绍。

（三）提升“物流服务的质量”的评分

“物流服务的质量”主要涉及发货速度、发货检查、商品包装等，做好这些方面的工作，店铺的物流服务质量评分就能得到提升。

- **发货速度：**发货速度是指从客户下单到店铺发出商品的时间长短。正常情况下，店铺应将从客户下单到发货的这个过程的时间设置在24小时内，在当天发货截止时间前，所有订单都应当完成审核并发出，以尽量缩短客户从下单到收货的时间。对于一些地理位置偏远的店铺，如位于交通不便利地区的种植园，从接到订单、完成采摘到发货，整个过程会耗费更多的时间。这种情况下，店铺应该说明情况，让客户知道发货时间相对较晚。如果不提前告知，则可能会严重影响客户的购物体验。总而言之，发货速度是非常影响客户购物体验的因素，店铺需要尽可能地提高发货速度。
- **发货检查：**对于客户已经下单的商品，店铺不能直接出库发货，而应该在发货前仔细检查，确保客户收到的商品没有任何质量问题。有的店铺为了追求发货速度而省略了该环节，导致客户收到有质量问题的商品，即便店铺可以通过售后服务为客户解决问题，但这仍然会影响客户的购物体验。因此发货检查是需要重视并严格执行的。
- **商品包装：**商品包装也是影响物流服务质量的重要因素，好的包装不仅能够保证商品完好无损，也能使客户心情愉悦。相反，包装差的商品则可能会影响客户收货时的心情。例如，当客户拆开包裹时，T恤被揉成一堆并随便装在一个破旧的塑料袋中，那么客户可能会给予物流服务质量较低的评分。

任务实战——推算店铺所需5分好评的数量

本次实战将根据DSR评分的计算方法来推算店铺所需5分好评的数量。在学习了DSR评分的计算方法后，就可以根据店铺的目标反推出所需要的5分好评数量。

目标DSR评分=（5×需求量+5×人数+4×人数+3×人数+2×人数+1×人数）÷（需求量+总人数）

5分好评需求量的计算公式为：

需求量=［（目标DSR评分×总人数）-（5×人数+4×人数+3×人数+2×人数+1×人数）］÷（5-目标DSR评分）

如果将各评分的人数替换为总人数与对应评分人数占比的乘积，那么上述计算公式可以简化为：

需求量=总人数×［目标DSR评分-（5×人数占比+4×人数占比+3×人数占比+2×人数占比+1×人数占比）］÷（5-目标DSR评分）

某店铺半年内的DSR评分如图6-3所示，该店铺要想提升“宝贝与描述相符”的评分至同行业平均水平，应当获得多少个5分好评呢？下面进行详细计算。

图6-3　某店铺的DSR评分

（1）利用近半年参与评分的总人数与各评分人数占比的乘积，计算出各评分的具体人数结果。评价5分的人数=10 605×79.39%=8419，同样的方法可以求出评价4分的人数为1083，评价3分的人数为538，评价2分的人数为176，评价1分的人数为389。

（2）计算该店铺当前"宝贝与描述相符"项目的DSR评分=（5×8419+4×1083+3×538+2×176+1×389）÷10 605=4.599。

（3）计算该项目同行业平均水平现阶段的DSR评分=4.599÷（1-3.95%）=4.788。

（4）以4.788为目标DSR评分，按公式"需求量=总人数×［目标DSR评分-（5分×人数占比+4分×人数占比+3分×人数占比+2分×人数占比+1分×人数占比）］÷（5-目标DSR评分）"的公式计算5分好评的需求量。

因此，需求量=10 605×［4.788-（5×79.39%+4×10.21%+3×5.07%+2×1.66%+1×3.67%）］÷（5-4.788）=9410。

这说明店铺"宝贝与描述相符"的DSR评分要想达到同行业平均水平，则在外部条件不变的情况下，店铺还需要连续得到9410个5分好评。

任务二　分析客服数据

客服即客户服务，一般包括售前服务、售中服务和售后服务，执行客服工作的人员称为客服人员。优秀的客服人员可以使客户利益和店铺利润最大化。分析客服数据可以了解客服人员的工作情况，进而发现客服环节存在的问题。本任务将建立客服KPI考核系统并分析客服人员的工作表现。

相关知识

一、KPI考核系统

KPI（Key Performance Indicator，关键绩效指标）是一种用于衡量个人、团队或组织在达成特定目标方面的表现的指标。它通常是基于具体目标和战略目标设定的，用来评估绩效和监测进展，有助于确定是否达到预期效果。KPI可以衡量各个方面的绩效，包括财务、销售、客户满意度、生产效率、人力等。

店铺通过建立客服KPI考核系统，可以把控客服人员的工作情况，及时发现潜在问题，提高客服质量，最终提高店铺的交易转化率。

店铺要建立客服KPI考核系统，首先要确定合适的考核指标、各指标在考核体系中的权重等，然后以这些指标为基础，建立完整的评分标准。下面以某店铺为例，介绍客服KPI考核系统的建立和考核方法。表6-1所示为某店铺根据其实际运营情况确定的客服KPI考核指标。

表6-1 某店铺的客服KPI考核指标

指标		权重	计算公式
响应时间	首次响应时间	10%	–
	平均响应时间	5%	–
月退货率		10%	月退货量÷月成交量
成交客单价率		20%	客服人员落实客单价÷店铺客单价
咨询转化率		30%	成交人数÷咨询人数
订单支付率		25%	成交量÷下单量

（一）响应时间

响应时间指客户询问后直至客服人员回复的时间间隔。一般情况下，客服人员的响应时间在15秒以内属于正常水平；超过15秒，可能就会影响客户的购物体验。响应时间可以分为首次响应时间和平均响应时间。首次响应时间应严格控制在15秒以内，否则极有可能导致客户流失。表6-2所示为某店铺根据所经营商品的具体情况，对首次响应时间和平均响应时间建立的评分标准。

表6-2 响应时间评分标准

指标	权重	评分标准/秒	分值
首次响应时间（FT）	10%	FT≤10	100
		10<FT≤15	80
		15<FT≤20	60
		20<FT≤25	40
		25<FT≤30	20
		FT>30	0
平均响应时间（AT）	5%	AT≤15	100
		15<AT≤25	80
		25<AT≤35	60
		35<AT≤45	40
		45<AT≤50	20
		AT>50	0

（二）月退货率

月退货率反映客服人员在售后服务中的沟通水平，如果能够将退货率降到最低，自然表明客服人员的沟通水平较高。当然，前提是商品并未出现严重的质量问题，否则月退货率过高与客服人员的沟通水平并没有直接关系。表6-3所示为某店铺根据所经营商品的情况为月退货率建立的评分标准。

表6-3　月退货率评分标准

指标	权重	评分标准	分值
月退货率（RG）	10%	RG≤2%	100
		2%<RG≤3%	80
		3%<RG≤4%	60
		4%<RG≤5%	40
		5%<RG≤6%	20
		RG>6%	0

（三）成交客单价率

成交客单价率反映客服人员与客户“讨价还价”的水平。一般来说，店铺会告知客服人员最低客单价，客服人员谈妥的客单价不能低于该标准。店铺可以根据客服人员落实的客单价与店铺规定的最低客单价的比率为数据来源，建立评分标准，如表6-4所示。

表6-4　成交客单价率评分标准

指标	权重	评分标准	分值
成交客单价率（DP）	20%	DP≥1.5%	100
		1.4%≤DP<1.5%	80
		1.3%≤DP<1.4%	60
		1.2%≤DP<1.3%	40
		1.1%≤DP<1.2%	20
		DP<1.1%	0

（四）咨询转化率

咨询转化率是客服人员重要的考核指标之一，直接反映客服人员与客户沟通的效果。实际工作中，店铺可以利用成交人数和咨询人数的比率建立该指标的评分标准，如表6-5所示。

表6-5　咨询转化率评分标准

指标	权重	评分标准	分值
咨询转化率（CC）	30%	CC≥50%	100
		45%≤CC<50%	80
		40%≤CC<45%	60
		35%≤CC<40%	40
咨询转化率（CC）	30%	30%≤CC<35%	20
		CC<30%	0

（五）订单支付率

订单支付率是最终成交量与下单量的比率，它能够反映店铺的营收情况，也能在一定程度上体现客服人员的工作效果。表6-6所示为某店铺通过采集各客服人员的成交量与下单量的比率建立的订单支付率评分标准。

表6-6 订单支付率评分标准

指标	权重	评分标准	分值
订单支付率（CP）	25%	CP≥90%	100
		85%≤CP<90%	80
		80%≤CP<85%	60
		75%≤CP<80%	40
		70%≤CP<75%	20
		CP<70%	0

店铺可以按照各指标的评分标准为每位客服人员打分，然后将各项分值汇总起来得到各客服人员的考核总分，以此评判客服人员的工作表现。

二、常见的客服指标

如果店铺规模较小，可以按照售前、售中和售后服务的环节，选取一些客服指标，根据指标有针对性地分析客服人员的工作表现，从而了解客服人员的工作状态，掌握店铺客户服务的质量。表6-7所示为常见的一些客服指标。

表6-7 常见的客服指标

名称	含义
15秒应答率	15秒应答率=客服人员在15秒内回复消息数/客户发送消息总数×100%。15秒应答率反映客服人员回复消息的速度，数值越低，客户越容易流失
平均人工响应时间	从客户发送消息到客服人员回复的平均时长。平均人工响应时间过长，会影响客户的购物体验
有效回复率	有效回复率关注的是客服人员回复的内容的实用性，无意义的回复同样会造成客户流失。有效回复率=有效回复的客户总人数/咨询客户总人数×100%，其中，有效回复的客户总人数=咨询客户总人数-无效回复的客户总人数
询单转化率	询单指询问商品或服务的相关信息，询单转化率是对售前客服人员的服务态度、接待能力等综合能力的考核指标。询单转化率=咨询后的下单人数/询单总人数×100%
投诉率	投诉率=投诉人数/咨询人数×100%，该指标是直接衡量客服人员服务态度的有效指标
订单差错率	订单差错率=当月错误订单数/当月订单总数×100%
商品退换率	商品退换率=退货数量/总的销售数量×100%
纠纷退款率	纠纷退款率=当月纠纷退款订单数/当月订单总数×100%

任务实战

【实战一】建立客服人员的KPI考核成绩表

本次实战将按照指标和权重分配方案对某店铺的4位客服人员进行考核，并建立KPI考核成绩表。

步骤01 采集各客服人员的响应时间数据，根据响应时间评分标准和权重，计算对应的KPI考核成绩，如表6-8所示。由表可知，甲客服与丙客服的响应时间考核成绩最好，均为满分，但就首次响应时间来看，甲客服做得更好，能够更快地与客户进行沟通；丙客服在平均响应时间方面更为优秀，其客户跳失的概率可能比甲客服的更低；乙客服首次响应时间尚可，但平均响应时间过长，容易丢失客户；丁客服在两个方面都有待提高，特别是首次响应时间是4位客服人员中最长的。

表6-8 客服人员响应时间考核成绩

客服人员	首次响应时间/秒	平均响应时间/秒	权重得分
甲客服	8	15	100×10%+100×5%=15
乙客服	12	20	80×10%+80×5%=12
丙客服	10	14	100×10%+100×5%=15
丁客服	16	15	60×10%+100×5%=11

步骤02 采集各客服人员的月退货量和月成交量数据，计算月退货率。根据月退货率评分标准和权重，计算对应的KPI考核成绩，如表6-9所示。由表可知，4位客服人员中，丁客服的月成交量较多、月退货量较少、月退货率最低，表现最佳；乙客服的月退货量和月成交量最多，月退货率较高；甲客服的月退货率最高，在208件成交商品中有12件商品退货，权重得分最低，店铺需要加强对甲客服的培训；丙客服的月退货量最少，但月成交量还有待提高。

表6-9 客服人员月退货率考核成绩

客服人员	月退货量/件	月成交量/件	月退货率	权重得分
甲客服	12	208	5.77%	2
乙客服	20	469	4.26%	4
丙客服	4	156	2.56%	8
丁客服	8	435	1.84%	10

步骤03 采集各客服人员的落实客单价和店铺客单价数据，计算成交客单价率。根据成交客单价率评分标准和权重，计算对应的KPI考核成绩，如表6-10所示。由表可知，甲客服和丁客服在这方面的考核结果为满分。乙客服表现相对最差，权重得分只有8分，丙客服的权重得分为12分，这两位客服人员需提升沟通技巧。

表6-10 客服人员成交客单价率考核成绩

客服人员	落实客单价/元	店铺客单价/元	成交客单价率	权重得分
甲客服	128.8	80	1.61%	20
乙客服	98	80	1.22%	8
丙客服	108	80	1.35%	12
丁客服	122	80	1.52%	20

步骤04 采集各客服人员的成交人数和咨询人数数据，计算咨询转化率。根据咨询转化率评分标准和权重，计算对应的KPI考核成绩，如表6-11所示。由表可知，乙客服与丙客服做得相对较好，咨询转化率分别达到了50.66%与41.36%，权重得分分别为30分和18分；丁客服的咨询人数最多，但转化效果并不理想，店铺可以调看其与客户的聊天记录，分析其沟通方法、技巧、话术等是否存在不足；甲客服的咨询转化率为35.48%，并且咨询人数最少，店铺需要对其进行专业的培训，提高其沟通水平。

表6-11 客服人员咨询转化率考核成绩

客服人员	成交人数/位	咨询人数/位	咨询转化率	权重得分
甲客服	88	248	35.48%	12
乙客服	153	302	50.66%	30
丙客服	122	295	41.36%	18
丁客服	134	408	32.84%	6

步骤05 采集各客服人员的成交量和下单量数据，计算订单支付率。根据订单支付率评分标准和权重，计算对应的KPI考核成绩，如表6-12所示。由表可知，所有客服人员的订单支付率考核成绩都不错，其中丙客服和甲客服的订单支付率相对较高，分别是91.25%和90.43%；丁客服与乙客服的订单支付率稍低，分别是88.33%和86.46%，二者可以适当提升催付技巧。

表6-12 客服人员订单支付率考核成绩

客服人员	成交量/件	下单量/件	订单支付率	权重得分
甲客服	208	230	90.43%	25
乙客服	166	192	86.46%	20
丙客服	146	160	91.25%	25
丁客服	159	180	88.33%	20

步骤06 分别将各客服人员的KPI考核成绩相加，得到最终考核成绩，如表6-13所示。由表可知，丙客服的成绩最高，丁客服的成绩最低，甲客服和乙客服成绩相同。总体来讲，这4位客服人员的成绩都没有达到80分，因此店铺有必要对客服人员进行系统培训，全面提高客服人员的服务水平。

表6-13　客服人员KPI最终考核成绩

考核指标	甲客服	乙客服	丙客服	丁客服
响应时间	15	12	15	11
月退货率	2	4	8	10
成交客单价率	20	8	12	20
咨询转化率	12	30	18	6
订单支付率	25	20	25	20
总分	74	74	78	67

素养提升

客服人员应当具备良好的职业操守和道德品格，以客户为中心，细心且耐心地处理客户的各种疑问，坚持并遵守职业道德，不能为了店铺或自身的利益而损害客户的利益。

【实战二】通过指标分析客服人员的实际工作表现

本次实战采集了某店铺所有客服人员的相关数据，包括接待的咨询人数、有效回复的客户总人数、咨询后的下单人数、投诉人数、销量、退货数量等，下面利用Excel计算各客服人员的有效回复率、询单转化率、投诉率、商品退换率，然后通过柱形图分析各客服人员的工作表现。具体操作如下。

微课视频

通过指标分析客服人员的实际工作表现

步骤01 打开“客服人员.xlsx”文件（配套资源：\素材\项目六\客服人员.xlsx），在H1单元格中输入“有效回复率”。选择H2:H11单元格区域，在编辑栏中输入“=C2/B2”，按【Ctrl+Enter】组合键计算各客服人员的有效回复率，如图6-4所示。

H2　=C2/B2

客服人员	接待的咨询人数/位	有效回复的客户总人数/位	咨询后的下单人数/位	投诉人数/位	销量/件	退货数量/件	有效回复率
林凤琛	197	118	94	0	104	0	59.90%
沈菲珍	252	126	114	0	152	0	50.00%
林瑗媛	371	187	148	0	184	2	50.40%
薛霞晴	398	182	149	1	162	0	45.73%
吴若芳	240	106	105	0	119	1	44.17%
马岚	271	163	33	0	42	0	60.15%
卢茜	288	130	110	0	140	2	45.14%
任茹亚	140	77	40	0	62	0	55.00%
李婉	170	74	26	0	34	0	43.53%
邱莉	154	93	44	0	70	0	60.39%

图6-4　计算有效回复率

步骤02 在I1单元格中输入“询单转化率”，选择I2:I11单元格区域，在编辑栏中输入“=D2/B2”，按【Ctrl+Enter】组合键计算各客服人员的询单转化率，如图6-5所示。

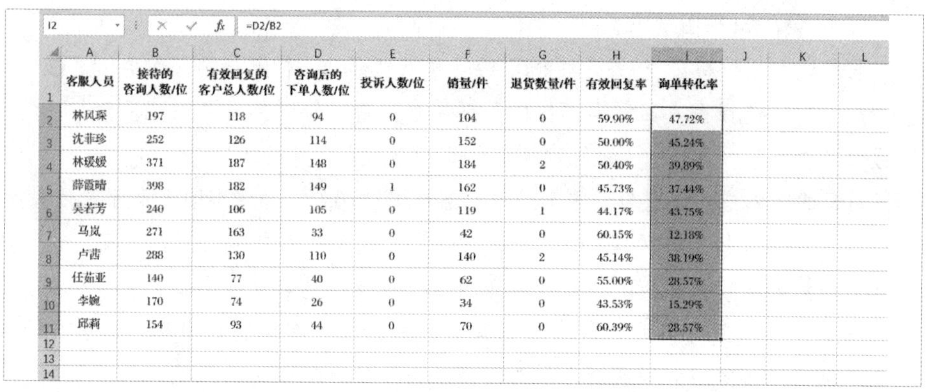

I2　=D2/B2

客服人员	接待的咨询人数/位	有效回复的客户总人数/位	咨询后的下单人数/位	投诉人数/位	销量/件	退货数量/件	有效回复率	询单转化率
林风琛	197	118	94	0	104	0	59.90%	47.72%
沈菲珍	252	126	114	0	152	0	50.00%	45.24%
林瑗媛	371	187	148	0	184	2	50.40%	39.89%
薛霞晴	398	182	149	1	162	0	45.73%	37.44%
吴若芳	240	106	105	0	119	1	44.17%	43.75%
马岚	271	163	33	0	42	0	60.15%	12.18%
卢茜	288	130	110	0	140	2	45.14%	38.19%
任茹亚	140	77	40	0	62	0	55.00%	28.57%
李婉	170	74	26	0	34	0	43.53%	15.29%
邱莉	154	93	44	0	70	0	60.39%	28.57%

图6-5　计算询单转化率

步骤03 在J1单元格中输入“投诉率”，选择J2:J11单元格区域，在编辑栏中输入“=E2/B2”，按【Ctrl+Enter】组合键计算各客服人员的投诉率，如图6-6所示。

J2　=E2/B2

客服人员	接待的咨询人数/位	有效回复的客户总人数/位	咨询后的下单人数/位	投诉人数/位	销量/件	退货数量/件	有效回复率	询单转化率	投诉率
林风琛	197	118	94	0	104	0	59.90%	47.72%	0.00%
沈菲珍	252	126	114	0	152	0	50.00%	45.24%	0.00%
林瑗媛	371	187	148	0	184	2	50.40%	39.89%	0.00%
薛霞晴	398	182	149	1	162	0	45.73%	37.44%	0.25%
吴若芳	240	106	105	0	119	1	44.17%	43.75%	0.00%
马岚	271	163	33	0	42	0	60.15%	12.18%	0.00%
卢茜	288	130	110	0	140	2	45.14%	38.19%	0.00%
任茹亚	140	77	40	0	62	0	55.00%	28.57%	0.00%
李婉	170	74	26	0	34	0	43.53%	15.29%	0.00%
邱莉	154	93	44	0	70	0	60.39%	28.57%	0.00%

图6-6　计算投诉率

步骤04 在K1单元格中输入“商品退换率”，选择K2:K11单元格区域，在编辑栏中输入“=G2/F2”，按【Ctrl+Enter】组合键计算各客服人员的商品退换率，如图6-7所示。

K2　=G2/F2

客服人员	接待的咨询人数/位	有效回复的客户总人数/位	咨询后的下单人数/位	投诉人数/位	销量/件	退货数量/件	有效回复率	询单转化率	投诉率	商品退换率
林风琛	197	118	94	0	104	0	59.90%	47.72%	0.00%	0.00%
沈菲珍	252	126	114	0	152	0	50.00%	45.24%	0.00%	0.00%
林瑗媛	371	187	148	0	184	2	50.40%	39.89%	0.00%	1.09%
薛霞晴	398	182	149	1	162	0	45.73%	37.44%	0.25%	0.00%
吴若芳	240	106	105	0	119	1	44.17%	43.75%	0.00%	0.84%
马岚	271	163	33	0	42	0	60.15%	12.18%	0.00%	0.00%
卢茜	288	130	110	0	140	2	45.14%	38.19%	0.00%	1.43%
任茹亚	140	77	40	0	62	0	55.00%	28.57%	0.00%	0.00%
李婉	170	74	26	0	34	0	43.53%	15.29%	0.00%	0.00%
邱莉	154	93	44	0	70	0	60.39%	28.57%	0.00%	0.00%

图6-7　计算商品退换率

步骤05 按住【Ctrl】键的同时依次选择A1:A11单元格区域和H1:I11单元格区域，在【插入】/【图表】组中单击“插入柱形图或条形图”按钮右侧的下拉按钮，在弹出的下拉列表中选择第1种图表类型。

步骤06 为图表应用“布局7”样式，将横坐标轴和纵坐标轴的标题分别修改为“客服人员”和“比率”。选择有效回复率对应的数据系列，将其轮廓色设置为“蓝色”，填充色设置为“白色”。

步骤07 将图表的字体格式设置为“方正兰亭纤黑简体，10号”，调整图表尺寸，效果如图6-8所示。由图可知，林风琛、马岚、邱莉3位客服人员的有效回复率较高，说明她们接待客户的态度较为积极。另外，林风琛、沈菲珍、吴若芳的询单转化率较高，说明她们与客户的沟通做得非常好。特别是吴若芳，她的有效回复率和询单转化率相差无几，说明她所使用的沟通话术十分有效。与吴若芳形成对比的是李婉、马岚、任茹亚和邱莉，她们的有效回复率和询单转化率差距较大，需要提升沟通技巧。

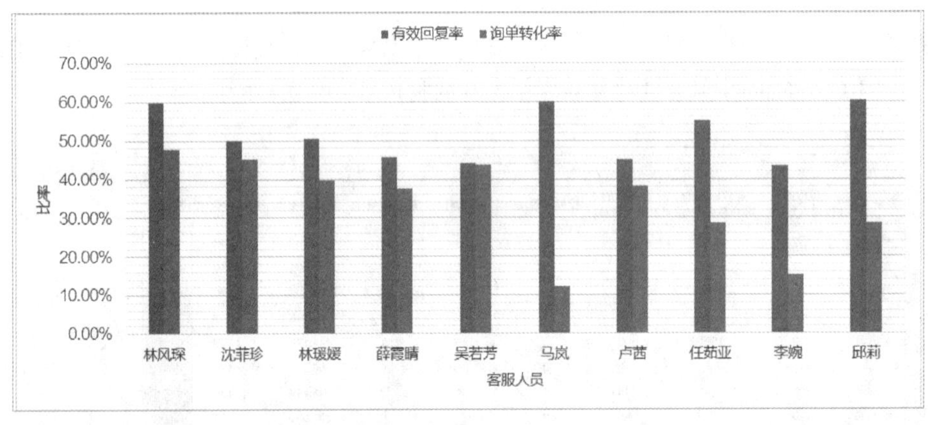

图6-8 创建并设置柱形图

步骤08 以客服人员的投诉率和商品退换率为数据源创建柱形图，并按相同方法设置图表，效果如图6-9所示（配套资源：\效果\项目六\客服人员.xlsx）。由图可知，店铺绝大多数客服人员的投诉率和商品退换率都为“0.00%”，说明其工作表现较好。另外，薛霞晴有被投诉的记录，店铺需要查询是否有恶意投诉，否则应当让其注意服务态度并提高沟通水平。另外，林瑗媛、吴若芳、卢茜出现了商品退换的情况，店铺需要查清是商品本身的问题还是物流或客服人员的问题。

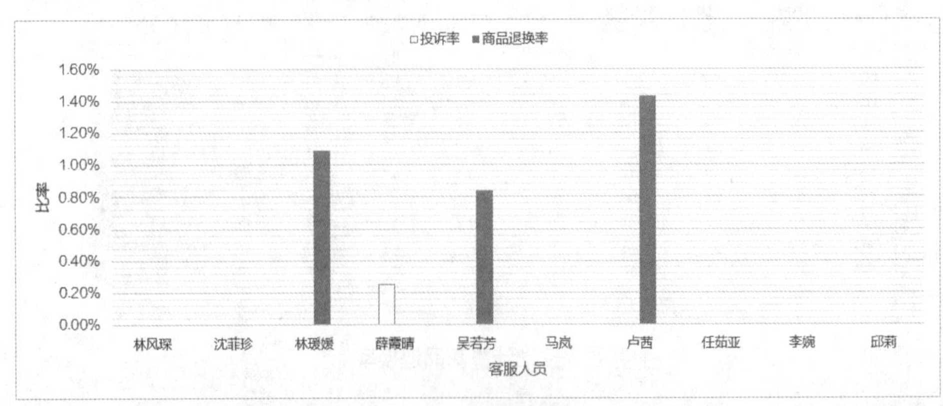

图6-9 创建并设置柱形图

项目小结

本项目主要介绍了DSR评分和客服数据的分析，通过学习本项目，学生不仅可以掌握推算店铺所需5分好评数量、建立客服人员KPI考核成绩表、分析客服人员实际工作表现等操作，还可以了解DSR评分的构成情况、DSR评分对店铺的影响、DSR评分的计算方法、提升DSR评分的方法、KPI考核系统、常见的客服指标等知识点。

在以客户为中心的现代商业社会，电商客服人员的工作表现与店铺生存和发展息息相关。为了提高客服工作效率，一方面，店铺应当通过分析客服数据来加强管理，另一方面，客服人员需要具备职业道德，切实做到爱岗敬业、诚实守信。

综合实训

实训一　通过DSR评分推算5分好评需求量

本次实训将通过某店铺当前的DSR评分，反推达到同行业平均水平所需的5分好评数量。

实训目标

推算该店铺“宝贝与描述相符”的评分达到同行业平均水平所需的5分好评数量。

实训描述

该店铺当前的DSR评分如图6-10所示。首先利用半年内参与评分的总人数与各评分人数占比的乘积，计算各评分的具体人数；然后计算该店铺当前“宝贝与描述”的评分，接着利用该数据计算该项目同行业平均水平现阶段的评分；最后按“需求量=总人数×［目标DSR评分-（5×人数占比+4×人数占比+3×人数占比+2×人数占比+1×人数占比）］÷（5-目标DSR评分）”的公式计算5分好评的需求量。

图6-10　某店铺的DSR评分数据

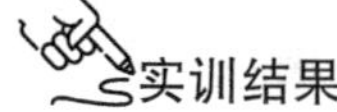

实训结果

根据综合实训的操作，将分析结果填写到下表中。

问题	结果
就“物流服务的质量”项目而言，评分为5分、4分、3分、2分和1分的人数分别是多少？	

续表

问题	结果
该店铺“物流服务的质量”评分过低的原因可能是什么？应该如何提升该评分？	

实训二　分析客服人员的工作表现

本次实训采集了某店铺客服人员的相关数据，现需要利用这些数据分析客服人员在接待和询单转化方面的工作表现。

实训目标

通过有效回复率和询单转化率分析客服人员在接待和询单转化方面的工作表现。

实训描述

打开“客服数据.xlsx”文件（配套资源：\素材\项目六\综合实训\客服数据.xlsx），计算各客服人员的有效回复率和询单转化率，并创建组合图分析客服人员的工作表现，如图6-11所示（配套资源：\效果\项目六\综合实训\客服数据.xlsx）。

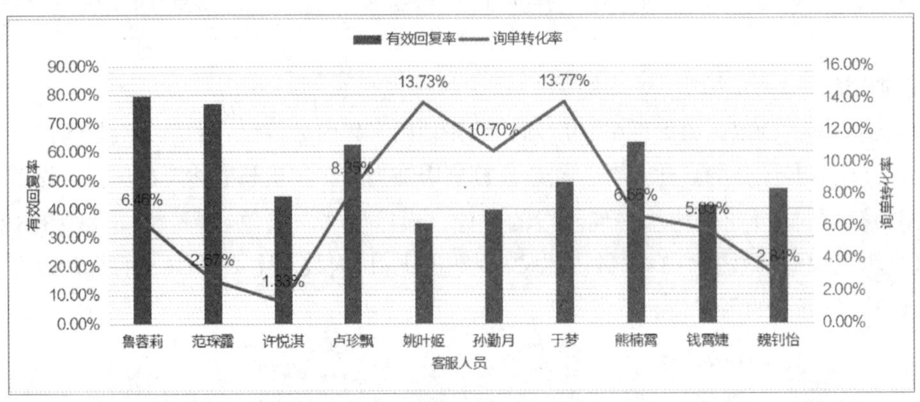

图6-11　各客服人员的数据对比

实训结果

根据综合实训的操作，将分析结果填写到下表中。

问题	结果
各客服人员的有效回复率如何？哪些客服人员的接待工作做得比较好？	
各客服人员的询单转化率如何？哪些客服人员在询单转化方面的工作表现比较好？	

分析客户与会员数据

客户与会员数据对于企业来说非常重要。通过分析客户与会员数据，企业可以了解客户的购买行为、喜好和需求，能够更好地满足客户的期望，提供个性化的商品和服务。此外，客户与会员数据还可以帮助企业完成市场细分、目标营销和促销活动的精确定位等，以提高客户的忠诚度和满意度，从而提升销售业绩。

知识目标

- 了解客户数据的类型与价值
- 认识客户画像和客户标签的作用
- 了解会员与客户的区别
- 掌握会员生命周期、会员忠诚度等概念
- 熟悉RFM模型

技能目标

- 能够创建并分析客户画像
- 能够设计客户标签
- 能够分析会员留存率与流失率
- 能够分析会员忠诚度
- 能够运用RFM模型细分会员类型

素养目标

- 培养细致入微的观察力，提升对数据的敏感度和洞察力
- 树立诚信守法的意识，增强社会责任感，培养正面积极的思维方式

微课视频
客户数据的价值

任务一 管理客户画像与客户标签

客户画像与客户标签能够很好地反映客户的基本情况、行为习惯和个人喜好，是企业分析客户的有效手段。本任务将完成客户画像的创建和客户标签的设计工作，了解店铺客户的具体情况。

相关知识

一、客户数据的类型与价值

客户数据是指客户在店铺中浏览、咨询、购物时所产生的数据，这些数据可以为客户研究工作提供大量有用的一手资料。

（一）客户数据的类型

客户数据主要是关于客户自身特征和行为模式等信息的数字化描述，包括描述性数据和交易性数据两种。

1. 描述性数据

描述性数据具有一定的稳定性，主要用于描述客户的基本特征，明确“客户是谁”的问题。描述性数据主要表现为基本信息和行为爱好两种类型。

- **基本信息**：包括姓名、性别、出生年月、所在地区、工作类型、职位、收入水平、家庭成员情况等。
- **行为爱好**：包括购物时间段、交易时间段、是否热衷于收藏商品、是否热衷于将商品加入购物车、偏好的商品价位、偏好的商品颜色、偏好的商品大小等。

2. 交易性数据

交易性数据主要用于描述客户的交易信息，是交易过程与结果的信息结合，明确“客户做过什么”的问题。交易性数据不如描述性数据稳定，会随着时间的推移而变化，主要包括客户的购买记录、购买频率、购买数量、购买金额等。

（二）客户数据的价值

在以客户为中心的现代商业社会，企业想要在市场中站稳脚跟并不断发展壮大，就应当充分满足客户的各种合理需求。而要做到这一点，企业应当充分掌握客户信息，包括需求特征、交易习惯、行为偏好等，这些信息可以通过分析客户数据得到。

总体而言，客户数据的价值主要体现在以下4个方面。

- **客户数据是进行客户分级的依据**：不同客户产生的数据，可以反映该客户的价值，这有助于企业对客户进行分级，如将客户分为潜在客户、目标客户等，从而针对不同级别的客户采取不同的营销措施。
- **客户数据是决策的基础**：客户数据可以反映客户对品牌、商品的青睐程度和忠实程度。例如，客户将商品添加到收藏夹，说明其比较喜欢店铺的商品；客户多次进店购买商品，说明其对店铺的忠实程度较高。充分掌握并分析客户数据，有助于企业做出并实施正确的经营决策。

- **客户数据是加强与客户互动的指南**：客户数据可以反映客户更青睐哪些商品、更喜欢在哪个时间段浏览和购买商品等，这些都有助于企业选择营销策略和措施，从而加强与客户的互动。例如，某客户喜欢外观简洁大方的商品，企业新推出这类商品时，便可以第一时间将其推荐给该客户，让该客户及时了解商品的相关信息。
- **客户数据是改进商品的“良药”**：客户数据能够反映客户对商品各方面的要求。例如，企业可以收集客户对商品优缺点的评价数据，然后提炼出有用的信息，以改进商品。

二、客户画像

客户画像是指对特定客户群体或个人进行详细描述和分析的过程，它是通过收集、整理和分析客户数据，形成对客户的全面认识和理解的。图7-1所示为某品牌的客户画像。在大数据环境下，客户购物产生的一切行为，都是有据可查的，企业通过不断地积累相关数据，可以掌握详尽的客户数据，从而建立直观的、可视化的客户画像。

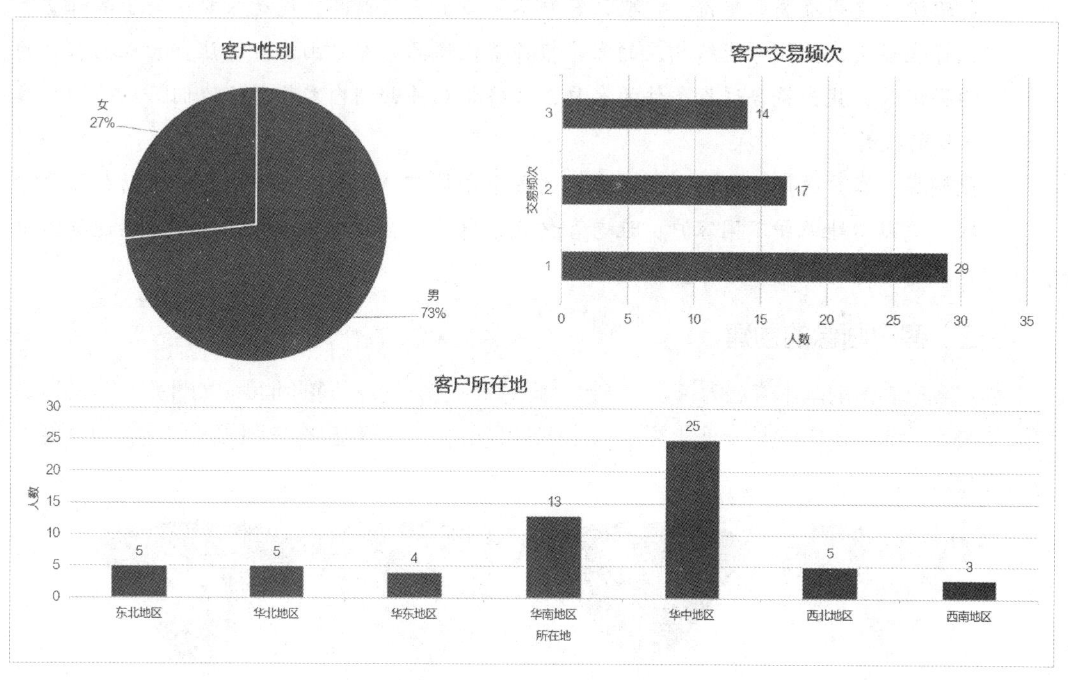

图7-1 客户画像

（一）客户画像的作用

客户画像为企业提供了足够的信息基础，能够帮助企业快速找到精准的客户群体、明确客户需求等。总的来说，客户画像的作用主要体现在以下3个方面。

- **精准营销**：明确客户的基本特征，了解客户的消费行为特征，洞察客户，让营销更加精准。例如，企业可以向经常看电影的客户发放电影套餐优惠券，提升客户对企业的好感度，而没有客户画像则很难实现这种精准营销。

- **数据挖掘**：通过客户画像，可以进一步挖掘客户数据，从而提高服务质量；同时还可以为运营管理提供更有利的数据支持。例如，通过分析客户的购物行为，找到客户的常见下单时间段，并在该时间段内向客户推送商品等。
- **标签准备**：客户画像是为客户贴上属性标签的前提，建立客户画像，也就为后续给客户贴上标签做好了准备。

（二）客户画像能够解决的核心问题

客户画像能够帮助企业实现精准运营，它能够解决的核心问题如下。

- **流量**：客户画像可以让企业告别被动引流、实现主动引流。有了客户画像，企业才能了解客户的购物习惯和个人喜好等信息，才能精准安排推广资源，将合适的商品展示在目标客户眼前。
- **转化率**：客户画像可以让企业知道不同客户的不同需求和喜好，从而为不同的客户推送不同的商品或服务，实现“千人千面”的购物体验，当推送的商品或服务符合客户的需求时，转化率自然会升高。
- **客单价**：要想提高客单价，就要让客户尽量多地购买商品，这就需要提前了解哪些客户可能多买，企业才能给相应的客户推荐其他商品。客户画像可以让企业根据客户的购买记录，找出符合这类条件的客户，最终将相关营销内容推送给他们，从而实现客单价的提升。
- **复购率**：客户画像可以让企业对客户的各个属性都“了然于心”，能够帮助企业更精准、更贴心地维护不同客户，让老客户充分感受到企业的体贴和热情，激励这类客户再次进店选购，进而提高复购率。

（三）客户画像的创建

创建客户画像的基本方法为：获取并预处理客户数据，按不同的维度（如性别、年龄段、购买频次等）统计客户数据，通过图形、图表等可视化方式呈现出客户画像。创建客户画像的基本流程如图7-2所示。

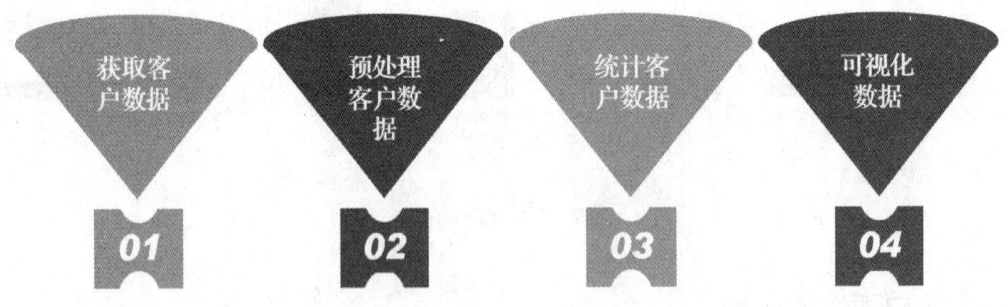

图7-2　创建客户画像的基本流程

（四）客户画像的属性

创建客户画像时，企业应针对不同的分析场景和运营需求，选择不同的客户画像属性。常见的客户画像属性如下。

- **人口属性**：描述客户的基本特征信息，是客户画像中最基本的属性，主要包括姓名、性别、年龄、联系方式等。

- **消费特征属性**：描述客户的消费习惯和偏好，主要包括购物类型、购买周期、品牌偏好等。为了便于筛选客户，还可以参考客户的消费记录等数据，将客户直接定性为某种消费特征人群，如差旅人群、境外游人群、理财人群等。
- **兴趣爱好属性**：描述客户的兴趣偏好，帮助企业了解客户的消费倾向，开展精准定向营销活动。例如，某客户经常浏览有关科技产品的资讯，在对客户数据进行挖掘分析后，可以将其定性为"科技发烧友"。
- **社交信息属性**：描述客户的社交图谱、家庭成员等，这些信息能够反映客户的消费预期和社会关系网。通过社交信息属性，企业可以更全面地了解客户，从而为其提供个性化服务。
- **信用属性**：描述客户收入与支付能力，主要包括学历、收入、资产、负债、信用评分等。

三、客户标签

客户标签的设计没有固定标准，企业可以根据实际情况和自身需求，设计不同的客户标签，主要环节包括标签属性值的设计和客户标签的设计。

（一）客户标签的作用

客户标签是客户管理和营销中使用的一种分类标识，它是对客户进行分类和组织的手段。通过为每位客户分配特定的标签，企业可以更好地管理客户，并为其提供个性化服务。

客户标签可以通过客户数据的分析和挖掘得到，也可以通过客户调研和互动获取。客户标签可以理解为具有某种特征的客户群体的代称，其目的在于方便企业记忆、识别和查找客户。通过简单易懂的标签，企业可以更好地实现客户运营与管理。具体而言，客户标签的作用主要包括以下3点。

- **客户接待**：已被贴上标签的客户在咨询客服人员时，客服人员可以根据标签快速识别客户特征，第一时间了解客户的喜好，拉近与客户之间的距离，赢得客户的信任。例如，当有"摄影发烧友"标签的客户来摄影器材店咨询时，客服人员就可以先和客户聊聊摄影技巧、摄影器材等，然后为客户推荐店铺的摄影器材，这样就可以真正做到个性化接待和精准营销，从而提高咨询转化率和客单价。
- **老客户营销**：维护老客户是有效提升转化率、客单价等指标的重要途径。在客户标签的帮助下，企业可以更加精准地维护客户关系。例如，对贴有"准妈妈"标签的客户，客服人员可以不定期关注其身体状况、提醒其注意事项等，这可以增强客户黏性，促使其再次进店选购商品。
- **客户推广**：客户标签有助于跟踪和洞察客户特征。分析贴有不同标签的客户的后续购买行为特征，可以进一步指导企业的推广和引流工作，让推广和引流更具针对性，为实现精准引流奠定基础。例如，对于一些客单价高的客户，企业可以为这类客户贴上"高客单价"的标签，之后在推广和引流时，可以侧重向这类客户推荐高客单价的商品。

（二）标签属性值的设计

标签属性值的设计是客户标签设计的基础。其设计思路是先将客户数据划分为多个维度，如基本信息、商品偏好、消费偏好、购物偏好等；然后将客户数据中的各个属性归类到相应的维度，如将性别、年龄、职业、婚姻状况等属性归类到基本信息维度；最后针对每个属性设置标签属性值，如性别属性的属性值为“男”和“女”，年龄属性的属性值为“20岁以下”“20～29岁”“30～39岁”“40岁及以上”等。表7-1所示为某企业客户标签属性值的设计。

表7-1　某企业客户标签属性值的设计

维度	属性	属性值
基本信息	性别	男、女
	年龄	20岁以下、20～29岁、30～39岁、40岁及以上
商品偏好	品质	高、中、低
	款式	新款、次新款、其他
消费偏好	价格	高、中、低
	促销	特价、打折、包邮、送礼、满减、免费退换
购物偏好	渠道	PC端、移动端
	时间	上午、下午、晚上

（三）设计客户标签

设计客户标签的基本要求是通俗易懂、简单易记。下面以净水机行业为例做简要说明。

（1）划分客户数据的维度。例如，将客户数据划分为基础信息、交易信息、主观信息3个维度，具体如下。

- **基础信息**：如姓名、昵称、联系方式、所在地、年龄、生日、职业等。
- **交易信息**：如交易时间、交易次数、退货次数、投诉次数、交易渠道、物流偏好等。
- **主观信息**：如品牌偏好、类别偏好、滤芯偏好等。

（2）根据维度设计属性和属性值。其中，属性可以与维度中的属性重叠，也可以不重叠，最终目的是保证客户标签简单易懂。例如，将客户标签属性和属性值设计如下。

- **类别偏好**：如净水机、超滤机、纯水机、台面净水器等。
- **滤芯偏好**：如活性炭、PP棉、RO膜、超滤膜等。

（3）按照属性和属性值设计客户标签。例如，以类别偏好和滤芯偏好这两个属性为基础设计客户标签，如表7-2所示。

表7-2　客户标签属性值设计示例

滤芯偏好	类别偏好			
	净水机	超滤机	纯水机	台面净水器
活性炭	活性炭净水机	活性炭超滤机	活性炭纯水机	活性炭台面净水器
PP棉	PP棉净水机	PP棉超滤机	PP棉纯水机	PP棉台面净水器
RO膜	RO膜净水机	RO膜超滤机	RO膜纯水机	RO膜台面净水器
超滤膜	超滤膜净水机	超滤膜超滤机	超滤膜纯水机	超滤膜台面净水器

任务实战

【实战一】创建并分析客户画像

本次实战采集了某店铺特定时期客户的姓名、性别、年龄、交易频次、下单时间、购物总金额等数据，下面在Power BI中创建客户画像，查看店铺客户的性别、年龄分布情况，以及交易频次、下单时间和购物总金额的情况。具体操作如下。

步骤01 启动Power BI，在【主页】/【数据】组中单击“获取数据”按钮下方的下拉按钮，在弹出的下拉列表中选择“Excel工作簿”选项。

步骤02 打开“打开”对话框，选择“客户数据.xlsx”文件（配套资源：\素材\项目七\客户数据.xlsx），单击“打开”按钮，如图7-3所示。

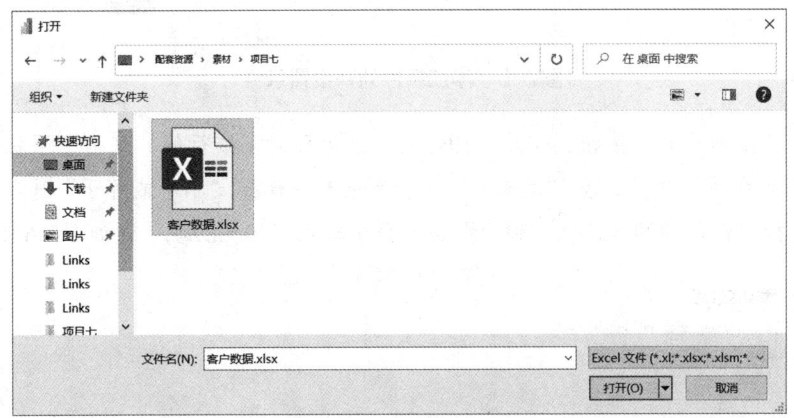

图7-3 选择Excel文件

步骤03 打开“导航器”对话框，单击选中“客户数据”复选框，单击“转换数据”按钮，如图7-4所示。

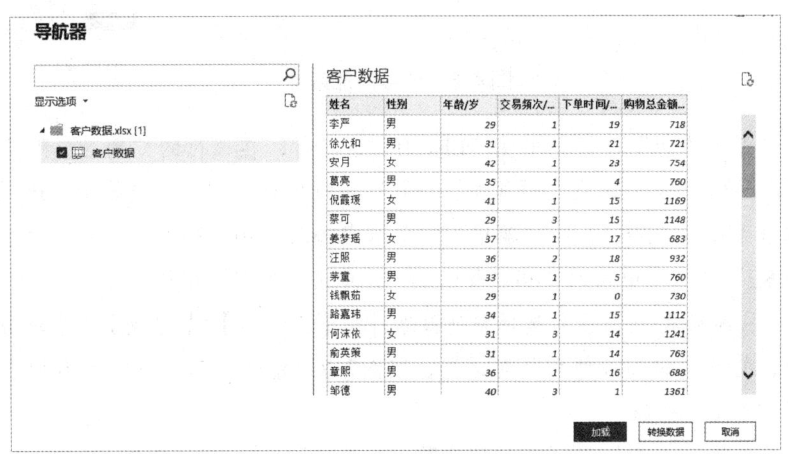

姓名	性别	年龄/岁	交易频次/...	下单时间/...	购物总金额...
李严	男	29	1	19	718
徐允和	男	31	1	21	721
安月	女	42	1	23	754
葛亮	男	35	1	4	760
倪霞瑗	女	41	1	15	1169
蔡可	男	29	3	15	1148
姜梦瑶	女	37	1	17	683
汪照	男	36	2	18	932
茅薑	男	33	1	5	760
钱飘茹	女	29	1	0	730
路嘉玮	男	34	1	15	1112
何沐依	女	31	3	14	1241
俞英策	男	31	1	14	763
章熙	男	36	1	16	688
邹德	男	40	3	1	1361

图7-4 选择数据源

步骤04 打开“Power Query编辑器”窗口，单击“年龄/岁”项目选择整列数据，在【添加列】/【常规】组中单击“条件列”按钮。

步骤05 打开“添加条件列”对话框，在“新列名”文本框中输入“年龄层段”，在“列名”下拉列表框中选择“年龄/岁”选项，在“运算符”下拉列表框中选择“小于或等于”选项，在“值”文本框中输入“19”，在“输出”文本框中输入“20岁以下”，表示当年龄数据小于或等于“19”时，将输出“20岁以下”，如图7-5所示。

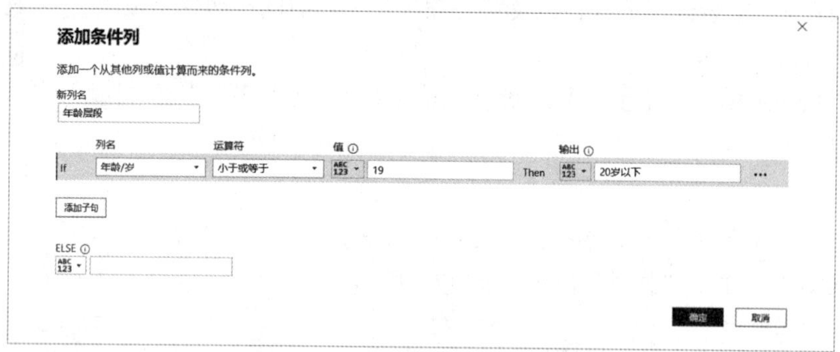

图7-5 添加条件列并设置条件

步骤06 单击“添加子句”按钮，出现“Else If”语句行，在该行的“列名”下拉列表框中选择“年龄/岁”选项，在“运算符”下拉列表框中选择“小于或等于”选项，在“值”文本框中输入“29”，在“输出”文本框中输入“20～29岁”，如图7-6所示。

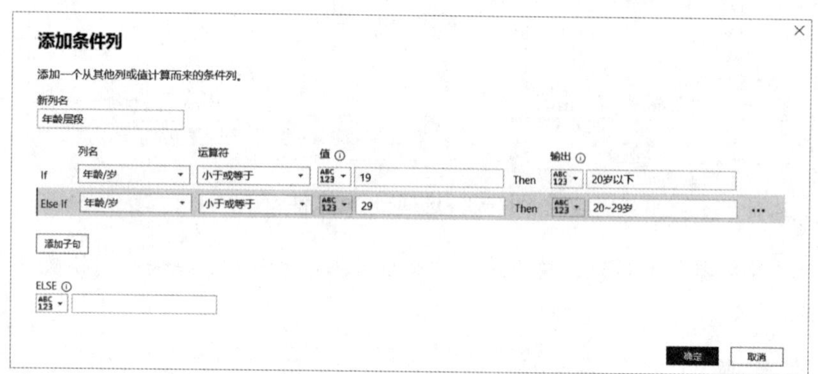

图7-6 继续添加条件

步骤07 单击“添加子句”按钮，出现“Else If”语句行，在该行的“列名”下拉列表框中选择“年龄/岁”选项，在“运算符”下拉列表框中选择“小于或等于”选项，在“值”文本框中输入“39”，在“输出”文本框中输入“30～39岁”，并在对话框左下方的“ELSE”文本框中输入“40岁及以上”，单击“确定”按钮，如图7-7所示。

步骤08 单击“交易频次/次”项目选择整列数据，在【添加列】/【常规】组中单击“条件列”按钮，打开“添加条件列”对话框，按图7-8所示的内容设置新列名和条件，完成后单击“确定”按钮。

步骤09 单击“下单时间/时”项目选择整列数据，按相同方法打开“添加条件列”对话框，并按图7-9所示的内容设置新列名和条件，完成后单击“确定”按钮。

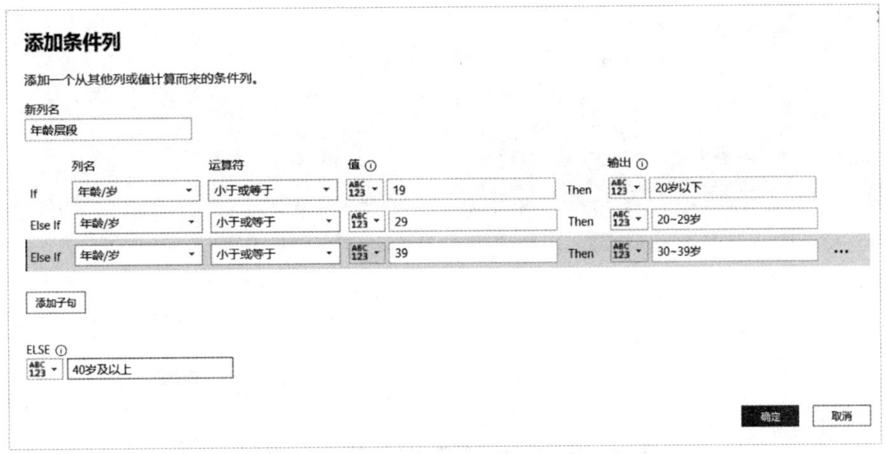

图7-7　添加条件并确认设置

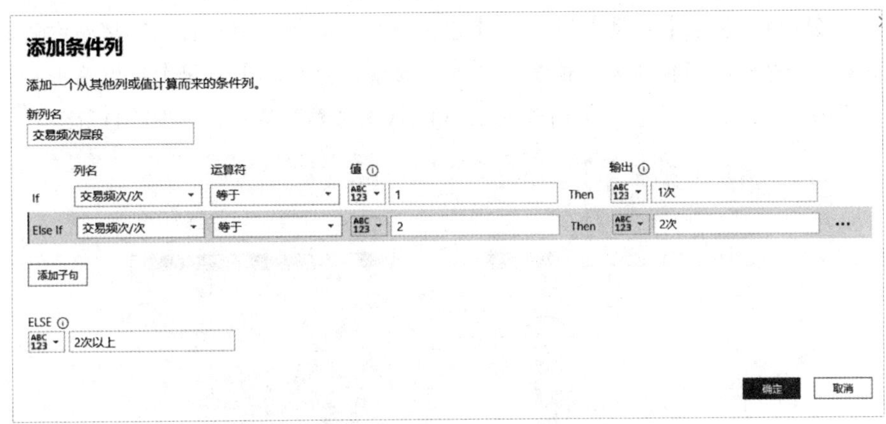

图7-8　添加“交易频次层段”条件列

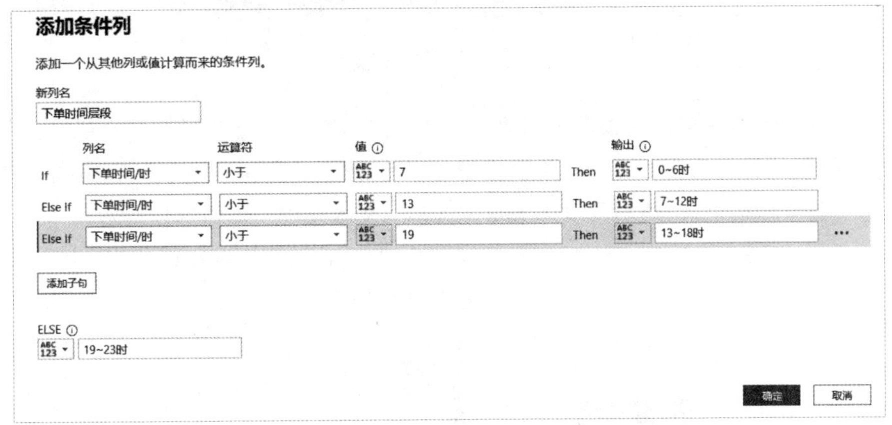

图7-9　添加“下单时间层段”条件列

步骤10 单击“购物总金额/元”项目选择整列数据，再次打开“添加条件列”对话框，按图7-10所示的内容设置新列名和条件，完成后单击“确定”按钮。

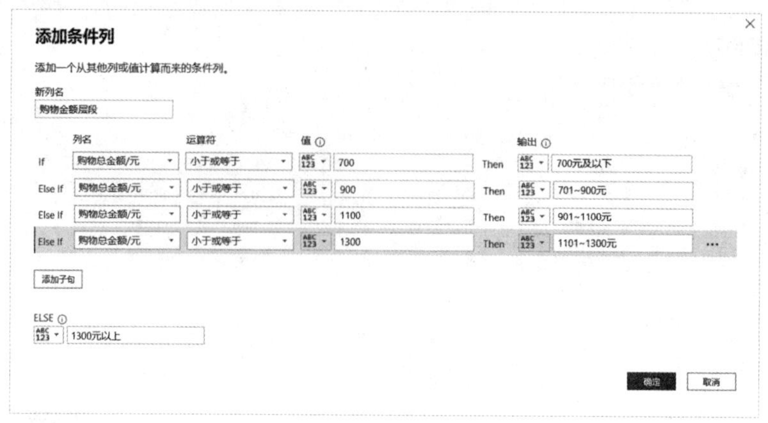

图7-10　添加“购物金额层段”条件列

步骤 11　单击“年龄层段”项目，按住【Shift】键的同时单击“购物金额层段”项目，同时选择相邻的4列，在【主页】/【转换】组中单击“数据类型：任意”按钮右侧的下拉按钮，在弹出的下拉列表中选择“文本”选项，然后在【关闭】组中单击“关闭并应用”按钮，应用设置并关闭“Power Query编辑器”窗口，如图7-11所示。

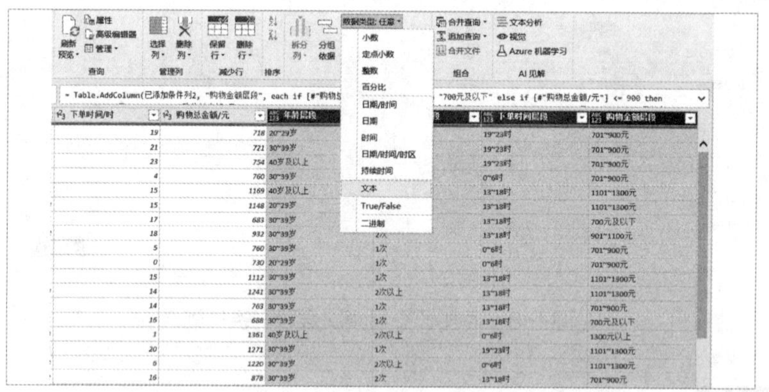

图7-11　调整数据类型

步骤 12　返回Power BI窗口，在报表视图模式下单击“可视化”任务窗格中的“簇状条形图”按钮，依次将“数据”任务窗格中的“性别”字段和“姓名”字段拖曳到“可视化”任务窗格中的“Y轴”文本框和“X轴”文本框中，如图7-12所示。

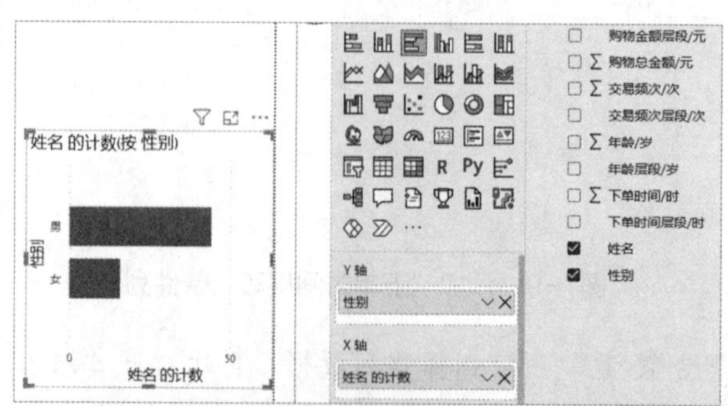

图7-12　创建条形图

步骤13 在报表区域拖曳条形图右下角的控制点，适当调整图表尺寸。

步骤14 单击“可视化”任务窗格中的“设置视觉对象格式”按钮，单击“常规”选项卡，展开“标题”栏，在“文本”文本框中输入“客户性别”，将字号设置为“16”，加粗并居中显示标题。

步骤15 单击“视觉对象”选项卡，显示数据标签，将标签字号设置为“12”。

步骤16 将Y轴和X轴标题的字号设置为“12”，同时将X轴的标题修改为“人数”，如图7-13所示。

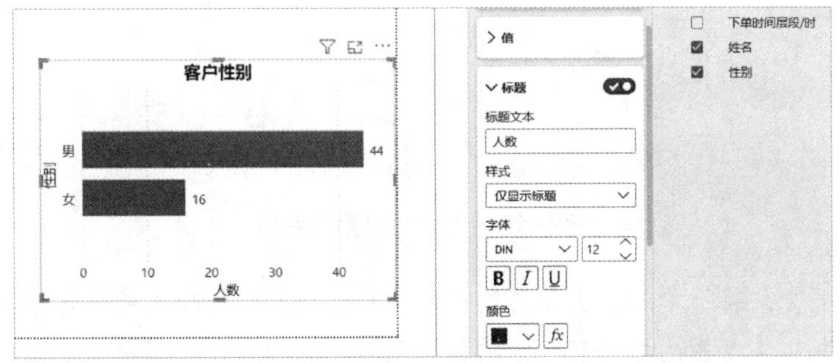

图7-13 设置坐标轴

步骤17 单击报表空白区域，单击“可视化”任务窗格中的“簇状条形图”按钮，依次将“数据”任务窗格中的“年龄层段”字段和“姓名”字段拖曳到“可视化”任务窗格中的“Y轴”和“X轴”文本框中。

步骤18 将条形图拖曳至上一个条形图的右侧，按照相同的方法设置条形图，包括设置图表标题、数据标签、坐标轴，如图7-14所示。

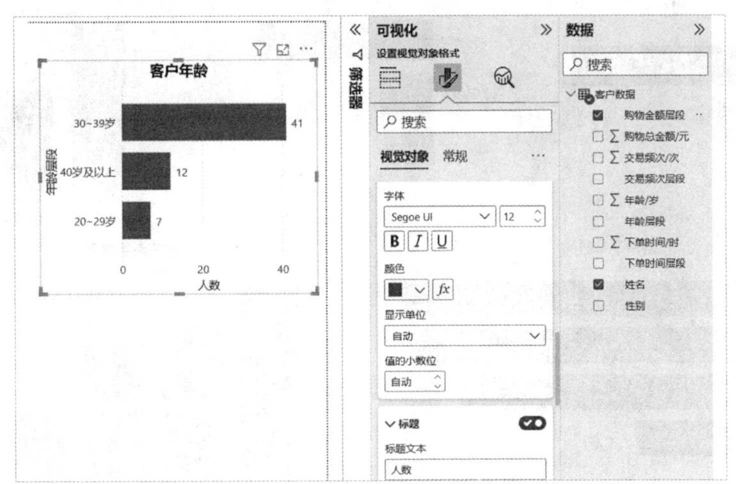

图7-14 创建并设置条形图

步骤19 在报表空白区域创建簇状柱形图，将“数据”任务窗格中的“交易频次层段”字段和“姓名”字段拖曳到“可视化”任务窗格中的“X轴”和“Y轴”文本框中。

步骤20 将柱形图标题设置为“客户交易频次”，按类似的方法继续设置数据标签和坐标轴，并调整图表位置和尺寸，如图7-15所示。

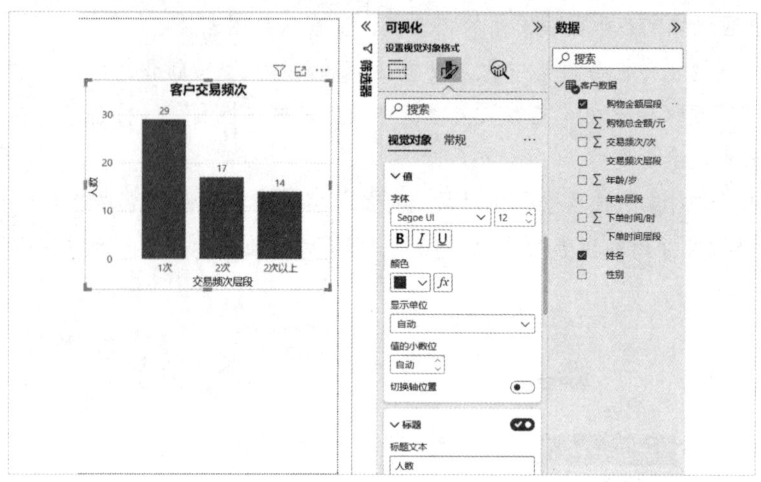

图7-15　创建并设置柱形图

步骤21 按照相同方法将下单时间层段的数据和购物金额层段的数据可视化，其中下单时间层段的数据以条形图的方式显示，购物金额层段的数据以柱形图的方式显示，然后调整5个图表的尺寸和位置，效果如图7-16所示。由图可知，该店铺的客户以男性居多，年龄以30～39岁为主，交易频次为1次的人数最多，下单时间分布广泛，各时段均有客户下单，7～12时的下单人数较少，购物金额集中在701～1300元。店铺应以30～39岁的男性客户为重点实施相应的运营策略，如进一步调整页面风格，修改详情页图片和文案等，以便更加契合这类客户的兴趣点和购物习惯。

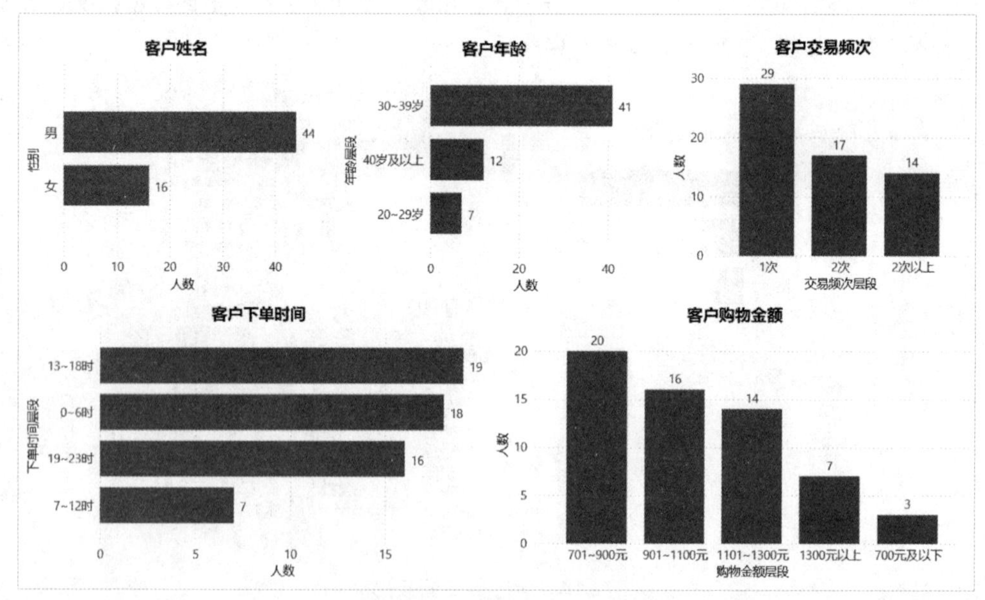

图7-16　创建其他图表

步骤22 选择“客户交易频次”柱形图中代表“2”的矩形，此时其他图表将联动显示交易频次为2次的客户对应的其他画像分析结果，如图7-17所示（配套资源：\效果\项目七\客户数据.pbix）。由图可知，在该店铺交易2次的客户，男性远多于女性，年龄集中在

30～39岁，通常会在凌晨完成下单，购物金额则集中在901～1100元。店铺可以在晚上向这类客户推送相关的商品信息，以迎合他们在凌晨下单的购物习惯。

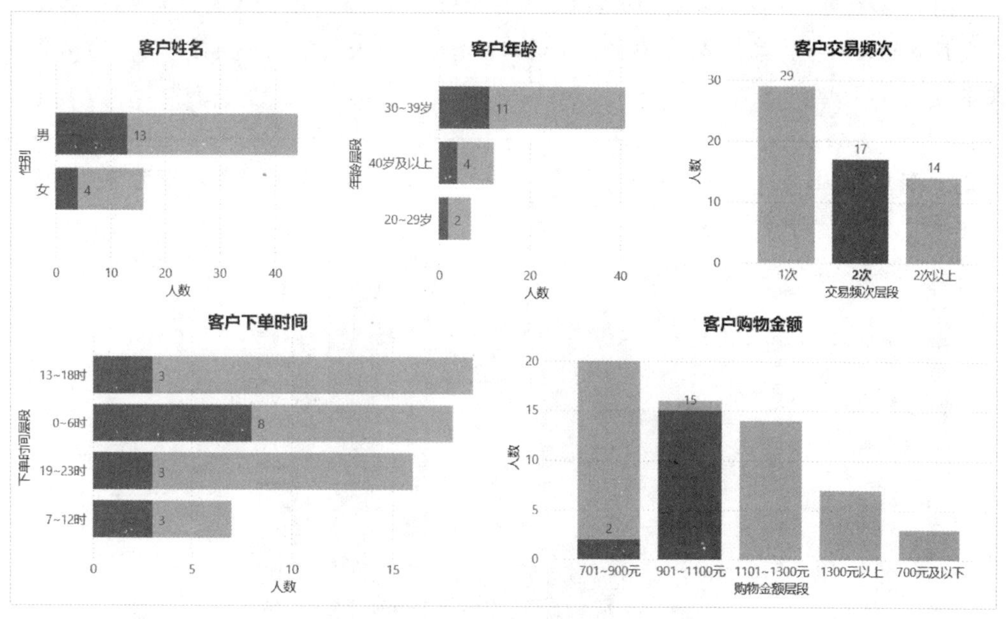

图7-17　分析图表数据

【实战二】设计客户标签

本次实战采集了某店铺特定时期客户的姓名、性别、年龄、风格偏好和品牌偏好等数据，下面在Excel中利用风格偏好和品牌偏好设计客户标签，并通过筛选等功能管理数据。具体操作如下。

步骤 01 打开“客户标签.xlsx”文件（配套资源：\素材\项目七\客户标签.xlsx），选择F2:F61单元格区域，在编辑栏中输入“=LEFT(D2,2)&E2”，按【Ctrl+Enter】组合键返回计算结果，如图7-18所示。

F2　=LEFT(D2,2)&E2

	A	B	C	D	E	F	G	H	I
1	姓名	性别	年龄/岁	风格偏好	品牌偏好	客户标签			
2	李严	男	29	简约风格	E品牌	简约E品牌			
3	徐允和	男	31	现代风格	A品牌	现代A品牌			
4	安月	女	42	简约风格	B品牌	简约B品牌			
5	葛亮	男	35	科技风格	E品牌	科技E品牌			
6	倪霞瑗	女	41	现代风格	A品牌	现代A品牌			
7	蔡可	男	29	简约风格	C品牌	简约C品牌			
8	姜梦瑶	女	37	轻奢风格	D品牌	轻奢D品牌			
9	汪照	男	36	简约风格	A品牌	简约A品牌			
10	茅童	男	33	轻奢风格	D品牌	轻奢D品牌			
11	钱飘茹	女	29	现代风格	E品牌	现代E品牌			
12	路嘉玮	男	34	轻奢风格	A品牌	轻奢A品牌			
13	何沫依	女	31	轻奢风格	A品牌	轻奢A品牌			
14	俞英策	男	31	轻奢风格	A品牌	轻奢A品牌			
15	章熙	男	36	简约风格	D品牌	简约D品牌			
16	邹德	男	40	现代风格	A品牌	现代A品牌			
17	禹万纯	男	37	轻奢风格	E品牌	轻奢E品牌			
18	常悦斌	男	31	轻奢风格	A品牌	轻奢A品牌			
19	马萱聪	男	34	简约风格	A品牌	简约A品牌			

图7-18　建立标签

知识拓展

LEFT函数可以从文本字符串的第1个字符开始返回指定个数的字符，其第1个参数指定要提取的文本字符串，第2个参数指定返回的数量。“&”号为连接符，可以连接多个文本。

步骤02 选择D列和E列单元格，在列标上单击鼠标右键，在弹出的快捷菜单中选择“隐藏”命令，如图7-19所示。

	A	B	C	D	E	F
1	姓名	性别	年龄/岁	风格偏	好	客户标签
2	李严	男	29	简约风		简约E品牌
3	徐允和	男	31	现代风		现代A品牌
4	安月	女	42	简约风		简约B品牌
5	葛亮	男	35	科技风		科技E品牌
6	倪霞瑗	女	41	现代风		现代A品牌
7	蔡可	男	29	简约风		简约C品牌
8	姜梦瑶	女	37	轻奢风		轻奢D品牌
9	汪照	男	36	简约风		简约A品牌
10	茅童	男	33	轻奢风		轻奢D品牌
11	钱飘茹	女	29	现代风		现代E品牌
12	路嘉玮	男	34	轻奢风		轻奢A品牌
13	何沫依	女	31	轻奢风		轻奢A品牌
14	俞英策	男	31	轻奢风格	A品牌	轻奢A品牌
15	章熙	男	36	简约风格	D品牌	简约D品牌
16	邹德	男	40	现代风格	A品牌	现代A品牌
17	禹万纯	男	37	轻奢风格	E品牌	轻奢E品牌
18	常悦斌	男	31	轻奢风格	A品牌	轻奢A品牌
19	马萱聪	男	34	简约风格	A品牌	简约A品牌
20	汤香茗	女	38	现代风格	E品牌	现代E品牌
21	平聪竹	男	30	轻奢风格	A品牌	轻奢A品牌

图7-19　隐藏列

步骤03 选择包含数据的任意单元格，在【数据】/【排序和筛选】组中单击“筛选”按钮，单击出现在“姓名”项目右侧的下拉按钮，在弹出的下拉列表中取消选中“(全选)”复选框，然后单击选中“毛艺晨”和“齐钊”复选框，单击“确定”按钮。此时将单独显示这两位客户的标签，如图7-20所示，店铺便可根据对应的标签向这两位客户推送符合其喜好的内容。

图7-20　查看指定客户的标签

步骤04 在【数据】/【排序和筛选】组中单击“清除”按钮取消筛选状态，然后单击“客户标签”项目右侧的下拉按钮，在弹出的下拉列表中取消选中“(全选)”复选框，然后单击选中“科技B品牌”和“轻奢A品牌”复选框，单击“确定”按钮。此时将单独显示具有这两种标签的客户数据，如图7-21所示（配套资源：\效果\项目七\客户标签.xlsx），店铺便可向这些客户批量推送符合这两种标签的内容。

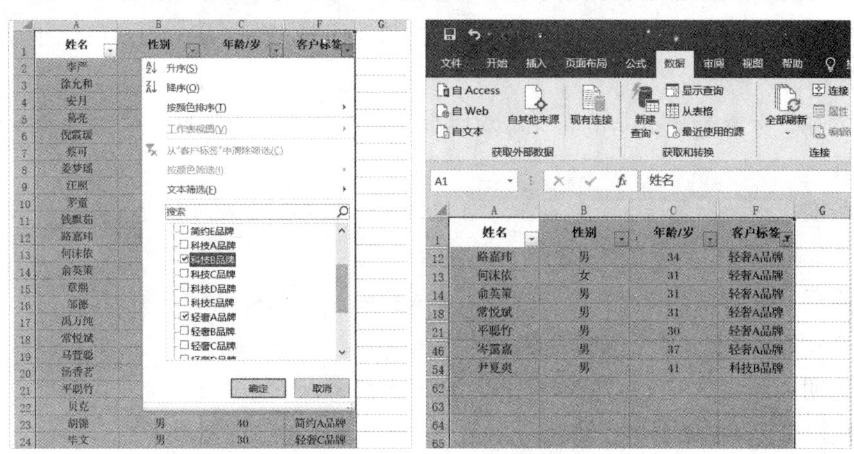

图7-21 通过标签查看客户数据

任务二 管理会员数据

与客户相比，店铺的会员具有更高的忠诚度，他们对店铺的商品和服务较为喜爱，愿意产生多次交易行为。因此，对于店铺而言，会员数据具有十分重要的意义，可以帮助店铺实施个性化营销、改进商品和服务、管理会员忠诚度等。本任务将首先分析会员的留存率、流失率和忠诚度，然后尝试使用RFM模型细分会员类型。

相关知识

一、会员与客户的区别

会员与客户在概念上存在一些区别，主要可从以下4个方面进行区分。

- **关系类型**：客户通常是指店铺商品的购买者或服务的接受者，他们与店铺之间一般是一次性交易或零散的业务关系；会员则往往与店铺之间建立起长期和稳定的关系，能够在店铺中实现多次交易，享受店铺的一些专属权益。
- **身份认同**：客户是指商品购买者或服务接受者的身份，主要强调具体的交易行为和消费需求；会员则具有较强的认同感和归属感，会员身份通常意味着享受特殊的权益，其与店铺的联系更为紧密。
- **交互和互动**：客户与店铺之间的交互主要集中在具体的购买或服务环节，关系较为短暂；会员可以享受更多的互动和个性化服务，可以通过参与店铺举办的会员活动，与其他会员交流和分享体验。

- **优惠和权益：**客户在交易过程中可以享受普通的商品或服务；会员通常可以享受特别的优惠和权益，如专属折扣、专属服务、独家活动等。

二、会员生命周期

会员生命周期指的是从会员获取到会员流失的整个过程，每个阶段的特征和需求不同，针对不同阶段，店铺需要制定的运营策略也不同。总体而言，会员生命周期包含导入期、成长期、成熟期和流失期等阶段。

- **导入期：**导入期是引导潜在会员成为会员的阶段，这个阶段的核心运营策略是获取会员。
- **成长期：**成长期是指会员逐渐融入店铺，开始参与会员活动和使用会员权益的阶段，这个阶段的核心运营策略是提高会员的活跃度。
- **成熟期：**成熟期是指会员与店铺之间形成稳定、互惠互利关系的阶段，这个阶段的核心运营策略是提高会员的留存率。
- **流失期：**流失期是指会员长期处于“睡眠”状态或不再是店铺会员的阶段，这个阶段的核心运营策略是召回会员。

三、会员忠诚度

会员忠诚度指的是会员出于对店铺商品或服务的喜好而产生重复购买行为的可能性。影响会员忠诚度的指标较多，其中购买频次、重复购买率比较常用且重要。重复购买率也叫复购率，是影响会员忠诚度的核心指标，计算方法主要有以下两种，实际使用时可以根据自身运营要求进行选择。

重复购买率=重复购买会员数量/会员样本数量×100%

假设会员样本为100人，其中50人重复购买（不考虑重复购买了几次），则此时重复购买率=50/100×100%=50%。

重复购买率=会员购买次数（或交易次数）/会员样本数量×100%

假设会员样本为100人，其中50人重复购买，这50人中有35人重复购买1次（即购买2次），有15人重复购买2次（即购买3次），则此时重复购买率=(35×1+15×2)/100×100%=65%。

四、RFM模型

RFM模型是描述会员价值的工具，包含3个维度，分别是最近一次交易时间、交易频率和交易金额。

- **最近一次交易时间（Recency，对应R维度）：**此指标需要与当前时间相减，从而转化为会员最近一次交易时间与当前时间的间隔。间隔越短，指标的数值越高；间隔越长，指标的数值越低。
- **交易频率（Frequency，对应F维度）：**此指标表示会员在指定时期内重复购买的次数。次数越多，数值越高；次数越少，数值越低。

- **交易金额（Monetary，对应M维度）**：此指标表示会员在指定时期内购物花费的金额。金额越多，数值越高；金额越少，数值越低。

使用RFM模型分析会员类型，能够识别出优质会员，以便制定个性化的沟通策略和营销策略，为营销决策提供有力支持。利用RFM模型分析会员数据时，需要采集会员名称、最近一次交易时间、交易金额和交易次数等数据，再利用这些数据得到RFM模型中的3个维度，对每个维度进行评价，综合评价结果进行细分。图7-22所示为某店铺使用RFM模型细分会员的示例。

R	F	M	会员细分类型	营销策略
高	高	高	重要价值	倾斜更多资源，提供VIP、个性化服务等专属服务
低	高	高	重要保持	提供极具吸引力的商品或服务
高	低	高	重要发展	制订忠诚度提高计划，推荐其他商品
低	低	高	重要挽留	重点联系或拜访，提高留存率
高	高	低	一般价值	提供各种优惠活动，尝试销售价值更高的商品
高	低	低	一般发展	提高会员兴趣，提升品牌知名度
低	高	低	一般保持	推荐热门商品并打折销售，加强联系
低	低	低	一般挽留	尝试激发会员兴趣，否则暂时放弃

图7-22　会员细分类型

任务实战

【实战一】分析店铺会员的留存率和流失率

本次实战采集了某店铺特定时期内多个地区的会员数据，包括期初会员数、新增会员数和期末会员数等，下面利用Power BI分析在该时期内，店铺不同地区的会员留存率和流失率。具体操作如下。

步骤01 启动Power BI，在【主页】/【数据】组中单击“Excel工作簿”按钮，打开“打开”对话框，选择“会员留存与流失.xlsx”文件（配套资源：\素材\项目七\会员留存与流失.xlsx），单击“打开”按钮。打开“导航器”对话框，单击选中“Sheet1”复选框，然后单击“转换数据”按钮，如图7-23所示。

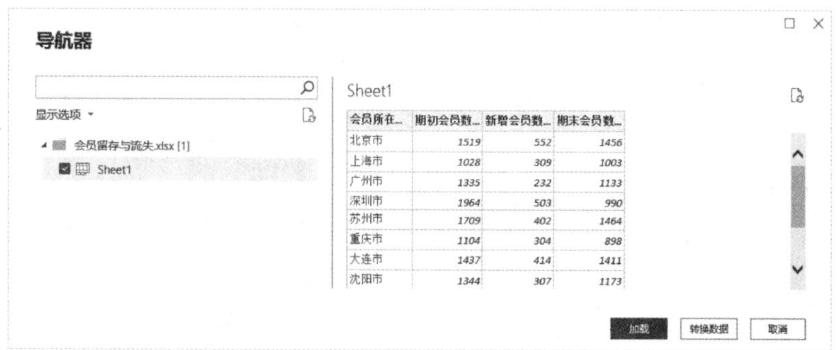

图7-23　导入数据

步骤02 进入Power Query编辑器的操作页面，在【添加列】/【常规】组中单击“自定义列”按钮，打开“自定义列”对话框，在“新列名”文本框中输入“流失会员数/位”，按“流失会员数=期初会员数-期末会员数”的公式在“自定义列公式”栏中进行设置，完成后单击“确定”按钮，如图7-24所示。

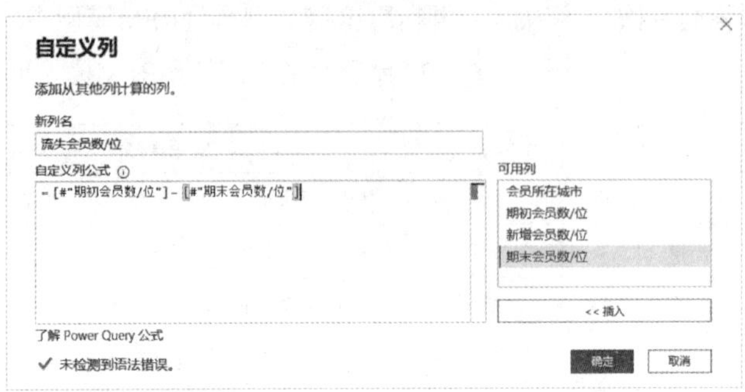

图7-24　计算流失会员数

步骤03 单击“自定义列”按钮，打开“自定义列”对话框，在“新列名”文本框中输入“会员留存率”，按“会员留存率=（期末会员数-新增会员数）/期初会员数”的公式在“自定义列公式”栏中进行设置，完成后单击“确定”按钮，如图7-25所示。

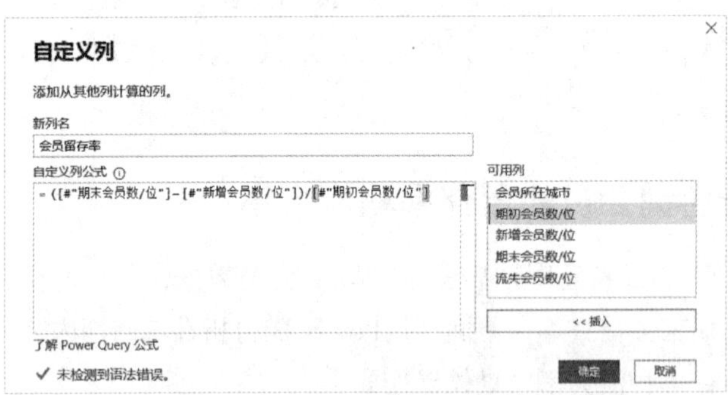

图7-25　计算会员留存率

步骤04 单击“自定义列”按钮，打开“自定义列”对话框，在“新列名”文本框中输入“会员流失率”，按“会员流失率=流失会员数/期初会员数”的公式在“自定义列公式”栏中进行设置，完成后单击“确定”按钮，如图7-26所示。

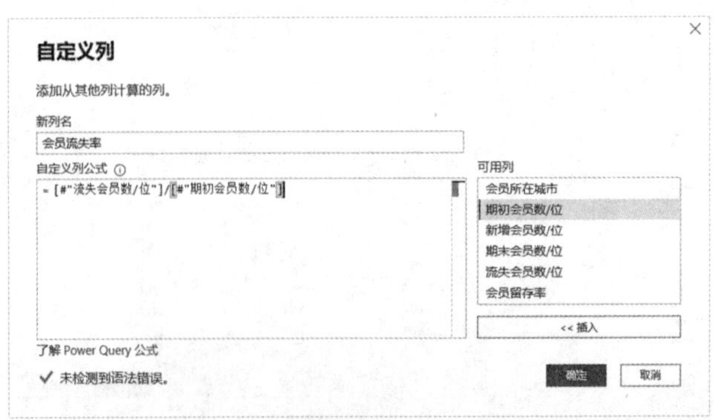

图7-26　计算会员流失率

步骤05 选择“流失会员数/位”列，在【主页】/【转换】组中单击“数据类型：任意”按钮右侧的下拉按钮，在弹出的下拉列表中选择“整数”选项。继续将“会员留存率”和“会员流失率”列的数据类型设置为“百分比”，效果如图7-27所示。

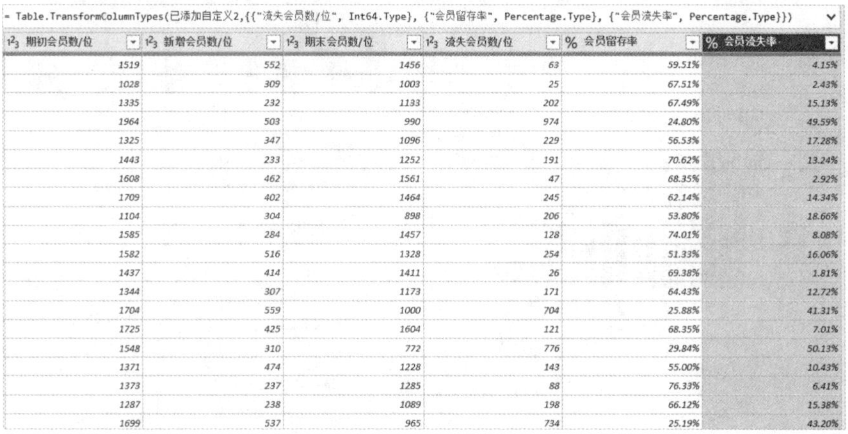

```
= Table.TransformColumnTypes(已添加自定义2,{{"流失会员数/位", Int64.Type}, {"会员留存率", Percentage.Type}, {"会员流失率", Percentage.Type}})
```

期初会员数/位	新增会员数/位	期末会员数/位	流失会员数/位	会员留存率	会员流失率
1519	552	1456	63	59.51%	4.15%
1028	309	1003	25	67.51%	2.43%
1335	232	1133	202	67.49%	15.13%
1964	503	990	974	24.80%	49.59%
1325	347	1096	229	56.53%	17.28%
1443	233	1252	191	70.62%	13.24%
1608	462	1561	47	68.35%	2.92%
1709	402	1464	245	62.14%	14.34%
1104	304	898	206	53.80%	18.66%
1585	284	1457	128	74.01%	8.08%
1582	516	1328	254	51.33%	16.06%
1437	414	1411	26	69.38%	1.81%
1344	307	1173	171	64.43%	12.72%
1704	559	1000	704	25.88%	41.31%
1725	425	1604	121	68.35%	7.01%
1548	310	772	776	29.84%	50.13%
1371	474	1228	143	55.00%	10.43%
1373	237	1285	88	76.33%	6.41%
1287	238	1089	198	66.12%	15.38%
1699	537	965	734	25.19%	43.20%

图7-27 设置数据类型

步骤06 在【主页】/【关闭】组中单击“关闭并应用”按钮。

步骤07 进入Power BI的报表视图模式，单击左侧的“数据视图”按钮进入数据视图模式。

步骤08 选择“会员留存率”列，在【列工具】/【格式化】组的“格式”下拉列表框中选择“百分比”选项，按相同方法调整“会员流失率”列的数据类型，效果如图7-28所示。

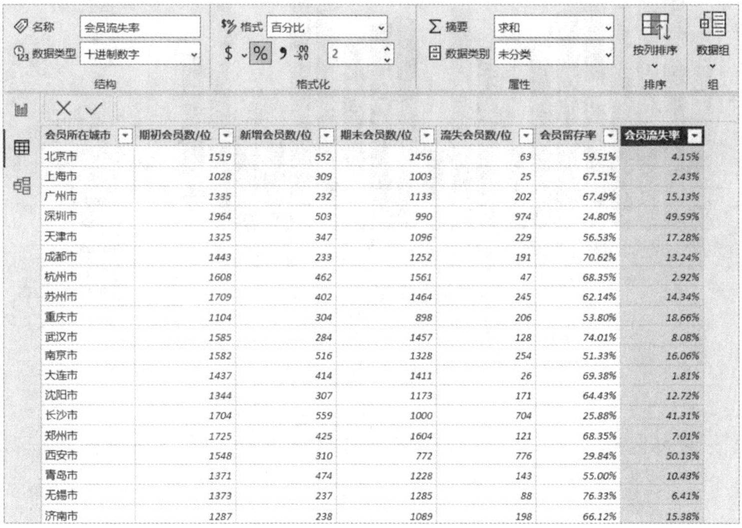

名称：会员流失率　数据类型：十进制数字（结构）　格式：百分比　$ % , 2（格式化）　摘要：求和　数据类别：未分类（属性）　按列排序（排序）　数据组（组）

会员所在城市	期初会员数/位	新增会员数/位	期末会员数/位	流失会员数/位	会员留存率	会员流失率
北京市	1519	552	1456	63	59.51%	4.15%
上海市	1028	309	1003	25	67.51%	2.43%
广州市	1335	232	1133	202	67.49%	15.13%
深圳市	1964	503	990	974	24.80%	49.59%
天津市	1325	347	1096	229	56.53%	17.28%
成都市	1443	233	1252	191	70.62%	13.24%
杭州市	1608	462	1561	47	68.35%	2.92%
苏州市	1709	402	1464	245	62.14%	14.34%
重庆市	1104	304	898	206	53.80%	18.66%
武汉市	1585	284	1457	128	74.01%	8.08%
南京市	1582	516	1328	254	51.33%	16.06%
大连市	1437	414	1411	26	69.38%	1.81%
沈阳市	1344	307	1173	171	64.43%	12.72%
长沙市	1704	559	1000	704	25.88%	41.31%
郑州市	1725	425	1604	121	68.35%	7.01%
西安市	1548	310	772	776	29.84%	50.13%
青岛市	1371	474	1228	143	55.00%	10.43%
无锡市	1373	237	1285	88	76.33%	6.41%
济南市	1287	238	1089	198	66.12%	15.38%

图7-28 调整数据类型

步骤09 单击左侧的“报表视图”按钮返回报表视图模式。在“可视化”任务窗格中单击“簇状柱形图”按钮，在“数据”任务窗格中展开“Sheet1”表格选项，将“会员所在城市”字段添加至“可视化”任务窗格中的“X轴”文本框，将“会员留存率”字段添加至“Y轴”文本框。

步骤10 单击图表右上角的“更多选项”按钮⋯，在弹出的下拉列表中选择【排列 轴】/【会员所在城市】选项，再次单击该按钮，在弹出的下拉列表中选择【排列 轴】/【以升序排序】选项，调整数据在图表中的显示顺序，如图7-29所示。

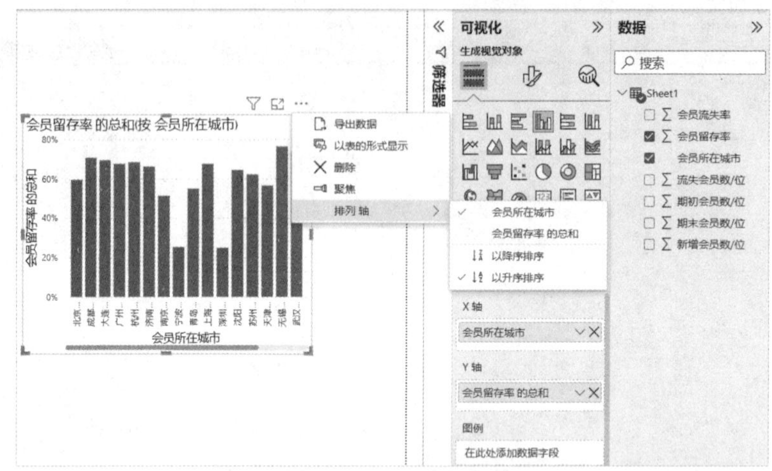

图7-29 调整数据排列顺序

步骤11 隐藏图表标题，将坐标轴的文本字号均设置为“12”，将*Y*轴的标题修改为“会员留存率”。显示数据标签，同样将其字号设置为“12”，再调整图表尺寸，如图7-30所示。

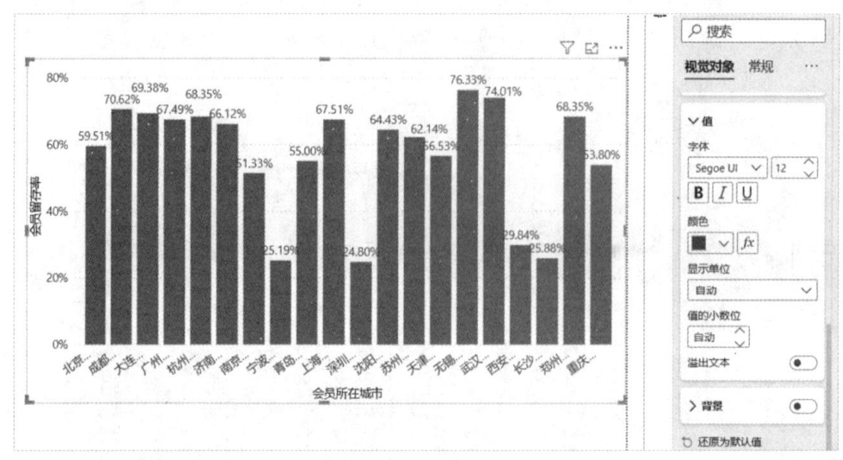

图7-30 美化图表

步骤12 单击报表空白区域，在“可视化”任务窗格中单击“簇状柱形图”按钮，将“会员所在城市”字段添加至“X轴”文本框，将“会员流失率”字段添加至“Y轴”文本框。

步骤13 单击图表右上角的“更多选项”按钮⋯，在弹出的下拉列表中选择【排列 轴】/【会员所在城市】选项，再次单击该按钮，在弹出的下拉列表中选择【排列 轴】/【以升序排序】选项，调整数据在图表中的显示顺序。

步骤14 隐藏图表标题，将坐标轴的文本字号均设置为“12”，将*Y*轴的标题修改为“会员流失率”。显示数据标签，将其字号同样设置为“12”，调整图表尺寸，效果如图7-31所示

（配套资源：\效果\项目七\会员留存与流失.pbix）。由图可知，除宁波市、深圳市、西安市、长沙市以外，其他城市的会员留存率都超过了50%，其中无锡市和武汉市的会员留存率最高；就会员流失率而言，宁波市、深圳市、西安市和长沙市的会员流失率相对较高，北京市、大连市、杭州市、上海市的会员流失率相对较低。店铺应当关注会员留存率低且流失率高的城市，全面分析出现这种现象的原因。同时，店铺也可以借鉴会员留存率高且流失率低的城市的运营策略，以降低会员流失率，提升会员留存率。

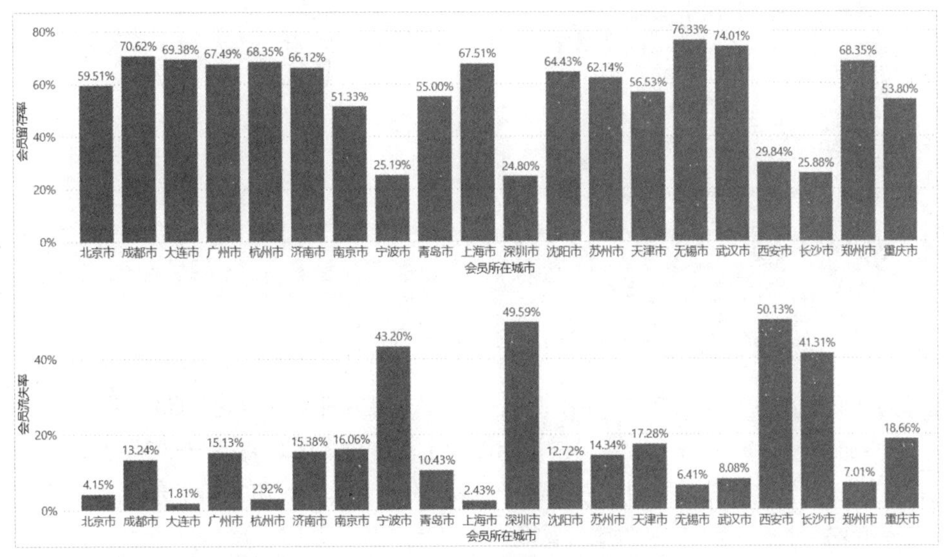

图7-31 创建并设置图表

【实战二】分析店铺会员的忠诚度情况

本次实战采集了某店铺特定时期内各会员的姓名、性别和交易次数等数据，下面利用Excel分析不同交易次数的占比情况以及会员的忠诚度。具体操作如下。

微课视频

分析店铺会员的忠诚度情况

步骤 01 打开"客户忠诚度.xlsx"文件（配套资源：\素材\项目七\客户忠诚度.xlsx），在F2:F4单元格区域中分别输入图7-32所示的文本，用于统计不同交易次数的人数。

F4 交易1次的人数

	A	B	C	D	E	F	G	H
1	姓名	性别	年龄/岁	交易次数/次				
2	李严	男	29	3		交易3次的人数		
3	徐允和	男	31	2		交易2次的人数		
4	安月	女	42	2		交易1次的人数		
5	葛亮	男	35	1				
6	倪霞瑗	女	41	1				
7	蔡可	男	29	2				
8	姜梦瑶	女	37	3				
9	汪照	男	36	2				
10	茅童	男	33	3				
11	钱飘茹	女	29	2				
12	路嘉玮	男	34	3				
13	何沫依	女	31	3				
14	俞英策	男	31	2				
15	章熙	男	36	2				
16	邹德	男	40	1				

图7-32 输入文本

步骤 02 选择G2单元格，在编辑栏中输入“=COUNTIF(D2:D61,3)”（表示统计D2:D61单元格区域中数据为“3”的单元格数量），按【Ctrl+Enter】组合键返回统计结果，如图7-33所示。

G2 =COUNTIF(D2:D61,3)

	A	B	C	D	E	F	G	H	I
1	姓名	性别	年龄/岁	交易次数/次					
2	李严	男	29	3		交易3次的人数	16		
3	徐允和	男	31	2		交易2次的人数			
4	安月	女	42	2		交易1次的人数			
5	葛亮	男	35	1					
6	倪霞瑗	女	41	1					
7	蔡可	男	29	2					
8	姜梦瑶	女	37	3					
9	汪熙	男	36	2					
10	茅童	男	33	3					
11	钱飘茹	女	29	2					
12	路嘉玮	男	34	3					
13	何沫依	女	31	3					
14	俞英策	男	31	2					
15	章熙	男	36	2					
16	邹德	男	40	1					
17	禹万纯	男	37	3					
18	常悦斌	男	31	3					
19	马萱聪	男	34	1					

图7-33　统计人数

步骤 03 选择G2单元格编辑栏中的内容，按【Ctrl+C】组合键复制。选择G3单元格，在编辑栏中单击鼠标左键定位插入点，按【Ctrl+V】组合键粘贴，然后将“3”修改为“2”，按【Enter】键确认。按相同方法统计交易1次的人数，如图7-34所示。

G4 =COUNTIF(D2:D61,1)

	A	B	C	D	E	F	G	H	I
1	姓名	性别	年龄/岁	交易次数/次					
2	李严	男	29	3		交易3次的人数	16		
3	徐允和	男	31	2		交易2次的人数	27		
4	安月	女	42	2		交易1次的人数	17		
5	葛亮	男	35	1					
6	倪霞瑗	女	41	1					
7	蔡可	男	29	2					
8	姜梦瑶	女	37	3					
9	汪熙	男	36	2					
10	茅童	男	33	3					
11	钱飘茹	女	29	2					
12	路嘉玮	男	34	3					
13	何沫依	女	31	3					
14	俞英策	男	31	2					
15	章熙	男	36	2					
16	邹德	男	40	1					
17	禹万纯	男	37	3					
18	常悦斌	男	31	3					
19	马萱聪	男	34	1					

图7-34　复制并修改公式

步骤 04 以F2:G4单元格区域为数据源创建饼图，为其应用“布局4”样式，将图表的字体格式设置为“方正兰亭纤黑简体，10号”，将数据标签的内容设置为“类别名称，百分比，引导线”，将数据格式设置为“百分比，2位小数”，将字体格式设置为“加粗，白色”，并调整图表尺寸，效果如图7-35所示。由图可知，所有会员中具有重复购买行为的占比超过70%，忠诚度表现还是不错的。

步骤 05 选择A1:D61单元格区域，在【数据】/【排序和筛选】组中单击“排序”按钮，打开“排序”对话框，在“主要关键字”下拉列表框中选择“性别”选项；单击“添加条件”按钮，在“次要关键字”下拉列表框中选择“交易次数/次”选项，在“次序”栏的下拉列表框中选择“降序”选项，单击“确定”按钮，如图7-36所示。

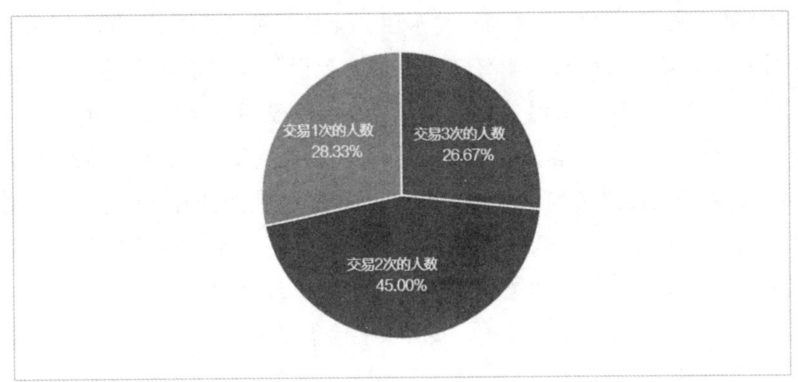

图7-35 创建并设置饼图

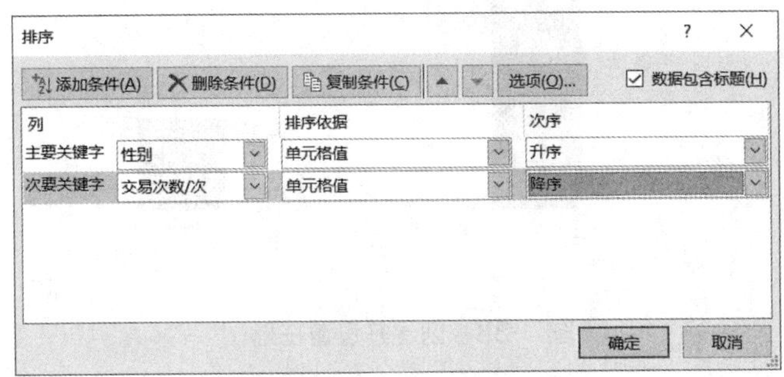

图7-36 设置排序条件

步骤06 在F6单元格和F7单元格中分别输入“男性”和“女性”。

步骤07 选择G6单元格，在编辑栏中输入“=(COUNT(C2:C14)*2+COUNT(C15:C33))/COUNT(C2:C45)*100%”（表示重复购买2次和重复购买1次的男性会员交易次数与所有男性会员数量的比率），按【Ctrl+Enter】组合键得出计算结果。

步骤08 选择G7单元格，在编辑栏中输入“=(COUNT(C46:C48)*2+COUNT(C49:C56))/COUNT(C46:C61)*100%”（表示重复购买2次和重复购买1次的女性会员交易次数与所有女性会员数量的比率），按【Ctrl+Enter】组合键得出计算结果，如图7-37所示。

J25

	A	B	C	D	E	F	G	H
1	姓名	性别	年龄/岁	交易次数/次				
2	李严	男	29	3		交易3次的人数	16	
3	茅童	男	33	3		交易2次的人数	27	
4	路嘉玮	男	34	3		交易1次的人数	17	
5	禹万纯	男	37	3				
6	常悦斌	男	31	3		男性	102%	
7	胡锦	男	40	3		女性	88%	
8	伍黛时	男	42	3				
9	严楠	男	38	3				
10	姚育	男	37	3				
11	高晓欣	男	30	3				
12	于晴亨	男	31	3				
13	柏晓晨	男	40	3				
14	葛若雷	男	31	3				
15	徐允和	男	31	2				
16	蔡可	男	29	2				
17	汪照	男	36	2				

图7-37 计算不同性别的会员的重复购买率

步骤 09 以F6:G7单元格区域为数据源创建柱形图，为其应用“布局7”样式，删除图例，将横坐标轴和纵坐标轴的标题分别修改为“客户性别”和“重复购买率”。将图表的字体格式设置为“方正兰亭纤黑简体，10号”，并调整图表尺寸，效果如图7-38所示（配套资源：\效果\项目七\客户忠诚度.xlsx）。由图可知，男性会员的重复购买率超过100%，女性会员的重复购买率超过85%，充分说明会员的忠诚度是非常高的。此外，男性会员的重复购买率比女性会员高，说明店铺的商品和服务更令男性会员满意。为了进一步提高女性会员的重复购买率，店铺在今后运营时可以从客服、店铺页面、商品图片和详情页文案等方面着手，提升女性会员的满意度。

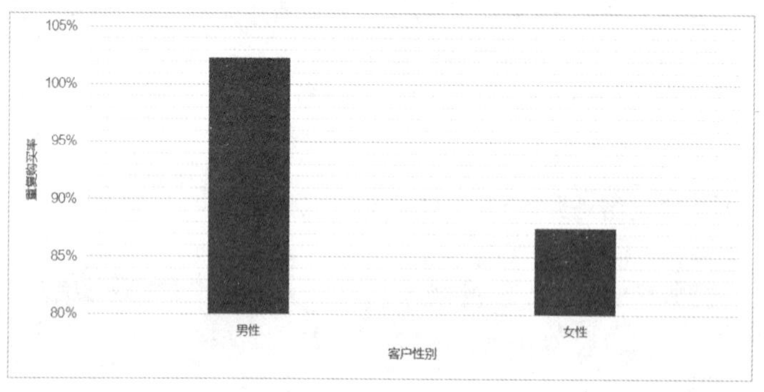

图7-38 创建并设置柱形图

【实战三】使用RFM模型细分店铺会员类型

微课视频

使用RFM模型细分店铺会员类型

本次实战采集了某店铺特定时期内各会员的姓名、性别、年龄、交易次数、交易金额、上次交易时间等数据，下面在Excel中计算上次交易到目前的时间间隔，然后利用RFM模型对会员进行细分管理。具体操作如下。

步骤 01 打开“客户细分.xlsx”文件（配套资源：\素材\项目七\客户细分.xlsx），在G1单元格中输入“时间间隔/天”。选择G2:G61单元格区域，在编辑栏中输入“=TODAY()-F2”，将当前的时间减去上次交易的时间，按【Ctrl+Enter】组合键计算时间间隔数据，如图7-39所示。

G2 =TODAY()-F2

	A	B	C	D	E	F	G
1	姓名	性别	年龄/岁	交易次数/次	交易金额/元	上次交易时间	时间间隔/天
2	李严	男	29	3	218.0	2022/11/27	231
3	徐允和	男	31	2	221.0	2023/3/2	136
4	安月	女	42	2	254.0	2022/9/14	305
5	葛亮	男	35	1	260.0	2022/10/16	273
6	倪霞瑗	女	41	1	669.0	2023/2/25	141
7	蔡可	男	29	2	648.0	2022/7/29	352
8	姜梦瑶	女	37	3	183.0	2022/11/7	251
9	汪照	男	36	2	432.0	2022/12/31	197
10	茅童	男	33	3	260.0	2022/9/25	294
11	钱飘茹	女	29	2	230.0	2022/11/5	253
12	路嘉玮	男	34	3	612.0	2023/2/22	144
13	何沫依	女	31	3	741.0	2022/7/31	350
14	俞英策	男	31	2	263.0	2022/12/22	206
15	章熙	男	36	2	188.0	2023/3/10	128
16	邹德	男	40	1	861.0	2023/1/23	174
17	禹万纯	男	37	3	771.0	2023/3/4	134
18	常悦斌	男	31	3	720.0	2022/11/30	228
19	马萱聪	男	34	1	378.0	2023/3/8	130
20	汤香茗	女	38	1	795.0	2022/8/1	349
21	平聪竹	男	30	2	568.0	2022/12/6	222
22	贝克	男	36	2	566.0	2023/3/1	137
23	胡锦	男	40	3	442.0	2022/9/9	310

图7-39 计算每位会员的交易时间间隔

步骤02 在C62单元格中输入“平均值”，选择D62单元格，在编辑栏中输入“=AVERAGE(D2:D61)”，按【Ctrl+Enter】组合键计算会员的平均交易次数，如图7-40所示。

D62 =AVERAGE(D2:D61)

	A	B	C	D	E	F	G	H	I	J	K
46	岑霭嘉	男	37	1	228.0	2022/2/19	512				
47	尤美家	女	40	2	282.0	2022/9/22	297				
48	谢浩雨	男	33	2	774.0	2023/3/11	127				
49	任晨瑾	男	29	2	762.0	2022/8/3	347				
50	郭嘉	男	29	1	262.0	2022/8/7	343				
51	余君	男	37	2	522.0	2023/3/1	137				
52	钱枝	男	39	1	241.0	2021/8/17	698				
53	吕立	男	32	1	852.0	2023/1/12	185				
54	尹夏爽	男	41	2	214.0	2022/9/12	307				
55	季琳君	女	30	2	590.0	2023/1/6	191				
56	柏晓晨	男	40	3	598.0	2022/10/4	285				
57	席韵文	男	37	1	474.0	2022/9/30	289				
58	罗莲姬	女	36	3	897.0	2022/11/12	246				
59	葛若雷	男	31	3	558.0	2022/8/27	323				
60	汪荷琛	女	40	1	540.0	2022/9/30	289				
61	邹鸣	男	41	1	544.0	2022/4/29	443				
62			平均值	2.0							
63											
64											
65											
66											
67											

图7-40 计算会员的平均交易次数

步骤03 按相同方法依次计算会员的平均交易金额和平均交易时间间隔，如图7-41所示。

G62 =AVERAGE(G2:G61)

	A	B	C	D	E	F	G	H	I	J	K
46	岑霭嘉	男	37	1	228.0	2022/2/19	512				
47	尤美家	女	40	2	282.0	2022/9/22	297				
48	谢浩雨	男	33	2	774.0	2023/3/11	127				
49	任晨瑾	男	29	2	762.0	2022/8/3	347				
50	郭嘉	男	29	1	262.0	2022/8/7	343				
51	余君	男	37	2	522.0	2023/3/1	137				
52	钱枝	男	39	1	241.0	2021/8/17	698				
53	吕立	男	32	1	852.0	2023/1/12	185				
54	尹夏爽	男	41	2	214.0	2022/9/12	307				
55	季琳君	女	30	2	590.0	2023/1/6	191				
56	柏晓晨	男	40	3	598.0	2022/10/4	285				
57	席韵文	男	37	1	474.0	2022/9/30	289				
58	罗莲姬	女	36	3	897.0	2022/11/12	246				
59	葛若雷	男	31	3	558.0	2022/8/27	323				
60	汪荷琛	女	40	1	540.0	2022/9/30	289				
61	邹鸣	男	41	1	544.0	2022/4/29	443				
62			平均值	2.0	506.2		251.9				
63											
64											
65											
66											
67											
68											

图7-41 计算会员的平均交易金额和平均交易时间间隔

步骤04 在H1、I1、J1单元格中分别输入“R”“F”“M”。

步骤05 选择H2:H61单元格区域，在编辑栏中输入“=IF(G2>$G$62,"低","高")”（表示将每位会员的交易时间间隔与平均交易时间间隔做比较，如果大于平均交易时间间隔则判断为“低”，小于或等于平均交易时间间隔则判断为“高”），按【Ctrl+Enter】组合键返回结果，如图7-42所示。

步骤06 选择I2:I61单元格区域，在编辑栏中输入“=IF(D2>=$D$62,"高","低")”（表示将每位会员的交易次数与平均交易次数做比较，如果大于或等于平均交易次数则判断为“高”，小于平均交易次数则判断为“低”），按【Ctrl+Enter】组合键返回结果，如图7-43所示。

H2 =IF(G2>$G$62,"低","高")

	A	B	C	D	E	F	G	H	I	J	K
1	姓名	性别	年龄/岁	交易次数/次	交易金额/元	上次交易时间	时间间隔/天	R	F	M	
2	李严	男	29	3	218.0	2022/11/27	231	高			
3	徐允和	男	31	2	221.0	2023/3/2	136	高			
4	安月	女	42	2	254.0	2022/9/14	305	低			
5	葛亮	男	35	1	260.0	2022/10/16	273	低			
6	倪霞瑗	女	41	1	669.0	2023/2/25	141	高			
7	蔡可	男	29	2	648.0	2022/7/29	352	低			
8	姜梦瑶	女	37	3	183.0	2022/11/7	251	高			
9	汪照	男	36	2	432.0	2022/12/31	197	高			
10	茅童	男	33	3	260.0	2022/9/25	294	低			
11	钱飘茹	女	29	2	230.0	2022/11/5	253	低			
12	路嘉玮	男	34	3	612.0	2023/2/22	144	高			
13	何沫依	女	31	3	741.0	2022/7/31	350	低			
14	俞英策	男	31	2	263.0	2022/12/22	206	高			
15	章熙	男	36	2	188.0	2023/3/10	128	高			
16	邹德	男	40	1	861.0	2023/1/23	174	高			
17	禹万纯	男	37	3	771.0	2023/3/4	134	高			
18	常悦斌	男	31	3	720.0	2022/11/30	228	高			

图7-42 判断会员交易时间间隔表现

I2 =IF(D2>=$D$62,"高","低")

	A	B	C	D	E	F	G	H	I	J	K
1	姓名	性别	年龄/岁	交易次数/次	交易金额/元	上次交易时间	时间间隔/天	R	F	M	
2	李严	男	29	3	218.0	2022/11/27	231	高	高		
3	徐允和	男	31	2	221.0	2023/3/2	136	高	高		
4	安月	女	42	2	254.0	2022/9/14	305	低	高		
5	葛亮	男	35	1	260.0	2022/10/16	273	低	低		
6	倪霞瑗	女	41	1	669.0	2023/2/25	141	高	低		
7	蔡可	男	29	2	648.0	2022/7/29	352	低	高		
8	姜梦瑶	女	37	3	183.0	2022/11/7	251	高	高		
9	汪照	男	36	2	432.0	2022/12/31	197	高	高		
10	茅童	男	33	3	260.0	2022/9/25	294	低	高		
11	钱飘茹	女	29	2	230.0	2022/11/5	253	低	高		
12	路嘉玮	男	34	3	612.0	2023/2/22	144	高	高		
13	何沫依	女	31	3	741.0	2022/7/31	350	低	高		
14	俞英策	男	31	2	263.0	2022/12/22	206	高	高		
15	章熙	男	36	2	188.0	2023/3/10	128	高	高		

图7-43 判断会员交易次数表现

步骤07 选择J2:J61单元格区域，在编辑栏中输入“=IF(E2>=$E$62,"高","低")”（表示将每位会员的交易金额与平均交易金额做比较，如果大于或等于平均交易金额则判断为“高”，小于平均交易金额则判断为“低”），按【Ctrl+Enter】组合键返回结果，如图7-44所示。

=IF(E2>=$E$62,"高","低")

A	B	C	D	E	F	G	H	I	J	K
姓名	性别	年龄/岁	交易次数/次	交易金额/元	上次交易时间	时间间隔/天	R	F	M	
李严	男	29	3	218.0	2022/11/27	231	高	高	低	
徐允和	男	31	2	221.0	2023/3/2	136	高	高	低	
安月	女	42	2	254.0	2022/9/14	305	低	高	低	
葛亮	男	35	1	260.0	2022/10/16	273	低	低	低	
倪霞瑗	女	41	1	669.0	2023/2/25	141	高	低	高	
蔡可	男	29	2	648.0	2022/7/29	352	低	高	高	
姜梦瑶	女	37	3	183.0	2022/11/7	251	高	高	低	
汪照	男	36	2	432.0	2022/12/31	197	高	高	低	
茅童	男	33	3	260.0	2022/9/25	294	低	高	低	
钱飘茹	女	29	2	230.0	2022/11/5	253	低	高	低	
路嘉玮	男	34	3	612.0	2023/2/22	144	高	高	高	
何沫依	女	31	3	741.0	2022/7/31	350	低	高	高	
俞英策	男	31	2	263.0	2022/12/22	206	高	高	低	
章熙	男	36	2	188.0	2023/3/10	128	高	高	低	
邹德	男	40	1	861.0	2023/1/23	174	高	低	高	

图7-44 判断会员交易金额表现

步骤08 在K1单元格输入“会员细分”，利用IF函数就维度评价结果判断客户类型。选择K2:K61单元格区域，在编辑栏中输入“=IF(AND(H2="高",I2="高",J2="高"),"重要价值",

IF(AND(H2="低",I2="高",J2="高"),"重要保持",IF(AND(H2="高",I2="低",J2="高"),"重要发展",IF(AND(H2="低",I2="低",J2="高"),"重要挽留",IF(AND(H2="高",I2="高",J2="低"),"一般价值",IF(AND(H2="高",I2="低",J2="低"),"一般发展",IF(AND(H2="低",I2="高",J2="低"),"一般保持","一般挽留")))))))”，按【Ctrl+Enter】组合键返回判断结果，如图7-45所示（配套资源：\效果\项目七\客户细分.xlsx）。

K2 =IF(AND(H2="高",I2="高",J2="高"),"重要价值",IF(AND(H2="低",I2="高",J2="高"),"重要保持",IF(AND(H2="高",I2="低",J2="高"),"重要发展",IF(AND(H2="低",I2="低",J2="高"),"重要挽留",IF(AND(H2="高",I2="高",J2="低"),"一般价值",IF(AND(H2="高",I2="低",J2="低"),"一般发展",IF(AND(H2="低",I2="高",J2="低"),"一般保持","一般挽留")))))))

	A	B	C	D	E	F	G	H	I	J	K
1	姓名	性别	年龄/岁	交易次数/次	交易金额/元	上次交易时间	时间间隔/天	R	F	M	会员细分
2	李严	男	29	3	218.0	2022/11/27	231	高	高	低	一般价值
3	徐允和	男	31	2	221.0	2023/3/2	136	高	高	低	一般价值
4	安月	女	42	2	254.0	2022/9/14	305	低	高	低	一般保持
5	葛亮	男	35	1	260.0	2022/10/16	273	低	低	低	一般挽留
6	倪霞瑗	女	41	1	669.0	2023/2/25	141	高	低	高	重要发展
7	蔡可	男	29	2	648.0	2022/7/29	352	低	高	高	重要保持
8	姜梦瑶	女	37	3	183.0	2022/11/7	251	高	高	低	一般价值
9	汪照	男	36	2	432.0	2022/12/31	197	高	高	低	一般价值
10	茅童	男	33	3	260.0	2022/9/25	294	低	高	低	一般保持
11	钱飘茹	女	29	2	230.0	2022/11/5	253	低	高	低	一般保持
12	路嘉玮	男	34	3	612.0	2023/2/22	144	高	高	高	重要价值
13	何沫依	女	31	3	741.0	2022/7/31	350	低	高	高	重要保持
14	俞英策	男	31	2	263.0	2022/12/22	206	高	高	低	一般价值
15	章熙	男	36	2	188.0	2023/3/10	128	高	高	低	一般价值
16	邹德	男	40	1	861.0	2023/1/23	174	高	低	高	重要发展
17	禹万纯	男	37	3	771.0	2023/3/4	134	高	高	高	重要价值
18	常悦斌	男	31	3	720.0	2022/11/30	228	高	高	高	重要价值
19	马萱聪	男	34	1	378.0	2023/3/8	130	高	低	低	一般发展
20	汤香茗	女	38	1	795.0	2022/8/1	349	低	低	高	重要挽留
21	平聪竹	男	30	2	568.0	2022/12/6	222	高	高	高	重要价值

图7-45　客户细分结果

步骤09 以A1:K61单元格区域为数据源，在新工作表中创建数据透视表，将“会员细分”字段添加到“行”列表框，将“姓名”字段添加到“值”列表框，如图7-46所示。

图7-46　创建数据透视表

步骤10 在数据透视表的基础上创建数据透视图，类型为条形图，为其应用“布局7”样式，删除图例，显示数据标签。

步骤11 将横坐标轴和纵坐标轴的标题分别修改为“数量/位”和“会员类型”，将图表的字体格式设置为“方正兰亭纤黑简体，10号”，并调整图表尺寸，效果如图7-47所示。

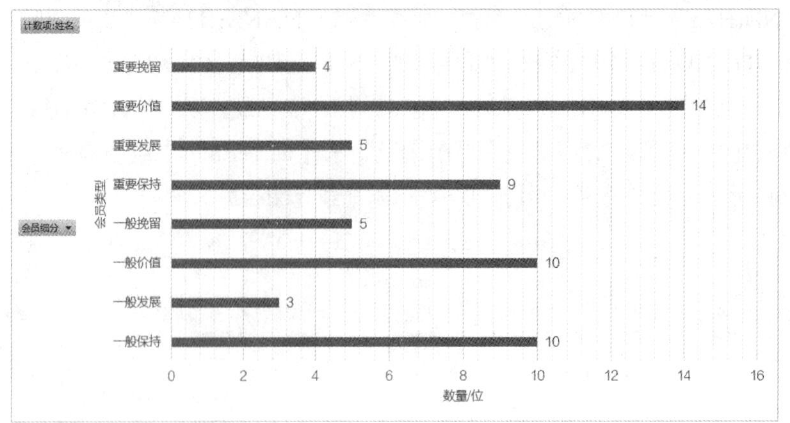

图7-47 创建数据透视图

步骤12 在数据系列上单击鼠标右键，在弹出的快捷菜单中选择“升序”命令，调整数据排列顺序，效果如图7-48所示（配套资源：\效果\项目七\客户细分.xlsx）。由图可知，该店铺的会员中，“重要价值”类会员数量最多，这类会员RFM模型3个维度的表现都很好，说明店铺在会员维护、日常运营和商品销售等方面都有不错的成效。“重要保持”“重要发展”“重要挽留”类会员数量较少，这需要店铺进一步改善运营策略，将“一般价值”“一般保持”类会员发展为重要会员。例如，提高客单价或推动高价值商品的销售，提高“一般保持”类会员的交易金额，就可以将其发展为“重要保持”类会员。

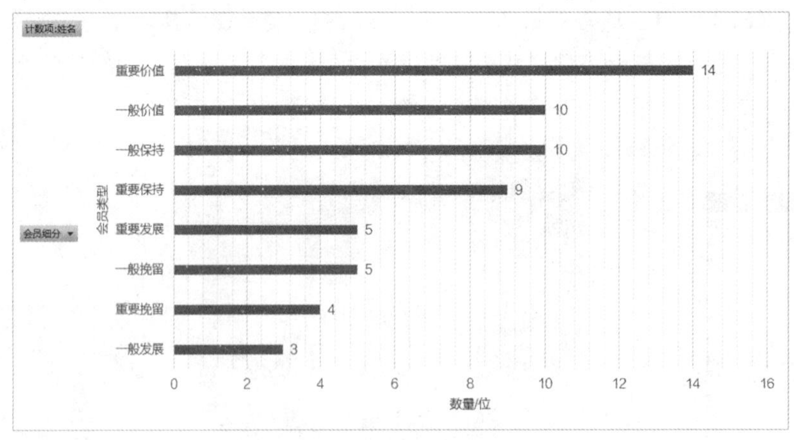

图7-48 调整数据排列顺序

项目小结

本项目主要介绍客户与会员数据的内容，通过两个任务分别对客户画像和客户标签，以及会员数据完成了分析。通过学习本项目，学生不仅可以掌握客户画像的创建与分析、客户标签的设计、会员留存率与流失率的分析、会员忠诚度的分析，以及会员类型细分等操作，还可以了解客户数据的类型、客户数据的价值、客户画像的作用、客户标签的作用、会员与客户的区别、会员生命周期、会员忠诚度、RFM模型等知识点。

管理并维护好客户与会员数据，有助于店铺针对客户与会员采取合理有效的运营措施，从而提升竞争力。

综合实训

实训一　建立并分析客户画像

本次实训采集了某店铺客户的姓名、性别、年龄、地域等数据，现需要利用这些数据，建立客户的年龄画像和地域画像，并分析客户的分布情况，为该店铺提供运营建议。

实训目标

在Power BI中建立客户的年龄画像和地域画像。

实训描述

导入“客户画像.xlsx”文件（配套资源：\素材\项目七\综合实训\客户画像.xlsx），通过建立条件列的方式将年龄分层，分别为20岁以下、20～30岁和30岁以上，然后利用条形图建立年龄画像，利用圆环图建立地域画像，如图7-49所示（配套资源：\效果\项目七\综合实训\客户画像.pbix）。

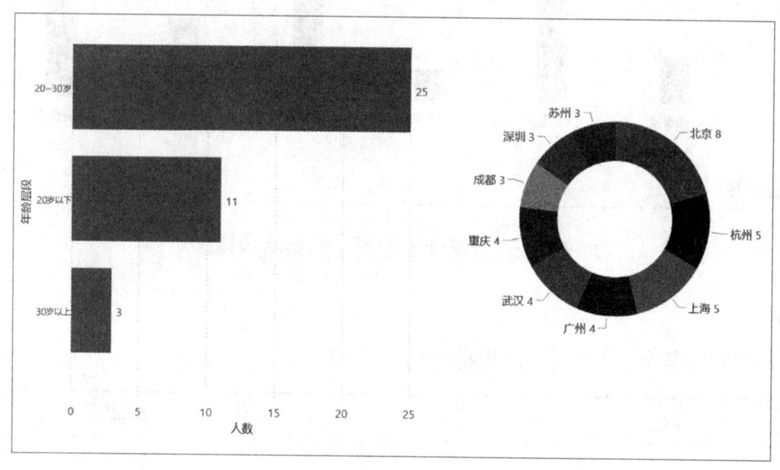

图7-49　客户的年龄和地域画像

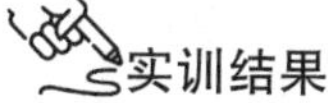

实训结果

根据综合实训的操作，将分析结果填写到下表中。

问题	结果
该店铺的客户年龄分布情况如何？针对这种年龄画像应该如何调整运营策略？	
该店铺的客户地域分布情况如何？针对这种地域画像应该如何调整运营策略？	

实训二　细分并统计会员类型

本次实训采集了某店铺会员的姓名、性别、年龄、地域、交易总额、交易笔数、上次交易时间等数据，现需要利用这些数据，建立RFM模型，并对会员类型进行细分，然后统计不同类型的会员数量，以便针对不同类型的会员采取不同的维护策略。

实训目标

利用RFM模型实现对会员的类型细分操作。

实训描述

打开“客户类型.xlsx”文件（配套资源：\素材\项目七\综合实训\客户类型.xlsx），计算会员的交易时间间隔，统计R、F、M 3个维度对应的平均值，利用IF函数判断这3个维度的表现，然后根据3个维度的数据细分会员类型，最后使用数据透视图统计不同类型的会员数量，如图7-50所示（配套资源：\效果\项目七\综合实训\客户类型.xlsx）。

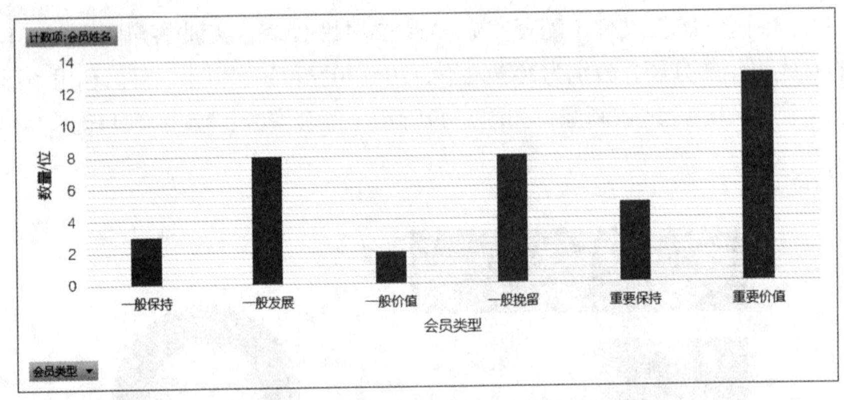

图7-50　统计不同类型的会员数量

实训结果

根据综合实训的操作，将分析结果填写到下表中。

问题	结果
该店铺的会员类型分布情况如何？	
该店铺应该如何从运营的角度维护会员？	

复盘并分析直播数据

近年来，直播带货这种新兴的营销手段逐渐被人们所熟知。易观分析《2023年中国直播电商发展洞察》的数据显示，直播电商的交易规模不断扩大，从2018年的0.14万亿元增长到2023年上半年的4.14万亿元。这一惊人的发展速度吸引了越来越多的个人和企业投身其中。为了在竞争中取得进一步的发展，从事直播带货的个人和企业应当重视直播复盘和直播数据的分析，通过发现问题、解决问题、优化策略，为下一场直播做更充分的准备。

知识目标

- 了解直播复盘的含义
- 熟悉直播复盘的基本思路
- 认识直播数据的十大核心指标
- 了解不同阶段的数据分析与运营重点
- 熟悉获取直播数据的渠道

技能目标

- 能够对直播活动进行简单复盘
- 能够利用巨量百应分析直播数据
- 能够利用蝉妈妈分析对比直播数据

素养目标

- 培养逻辑思维和数据分析思维
- 树立自我反思的意识，能够发现自身的优点和缺点
- 培养并锻炼决策能力和判断能力

任务一 直播复盘

直播复盘是指对直播带货活动进行回顾和总结的过程。通过直播复盘，直播团队可以评估和分析直播过程中的问题，从而提升未来直播带货活动的效果。本任务将从场景复盘、团队复盘、商品复盘3个方面复盘某净水机品牌的一场直播带货活动。

相关知识

岗课赛证链接

一、直播复盘的基本思路

直播复盘可遵循发现问题、分析问题、解决问题、调整执行的基本思路来实施。

（一）发现问题

直播复盘的第一步是发现直播带货活动中可能存在的问题，如回放直播录像，回顾整个直播过程，找出其中存在的问题；或者由直播团队成员凭借自身的经验和参与直播带货活动的经历，找出活动中存在的不足；又或者借助数据分析将直播带货活动中存在的问题具体化；再或者收集来自客户、嘉宾或其他参与者的反馈，从中找到直播带货活动中存在的问题。在实际复盘过程中，这几种方法可以综合使用，以保证发现直播带货活动中确实存在的问题。

（二）分析问题

发现直播带货活动中存在的问题后，就需要分析问题产生的原因，以便“对症下药”。例如，整场直播带货活动的流量主要来源于直播平台的推荐，这说明直播引流效果较好，获得了充分的公域流量。但是在这种情况下，直播的观看人数少，转化成粉丝的概率低，这就要考虑直播场景的设置是否合理，商品是否具有吸引力，主播带货是否专业，等等，通过对比法、排除法等找到问题产生的根本原因。

（三）解决问题

找到问题产生的原因后，就可以有针对性地提出解决问题的方案。例如，场景设置不合理，就可以调整直播间的场景设置，如调整商品和装饰品的摆放位置、调整直播间的背景等；商品不具有吸引力，就可以考虑下调价格、突出商品卖点等；主播经验欠缺，就可以提升主播的讲解能力、应变能力、话术表达的感染力，甚至更换主播等。

（四）调整执行

复盘是为下一场直播带货活动提供参考，在发现问题、分析问题并找到解决方案后，就需要按照制定的方案调整下一场直播带货活动，并在活动中按预期要求来执行方案，这一方面可以检验方案是否有效，另一方面也可以在活动结束后优化方案。

二、常见的复盘内容

虽然不同直播带货活动会产生不同的直播问题，但对直播问题进行归纳分类后可以发现，直播复盘的内容主要涉及直播设备运行状态、主播状态、团队配合情况、直播数据、直播话术和违规情况等。

（一）直播设备运行状态

直播带货活动可能会用到许多设备，如计算机、摄像机、补光灯等，如图8-1所示。直播设备对直播的重要性不言而喻，如果直播设备在直播过程中产生故障，就会影响客户的观看体验，进而影响直播质量和效果。因此，直播团队在直播前，务必检查各直播设备的运行状态，对产生故障的直播设备，无法支撑直播的设备进行及时更换、升级；在直播复盘时，也需要检查是否存在问题设备，若存在，则要在下一场直播开始前进行修理、调整或更换。

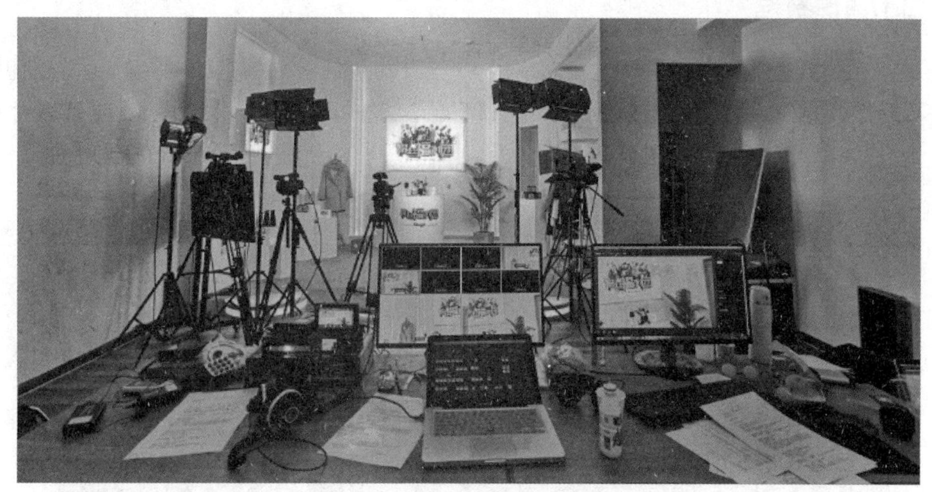

图8-1　直播设备

（二）主播状态

主播是直播时直面客户的第一人，主播直播时的状态、临场发挥情况等会对直播质量和效果产生直接影响。如果主播专业性不强或状态不佳，则可能出现掌控不好直播节奏、客户提出专业问题时无法准确回答、商品介绍缺乏吸引力等一系列问题。在直播复盘时，应当“由外而内”观察主播的状态，如妆容、衣着、话术、专业度、注意力、亲和力、互动性等。如果主播状态存在问题，就需要及时改正，避免在以后的直播中出现同样的问题。

（三）团队配合情况

直播需要直播团队所有成员配合完成，直播复盘时也应当分析整个直播团队的工作是否执行到位。

- **副播：**直播时，副播主要负责制造话题、烘托气氛，辅助主播展示商品，详细介绍福利活动规则等工作。直播复盘时应分析副播是否存在工作失职的问题，以及其他由副播导致的问题。
- **助理：**直播时，助理应做好直播预热引流的工作，并与主播积极互动。直播复盘时应分析助理是否存在工作失职的问题，以及其他由助理导致的问题。
- **场控人员：**直播时，场控人员应做好商品上下架、发放优惠券、发放红包、发布抽奖活动、实时记录数据等工作。直播复盘时应分析场控人员是否存在工作失职的问题，以及其他由场控人员导致的问题。

- **策划人员**：直播时，策划人员应时刻关注直播的目标达成情况，对整场直播的稳定性和高效性负责，直播间在线人数少时要加大引流力度、发放福利、增加互动等。直播复盘时应分析策划人员是否存在工作失职的问题，以及其他由策划人员导致的问题。
- **客服人员**：直播时，客服人员应做好商品价格及库存数量修改，及时回复客户的问题，处理商品订单、发货及售后问题等工作。直播复盘时应分析客服人员是否存在工作失职的问题，以及其他由客服人员导致的问题。

（四）直播数据

直播数据可以充分体现直播带货的效果，也可以反映直播问题，如图8-2所示。分析直播数据不仅可以为下次选品和定价提供参考，也能了解主播的带货能力及客户的喜好和行为习惯。

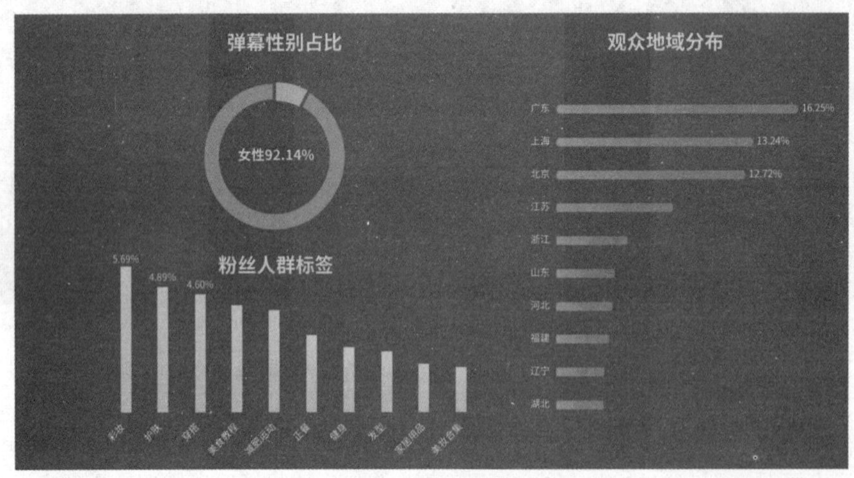

图8-2　直播数据

（五）直播话术

直播复盘时，直播团队一方面需要整理直播中能够有效调动客户情绪、促进客户下单的话术，并通过表格的形式将话术按照开场话术、互动话术、促单话术等进行分类归纳，以便在之后的直播中使用；另一方面需要归纳总结对直播效果和转化效果不利的话术，避免再次出现。

（六）违规情况

直播过程中是否违规会对直播间的权重产生一定影响，因此直播团队在直播复盘时，应记录直播是否有违规行为、是否受到平台提醒或处罚等，并自觉规范直播行为。

任务实战——净水机耗材直播复盘

本次实战将从场景、团队和商品的角度复盘某店铺的净水机耗材直播带货活动，通过复盘总结该场直播的情况，为后续直播提供参考。具体操作如下。

步骤01 对场景进行复盘。根据直播团队自身的观看体验和直播间客户的反馈信息，得知直播间场景设置较为恰当，直播设备均正常运转，未出现任何故障。灯光、音效、特效等的表现也可圈可点，没有出现明显的失误和问题。下一场直播可以继续使用相关设备。

步骤02 对直播团队的表现进行复盘。本次直播主要记录了主播、助理、场控人员、策划人员、客服人员在直播过程中的表现，并归纳整理了具体的优点和缺点，如表8-1所示。

表8-1 直播团队各成员的表现

成员	优点表现	缺点表现
主播	① 能及时且正确回答客户提出的专业问题 ② 能从容应对客户的不当言论，未影响直播状态和效果	① 在讲解福利活动的过程中出现口误 ② 直播节奏不合适，商品推荐环节时间把控不准确，存在超时和各商品介绍时间分配明显不均匀的问题
助理	状态良好，配合主播带动了直播间氛围	① 展示商品细节时不清晰、不到位 ② 面对主播口误时，未快速做出反应
场控人员	及时反馈了直播间的在线人数、商品转化情况、营销活动参与情况和目标达成情况	① 优惠券发放不及时 ② 商品上架不及时
策划人员	① 及时汇总、统计和分析了数据 ② 及时协调了场控人员与主播、助理的工作	没有准确把握引流时机，导致引流效果不佳
客服人员	① 反馈了高频问题 ② 记录了客户需求	未能及时处理客户的合理退款要求

步骤03 针对此次直播团队成员在直播过程中存在的不足，制定了相应的调整方案，如表8-2所示，避免下一场直播再次出现类似问题。

表8-2 直播复盘调整方案

成员	调整方案
主播	提前熟悉直播脚本，严格按照直播脚本推荐商品、与客户互动等，避免出现口误、商品介绍超时或时间分布不均匀的情况
助理	保持良好状态，主播口误时及时提醒，提高应变能力，协助主播及时更正口误；协助主播展示商品细节时，要保证商品对准镜头，画面清晰
场控人员	熟悉直播脚本，严格执行直播流程规划，及时正确上架商品、发布营销活动
策划人员	及时汇总、统计和分析数据，准确把握引流时机、引流目标，策划引流方案
客服人员	及时处理售后问题，与客户进行良好的沟通

步骤04 进行商品复盘。汇总各商品的备货量、库存量、销量、退货率、客户评论率等数据，如表8-3所示。

表8-3 商品数据汇总

单位：件

名称	备货量	库存量	销量	退货率	定位	客户评论率
AKD-14陶瓷滤芯	5000	1500	1500	0.5%	形象型商品	35%
CKD-005复合滤芯	5000	1500	1000	1.0%	形象型商品	3%

续表

名称	备货量	库存量	销量	退货率	定位	客户评论率
LKKJ-01超滤滤芯	5000	1500	400	3.5%	引流型商品	7%
超滤复合滤芯	5000	1500	1450	20%	引流型商品	5%
LSK-49超滤滤芯	5000	1500	1410	3.5%	利润型商品（主推）	5%
PAC滤芯	5000	1500	1460	0.0%	利润型商品（主推）	4.5%
陶瓷滤芯套装	5000	1500	450	4.5%	引流型商品	0.5%
碳纤维滤芯	5000	1500	1420	2.5%	引流型商品	8%
RO滤芯	5000	1500	490	4.5%	活动型商品	2%
SLKD-62超滤滤芯	5000	1500	1450	5.5%	利润型商品（主推）	5%
ADG-99陶瓷滤芯	5000	1500	1410	5.5%	利润型商品（主推）	5%
ADK-554滤芯	5000	1500	1500	22%	活动型商品	5%
LKE-249滤芯	5000	1500	1300	17%	利润型商品（主推）	5%
KDP-670滤芯	5000	1500	1350	1.5%	利润型商品	5%
原装滤芯	5000	1500	1450	2.5%	利润型商品	10%

步骤05 为改善商品销售情况，提升直播间销售额，通过商品复盘，制订如下优化方案。①主推的利润型商品中，除LKE-249滤芯外，其他商品的总体数据表现良好，可继续主推这些商品，保持原有库存量1500件。②剔除退货率分别为20%、22%、17%的3款商品，分别是超滤复合滤芯、ADK-554滤芯、LKE-249滤芯。下一场直播，可用客户评论率高达35%的AKD-14陶瓷滤芯替换ADK-554滤芯，作为活动型商品，保持原有库存量1500件。虽然超滤复合滤芯和ADK-554滤芯退货率高，但销量数据表现良好，可使用同类型商品替换。③AKD-14陶瓷滤芯所有数据表现优秀，可增加库存量，由于本场直播已销售1500件，下一场直播该商品将用作活动型商品，库存量为1500件，备货量为5000件，将本场直播剩下的2000件在直播间全部上架销售。④相较于其他商品，LKKJ-01超滤滤芯、陶瓷滤芯套装、RO滤芯3款商品的销量表现不佳，可替换为本场未上架的其他销量、退货率、客户评论率等数据表现良好的类似商品。⑤其他数据表现良好的商品下一场直播维持本场的库存量。

任务二 分析直播数据

分析直播数据有助于商家更好地了解和评估直播带货效果，追踪客户参与度，确定关键转化指标，洞察客户满意度，检测竞争对手情况和市场变化趋势，制定更有效的营销策略，提升商品销量和品牌影响力。本任务将利用巨量百应和蝉妈妈分别分析店铺的直播数据和竞争对手的直播数据。

相关知识

一、十大核心指标

直播数据涉及客户画像数据、流量数据、互动数据、转化数据等多种类型的数据，这里归纳总结了十大核心指标，以供分析参考。

- **整场交易总额：**整场交易总额（Gross Merchandise Volume，GMV）表示直播期间累计成交金额，是衡量主播带货能力的重要指标。
- **千次观看成交金额：**千次观看成交金额（Gross Per Mile，GPM）指每1000次观看带来的成交金额，用计算公式可以表示为“GPM=GMV*1000/每场观看量”，千次观看成交金额越高，主播的流量转化能力就越强。
- **投入产出比：**投入产出比（Return On Investment，ROI）在前面已有介绍。在直播数据指标中，投入产出比的计算公式为“ROI=销售额/单场投入成本”。直播间的投入产出比越高，盈利空间就越大。
- **客单价：**客单价即每位客户带来的成交金额，用计算公式表示为“客单价=GMV/成交人数”。在直播带货活动中，客单价往往与所售卖商品和直播间的客户有关。定期关注客单价的波动趋势，可以帮助直播团队有效地调整直播选品、带货节奏、卖货话术等。
- **UV价值：**UV价值表示每位进入直播间的客户带来的成交金额，用计算公式表示为“UV价值=GMV/每场观看量”。UV价值越高，代表每位客户对直播间的贡献价值越高。更重要的是，UV价值越高，平台也会更愿意推送直播间，从而让直播间获得更多的免费流量。
- **点击率：**点击率（Click-Through Rate，CTR）用计算公式表示为“CTR=直播间点击数/直播间页面展示次数×100%”。点击率越高，曝光率就越高，直播的观看量就越高。点击率决定着直播间的流量获取能力，因此点击率对直播间十分重要。直播间直播观感、直播间标题和文案、主播的能力以及售卖的商品都对点击率有十分重要的影响。
- **转化率：**转化率（Conversion Rate，CVR）用计算公式表示为“CVR=直播间的成交量/每场观看量×100%”。影响转化率的关键因素有直播选品、商品组合、商品单价、直播节奏、催单话术（即促使客户下单的话术）等。
- **直播间人均在线时长：**直播间人均在线时长表示客户在直播间平均停留的时长，是衡量主播控场能力的重要指标之一。直播间人均在线时长越长，直播间商品的转化率就越高。
- **直播间平均在线人数：**直播间平均在线人数表示直播间在单位时间内的在线客户数量，体现直播间的平均人气。
- **人气峰值：**人气峰值表示单场直播中的人气巅峰数据，可以帮助商家或主播了解直播间的人气变化规律，控制带货节奏。

二、不同阶段的数据分析与运营重点

为更好地确定数据分析与运营重点，直播带货活动可以分为3个阶段，分别为塑造期、成长期和成熟期。在不同的阶段，直播带货的目标不同，数据分析的重点不同，采取的运营策略和手段也不相同。

- **塑造期：**直播带货活动处于塑造期时，直播团队成员虽然具备明确的直播带货意识，但在直播场景设置、主播话术等各个方面都处于摸索阶段。此时直播间的观看人数也不稳定，每场观看量的波动较大。在塑造期，直播间为了尽快形成自己的特色，确定形象标签，应当关注每场观看量、直播间人均在线时长、点击率、转化率等指标。在运营方面，直播间可以尝试上架多种引流型商品以促进直播间观看人数的增长，上架活动型商品以提升转化效果等。
- **成长期：**直播带货活动处于成长期时，直播间往往已经找到了合适的直播模式，但每场直播的成交量并不稳定。在成长期，直播间为了带动流量、提高转化率，应当关注与粉丝相关的数据（见图8-3）、直播间人均在线时长、直播间平均在线人数、转化率等指标。在运营方面，直播间可以通过各种促销活动或具有吸引力的直播话术留住更多的客户。

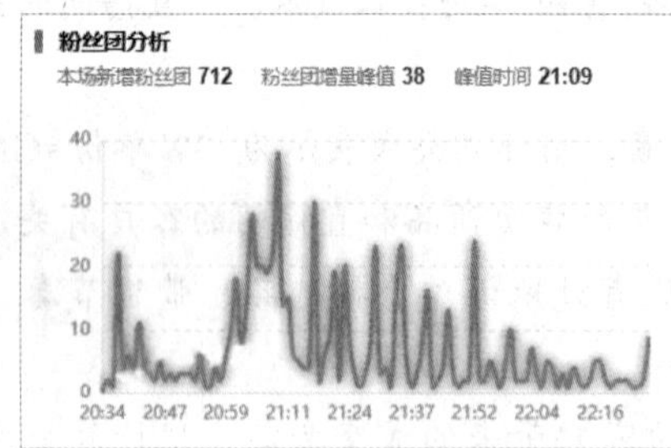

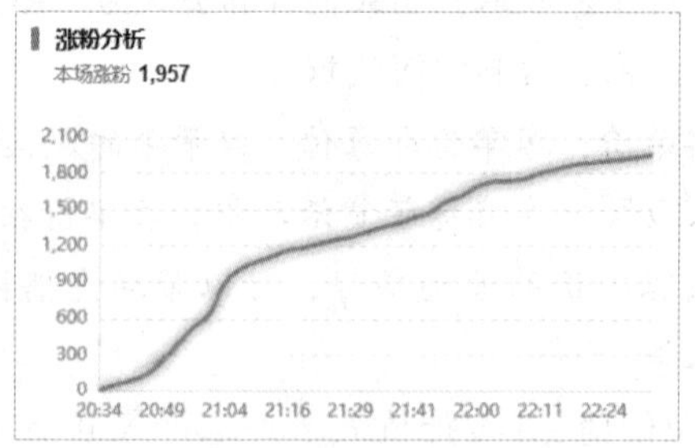

图8-3　粉丝数据

- **成熟期：**直播带货活动处于成熟期时，直播间已经聚集了一定数量的客户，且他们的黏性和购买力都较强。在成熟期，直播间为了进一步提升整场直播活动的交易总额，应当关注整场交易总额、千次观看成交金额、投入产出比等指标。在运营方面，直播间可以通过各种团购促销活动、增加粉丝权限等策略，提高转化率和交易额。

知识拓展

与直播间整场交易总额紧密相关的数据指标包括点击率、转化率、客单价等。提高点击率可以通过制作精美的直播间封面、设计简洁明了的福利活动，构思有吸引力的直播标题，打造独具特色的直播间场景等方式来实现；提高转化率可以通过优化催单话术、深挖商品卖点、掌控福利发放与活动开展节奏、动态调整促销策略等方式来实现；提高客单价可以通过打造商品组合销售模式、规划商品定位等方式来实现。

三、获取直播数据的渠道

电商平台上的商家可以通过生意参谋、京东商智，以及各种第三方平台或工具获取直播数据，此外，直播数据也有如下获取渠道。

（一）通过移动端直播软件获取

通过移动端直播软件获取直播数据是比较常用且便捷的方式。例如，通过抖音App获取抖音平台直播数据的方法为：打开抖音App，点击“我”选项，点击界面右上角的“更多”按钮☰，打开侧边栏，点击“抖音创作者中心”选项进入创作者中心，点击“主播中心”按钮■。此时将打开“主播中心”界面（见图8-4），点击右上方的“数据中心”选项，打开数据中心的“直播场次”界面，选择要查看的直播场次（见图8-5），然后便可在打开的“单场数据”界面中查看所选场次的直播数据，如图8-6所示。

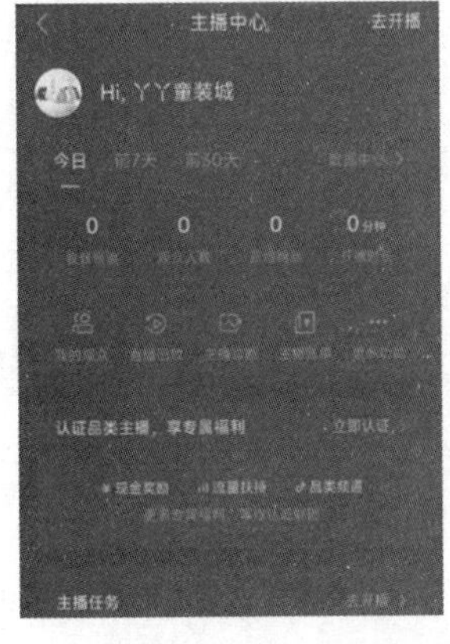

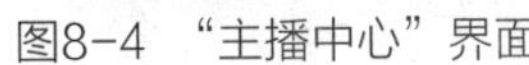
图8-4 “主播中心”界面

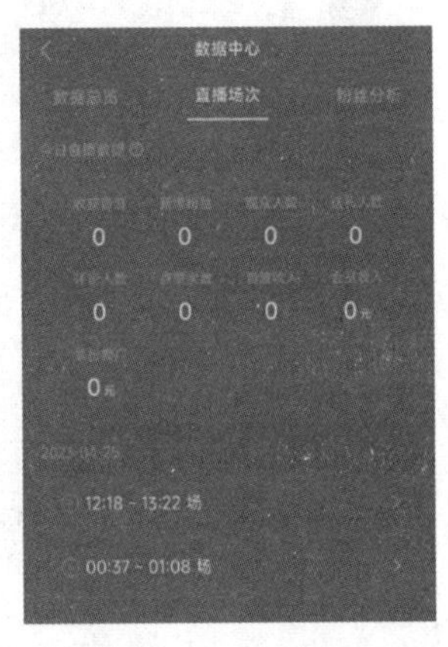

图8-5 选择直播场次

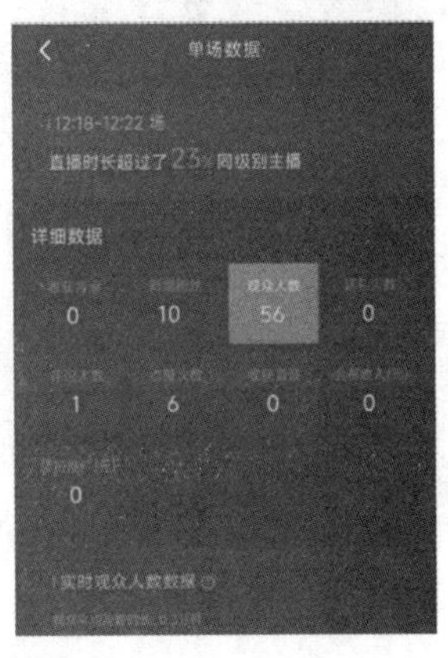

图8-6 查看直播数据

直播团队也可以通过淘宝主播App获取直播数据，其方法为：打开淘宝主播App，在首页的“全部工具”栏中点击“我的直播”按钮■，如图8-7所示；打开“直播列表”界面，如图8-8所示选择要查看的直播场次；打开“实时下播数据”界面，查看所选场次的直播数据，如图8-9所示。

图8-7 点击“我的直播”按钮

图8-8 选择直播场次

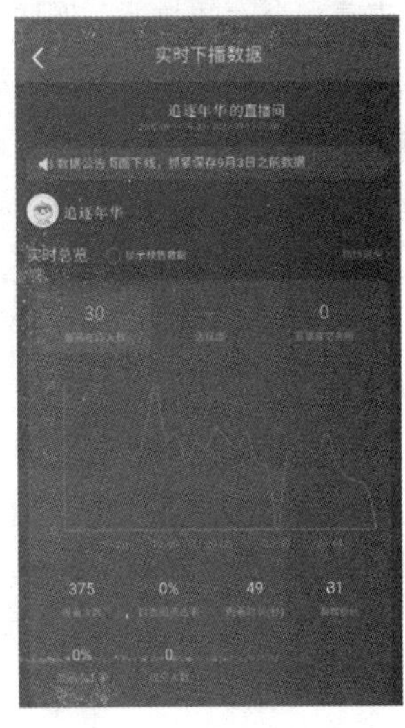

图8-9 查看直播数据

另外，直播团队还可以通过快手平台获取直播数据。通过快手App获取直播数据的方法与在抖音App中的操作相似，具体方法为：打开快手App，点击“我”选项，然后点击右上角的“更多”按钮，在下方打开的面板中点击“创作者中心”选项，如图8-10所示；进入创作者中心，点击“我的数据”按钮，如图8-11所示；打开“数据中心”界面，点击“直播分析”选项卡，在打开的界面中选择要查看的直播场次，如图8-12所示，就可以在打开的“当场数据”界面中查看所选场次的直播数据。

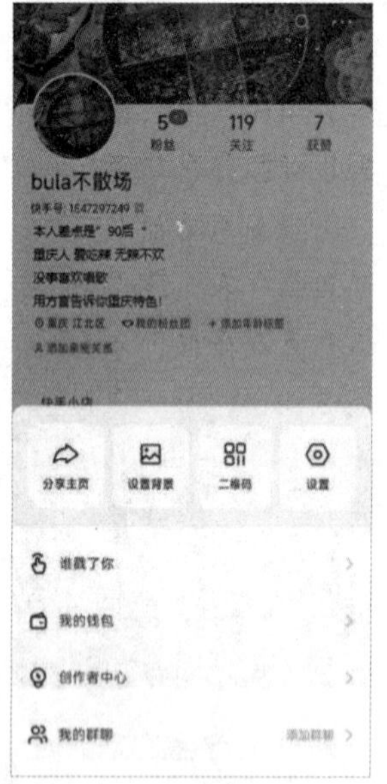

图8-10　点击“创作者中心”选项

图8-11　点击“我的数据”按钮

图8-12　选择直播场次

（二）通过PC端直播管理后台获取

相较于通过移动端直播软件获取数据的快捷、便利，通过PC端直播管理后台可以获取更加丰富和全面的数据。例如，可以通过巨量百应获取抖音直播数据，可以通过快手直播伴侣获取快手直播数据，可以通过淘宝直播中控台获取淘宝直播数据，等等。图8-13所示为在淘宝直播官方网站的“立即直播”选项卡中选择“直播中控台”选项，登录直播账号后在左侧的“数据”栏中选择“直播业绩”后查看到的直播数据。

图8-13　淘宝直播中控台的数据

（三）通过第三方直播数据分析工具获取

第三方直播数据分析工具可以提供直播行业的数据，商家可以从中了解市场行情和竞争对手的直播情况，为自身开展直播活动提供参考。常用的第三方直播数据分析工具有灰豚数据、蝉妈妈、飞瓜数据等。

灰豚数据拥有数十亿级别的数据规模，汇集了不同行业、不同领域的客户行为、商品信息、广告投放等各类数据。该平台对原始数据进行了精准的清洗和筛选，保证了数据的准确性，并持续不断地对数据进行更新和优化。灰豚数据适用于抖音、小红书、快手、哔哩哔哩等平台的直播数据分析，图8-14所示为灰豚数据的首页。

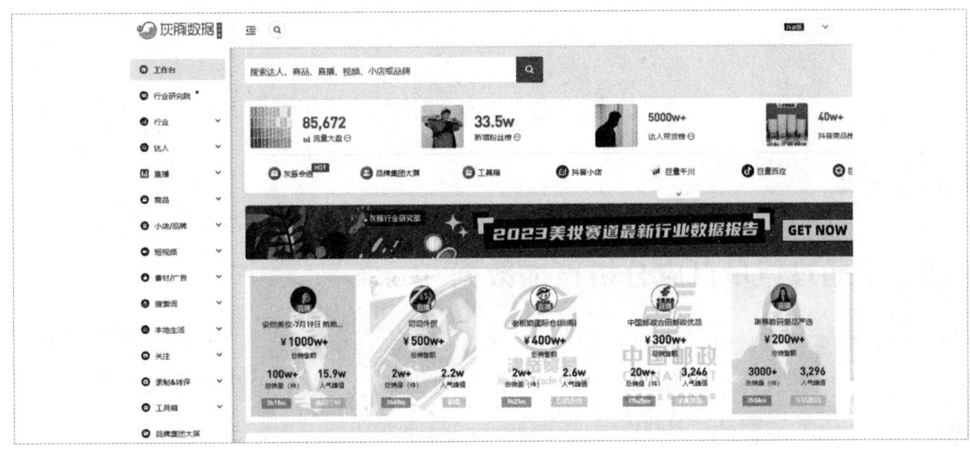

图8-14　灰豚数据首页

蝉妈妈是一款垂直于抖音电商的数据分析平台，提供抖音直播、短视频、视频素材等抖音生态数据服务。其优势包括数据分析全面、功能丰富，能够通过直播监控数据大屏查看流量来源和成交转化率，能够显示多种数据榜单，等等。图8-15所示为蝉妈妈的首页。

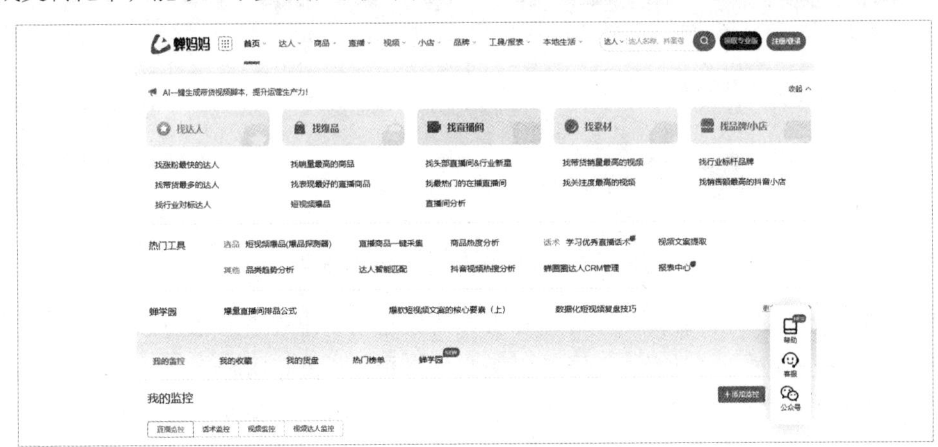

图8-15　蝉妈妈首页

飞瓜数据具有完善的数据可视化方式，可以轻松实现数据筛选、分析、可视化操作，帮助商家发现数据中隐藏的规律、趋势。其应用场景十分广泛，支持抖音、快手、哔哩哔哩等直播平台。图8-16所示为飞瓜数据的首页。

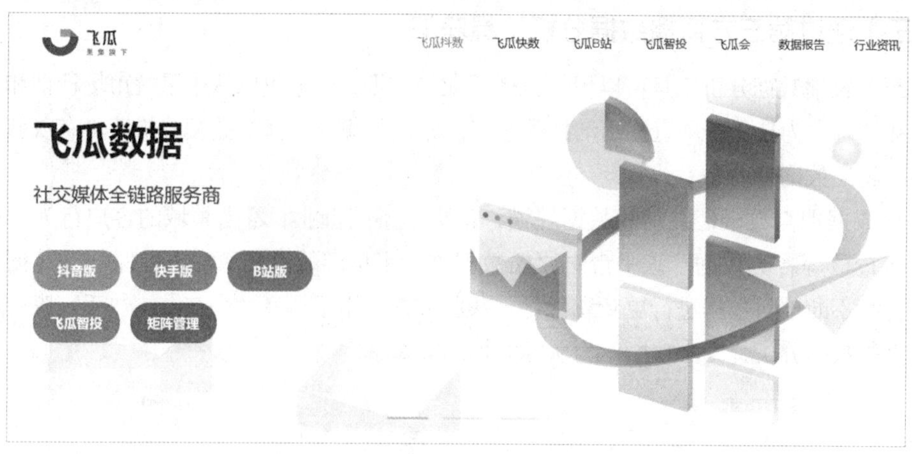

图8-16　飞瓜数据首页

任务实战

【实战一】通过巨量百应分析直播数据

本次实战将登录抖音直播平台上的巨量百应-达人工作台，打开“数据参谋”页面，在实时大屏中查看4月20日单场直播的数据，分析是否达到了成交金额12万元和新增粉丝数1000位的预期目标。具体操作如下。

微课视频
通过巨量百应分析直播数据

步骤01 进入巨量百应官方网站，通过抖音账号登录达人工作台，在达人工作台首页上方的导航栏中单击“数据参谋”选项卡，打开“数据参谋”的“直播数据”页面，在该页面的“单场直播数据”栏中单击需要分析的直播场次右侧的“实时大屏”超链接，如图8-17所示。

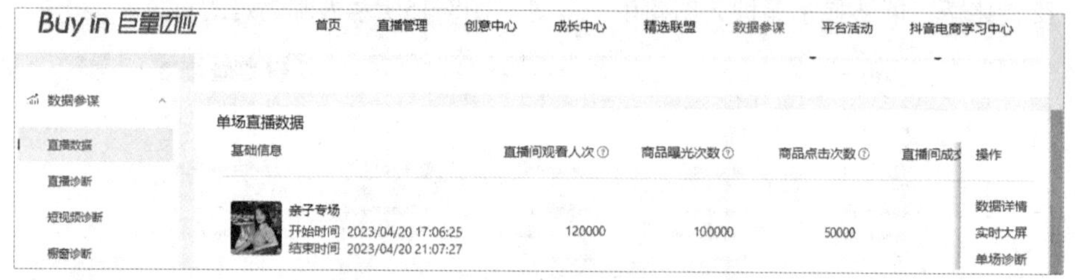

图8-17　打开单场直播的实时大屏

步骤02 打开实时大屏的“数据”页面，在上方的数据概览中查看直播间成交金额、曝光次数、曝光-观看率（次数）和千次观看成交金额，如图8-18所示。其中，曝光-观看率（次数）=直播间进入人次÷直播间曝光人次×100%，直播间成交金额=曝光次数×曝光-观看率（次数）×千次观看成交金额÷1000=直播间进入人次×千次观看成交金额÷1000。已知直播间成交金额为12万元（已达成目标），千次观看成交金额为1000元，则直播间进入人次（即累计观看人次）为12万。由图8-18可知，该场直播的数据表现总体较好，但曝光-观看率（次数）低于同行同层中位数，下一场直播可以优化直播间曝光渠道的引流内容，吸引更多的人进入直播间。

图8-18 直播间数据概览

步骤03 单击右上角的"切换"按钮⇌，在打开的页面中查看更多数据，如图8-19所示。其中，观看-成交率（人数）=直播间成交人数÷直播间观看人数×100%；观看-互动率（人数）=直播间互动（互动包括点赞、评论和分享）人数÷直播间观看人数×100%；商品点击-成交率（人数）=直播间成交人数÷直播间商品点击人数×100%。由图8-19可知，新增粉丝数为500，未达成预定目标1000人，下一场直播可以多引导观众关注抖音账号，以增加粉丝数。

直播间成交金额
¥120000
创建目标

千次观看成交金额	成交人数	成交件数	观看-成交率(人数)	商品点击-成交率(人数)
1000	5000	6000	5%	10%
平均在线人数	曝光-观看率(次数)	人均观看时长	观看-互动率(人数)	新增粉丝数
1402	20%	1分56秒	3.53%	500

图8-19 查看更多数据

步骤04 单击左侧的"商品"按钮，切换至"商品"页面，查看商品数据表现，如图8-20所示（以部分商品数据为例）。根据本场直播中各商品的数据表现，下一场直播可以剔除商品点击人数不多、点击-成交转化率不高的5号商品（按图中商品顺序命名）；3号商品的点击人数多，但点击-成交转化率不高，结合客户的反馈信息，判断原因是商品单价稍高，下一场直播可考虑降低该商品的价格，加大优惠力度；1、2、4号商品的数据表现较好，客户的评价也较好，下一场直播可考虑增加其库存量；6号商品数据表现一般，可考虑加大优惠力度。

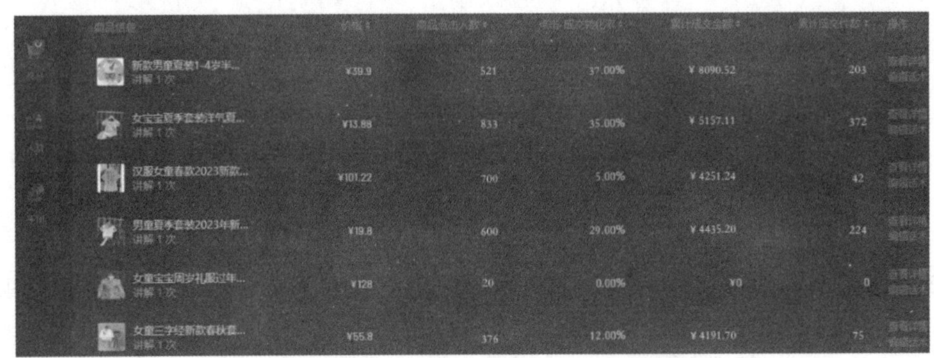

[illegible]	[illegible]	[illegible]	[illegible]	[illegible]	[illegible]
新款男童夏装1-4岁半... 讲解 1 次	¥39.9	521	37.00%	¥8090.52	203
女宝宝夏季套装洋气夏... 讲解 1 次	¥13.88	833	35.00%	¥5157.11	372
汉服女童春款2023新款... 讲解 1 次	¥101.22	700	5.00%	¥4251.24	42
男童夏季套装2023年新... 讲解 1 次	¥19.8	600	29.00%	¥4435.20	224
女童宝宝周岁礼服过年... 讲解 1 次	¥128	20	0.00%	¥0	0
女童三字经新款春秋套... 讲解 1 次	¥55.8	376	12.00%	¥4191.70	75

图8-20 直播间商品数据

步骤05 单击左侧的"人群"按钮，切换至"人群"页面，查看人群数据表现，如图8-21所示。通过"看播核心用户画像"可看出，观看直播的女性用户占比为83%，年龄在31～35岁的客户占比最高，再结合年龄分布统计图，可看出年龄在25～30岁和36～40

岁的客户占比也较高；再看手机价格分布统计图，0～1999元的手机占比最高，其次是4000～6999元，最后是2000～3999元。综合来看，客户的整体消费水平较高，下一场直播可适当提高客单价，从而提升销售额。

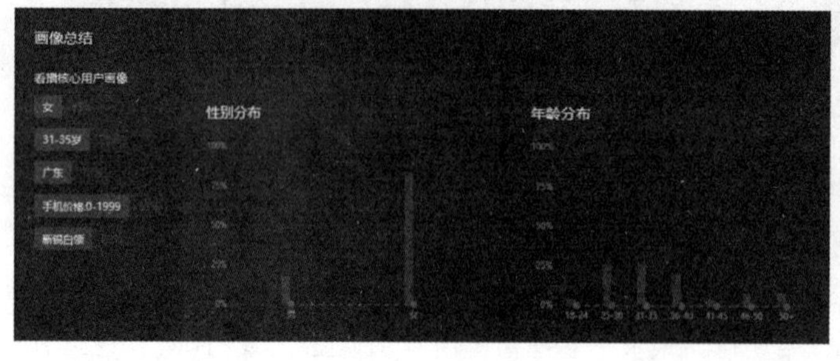

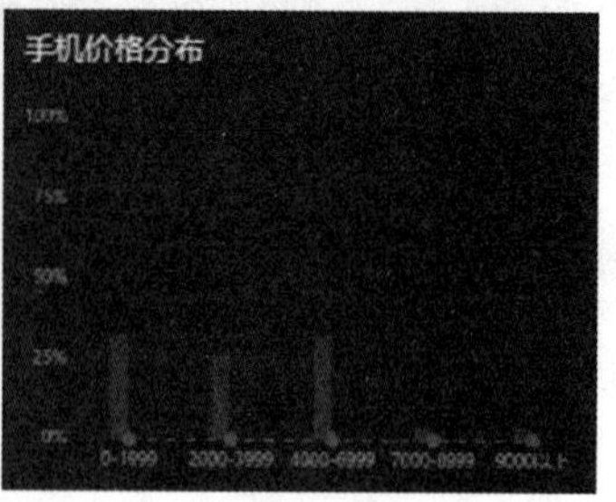

图8-21　直播间人群数据

【实战二】使用蝉妈妈对比分析直播数据

微课视频

使用蝉妈妈对比分析直播数据

本次实战将利用蝉妈妈筛选对比账号，将对比账号的直播数据与实战一中某抖音账号的直播数据进行对比，为该抖音账号下一场直播提供参考，具体操作如下。

步骤01 打开蝉妈妈官方网站，登录账号，在首页上方单击“抖音分析平台”选项卡。打开抖音分析平台首页，在“找达人”栏目下单击“找行业对标达人”超链接，如图8-22所示。

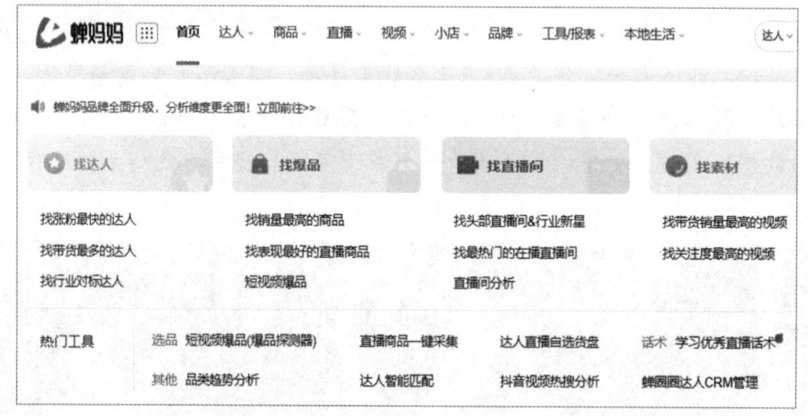

图8-22　找行业对标达人

步骤02 打开“达人库”页面，将鼠标指针移动到“带货分类”栏中的“服饰内衣”选项上，再将鼠标指针移动到列表中的“童装/婴儿装/亲子装”单选项上，在打开的列表中选中“套装”单选项，如图8-23所示。

步骤03 选择“达人信息”栏中的“达人画像”选项，在打开的列表框中选中“男”单选项，单击“确定”按钮，如图8-24所示。

步骤04 选择“达人信息”栏中的“粉丝画像”选项，在打开的列表框中选中“女性居多”单选项，单击“确定”按钮，如图8-25所示。

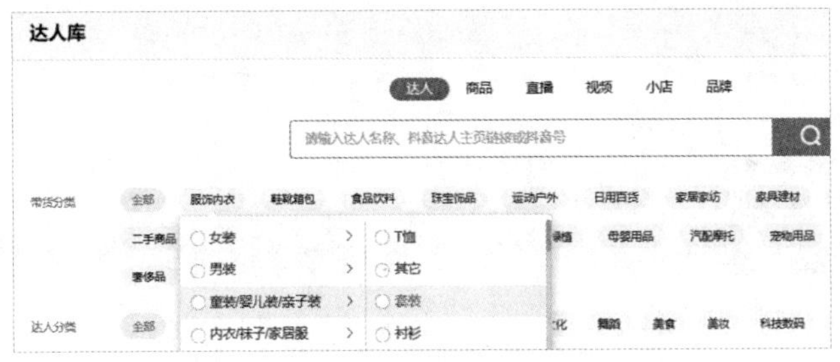

图8-23 设置带货分类条件

图8-24 设置达人画像条件

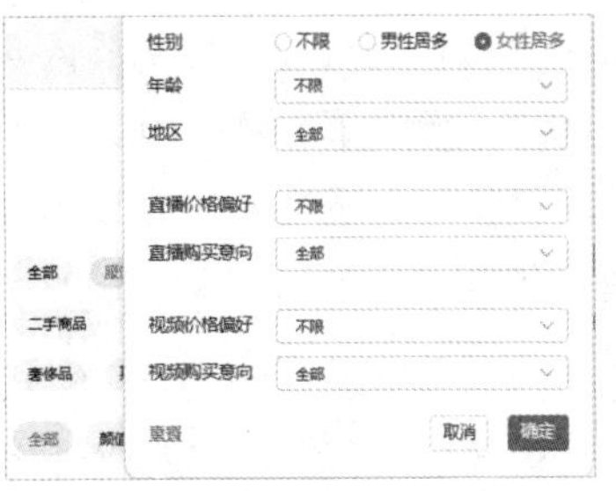

图8-25 设置粉丝画像条件

步骤05 选择“达人信息”栏中的“粉丝数”选项，在打开的列表框中选择“10万-100万”选项，如图8-26所示。

步骤06 选择“达人信息”栏中的“带货方式”选项，在打开的列表框中选择“直播带货为主”选项，如图8-27所示，再在“达人信息”栏中单击选中“达人播”复选框。

图8-26 设置粉丝数条件

图8-27 设置带货方式条件

步骤07 在筛选结果中选择“场均销售额”排第3位、粉丝数为35万左右的达人，如图8-28所示。

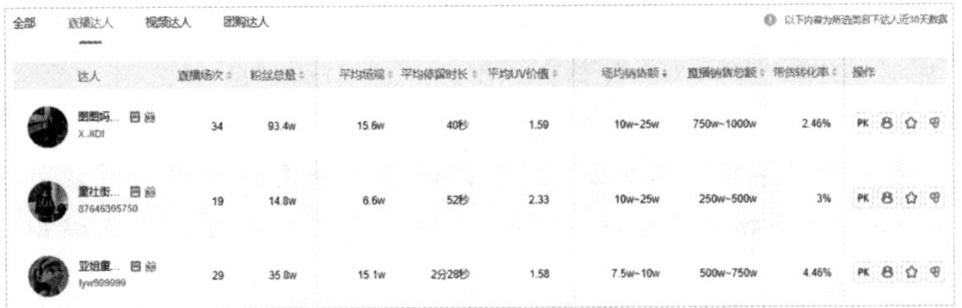

图8-28 选择直播达人

步骤08 在打开的页面上方查看该直播达人的基本信息，如图8-29所示，再单击“直播分析”选项卡。

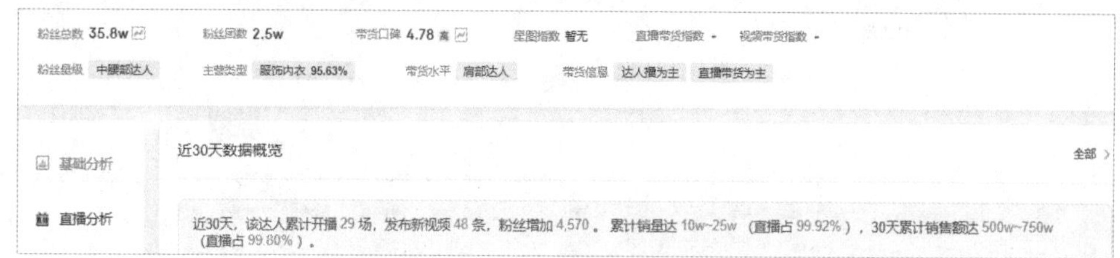

图8-29 查看直播达人的基本信息

步骤09 打开“直播分析”页面，查看该直播达人近30天的直播数据概览，如图8-30所示。其中，该直播达人的场均观看人次为15.1万，带货转化率为4.46%，场均销量为5000～7500件，场均销售额为10万～25万元、客单价为35.37元。本任务实战一中抖音账号的单场直播累计观看人次为12万，销售额为12万元，商品销量为6000件。带货转化率=商品销量÷累计观看人次×100%=5%，客单价=销售额÷商品销量=20元。由此可知，该抖音账号此次直播数据整体表现与对比账号相差不大，只是直播累计观看人次略低于对比账号，且销售额12万元虽位于10万～25万元的区间，但与对比账号销售额的上限值25万元差距较大，同时客单价也低于对比账号。

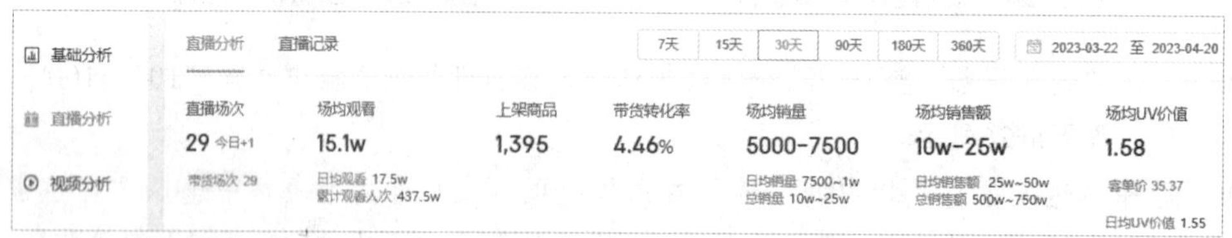

图8-30 对比账号近30天直播数据概览

步骤10 在“直播分析”页面单击“直播记录”选项卡，切换至“直播记录”页面，选择对比账号4月20日的单场直播，单击“操作”栏下的“详情”超链接，如图8-31所示。

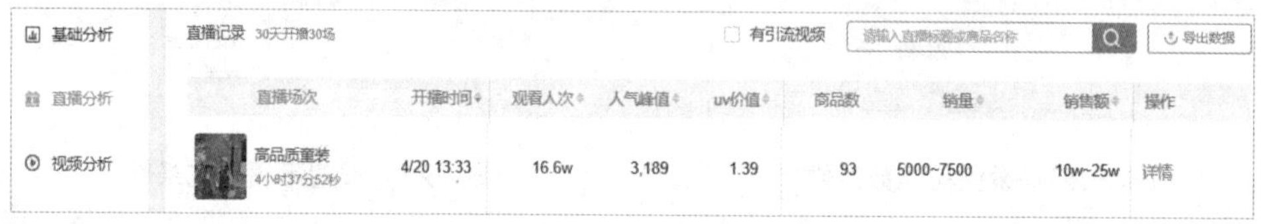

图8-31 打开单场直播数据分析页面

步骤11 打开对比账号4月20日的单场直播数据分析页面，从中可看出，对比账号4月20日单场直播的数据表现与其近30天的直播数据表现相近，如图8-32所示。另外，对比账号本场直播的观众平均停留时长为2分23秒，而本任务实战一中抖音账号此次直播的观众平均停留时长为1分56秒，由此可判断该抖音账号此次直播存在吸引力不足的问题。综合来看，该抖音账号与对比账号的直播数据表现存在差距，直播效果有提升的空间，该抖音账号应主要从直播观看人次、观众平均停留时长和直播销售额3方面入手进行优化。从客单价的表现来看，该抖音账号此次直播客单价仅20元，下一场直播可增加单价较高的商品数量，以提高客单价，从而提高直播销售额。而要增加观众平均停留时长，可考虑加强直播话术吸引力，增加与观众的良好互动。

图8-32 对比账号单场直播概览数据

项目小结

本项目主要介绍了直播活动的复盘与直播数据分析。通过学习本项目，学生可以了解并掌握直播复盘的基本思路、常见的复盘内容、直播数据的十大核心指标、不同阶段的数据分析与运营重点，以及直播数据的各种获取渠道。

随着直播带货这一新兴营销方式的迅速普及，直播数据的重要性也日益凸显。利用好直播数据，并挖掘其潜在的价值，对直播带货活动来说具有极大的益处。

综合实训

实训一 复盘不同优惠券的直播表现

本次实训采集了某场直播带货活动中3种优惠券的领取量、使用量、支付件数、支付金额等数据，现在需要利用这些数据复盘不同优惠券的直播表现，为后期直播带货活动策划更符合客户需求的优惠券。

实训目标

通过柱形图对比不同优惠券的数据表现。

实训描述

打开“优惠券.xlsx”文件（配套资源：\素材\项目八\综合实训\优惠券.xlsx），计算各优惠券的使用率，然后建立多个柱形图对比优惠券的领取量、使用量、使用率、支付件数、支付金额等指标，图8-33所示为优惠券的领取量和使用量的对比情况（配套资源：\效果\项目八\综合实训\优惠券.xlsx），最后分析不同优惠券的直播表现。

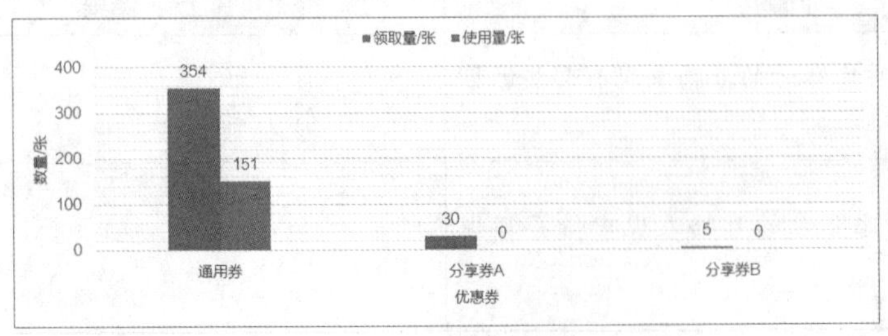

图8-33 优惠券的领取量与使用量的对比情况

实训结果

根据综合实训的操作，将分析结果填写到下表中。

问题	结果
这3种优惠券的直播表现如何？	
后期直播带货活动应该如何调整优惠券？	

实训二　在蝉妈妈中分析对比账号的直播数据

本次实训要求在蝉妈妈中寻找一个合适的对比账号，然后分析对比账号的直播数据。

实训目标

分析对比账号的直播数据，找出其与本账号直播数据的差异。

实训描述

登录蝉妈妈，寻找行业对标达人。筛选条件为：日用百货商品分类下，粉丝数在11万左右，以直播带货为主的达人账号（选择按场均销售额降序排列时满足筛选条件的第1个账号）。然后查看对比账号近30天的直播数据概览，并将其与本账号近30天的直播数据进行比较分析。本账号近30天的直播数据概览如图8-34所示。

直播分析　直播记录　7天　15天　30天　90天　180天　360天　2023-03-28 至 2023-04-26

直播场次	场均观看	上架商品	带货转化率	场均销量	场均销售额	场均UV价值
16	8w	3	5.11%	2500-5000	25w-50w	4.08
带货场次 16	日均观看 8.5w 累计观看人次 127.8w			日均销量 2500~5000 总销量 5w~7.5w	日均销售额 25w~50w 总销售额 500w~750w	客单价 79.91 日均UV价值 3.83

图8-34　本账号近30天的直播数据概览

实训结果

根据综合实训的操作，将分析结果填写到下表中。

问题	结果
与本账号相比，对比账号的直播表现有哪些优势和劣势？	
本账号应当从对比账号的直播表现中借鉴哪些经验？	